AS VIDAS SUCESSIVAS

Bases filosóficas e científicas da reencarnação

A pintura utilizada na capa deste livro, intitulada “De onde viemos? O que somos? Para onde vamos?” *(em francês: D’où venons-nous? Que sommes-nous? Où allons-nous?)*, do artista francês Paul Gauguin, foi realizada nos anos 1897–98, no Taiti. De propriedade do Museu de Belas Artes de Boston, nos Estados Unidos, é considerada a obra-prima de Gauguin e descrita pelo próprio artista como “um trabalho filosófico comparável aos temas dos Evangelhos”.

MARCEL CITRO

AS VIDAS SUCESSIVAS

Bases filosóficas e científicas da reencarnação

MATRIOSKA
EDITORA

Diretora Editorial: Luciana Félix
Diretora Comercial: Patrícia Melo
Copidesque e preparação de texto: Tatiana Muller
Revisão: Equipe Matrioska Editora
Editoração e capa: Marcelo Córreia

Matrioska Editora
Atendimento e venda direta ao leitor:
www.matrioskaeditora.com.br
contato@matrioskaeditora.com.br
facebook.com/matrioskaeditora
instagram.com/matrioskaeditora

Dados Internacionais de Catalogação na Publicação (CIP)
(Câmara Brasileira do Livro, SP, Brasil)

Citro, Marcel
As vidas sucessivas : bases filosóficas e científicas da reencarnação / Marcel Citro. -- São Paulo : Matrioska Editora, 2024.

Bibliografia.
ISBN 978-65-84999-40-4

1. Espiritismo 2. Reencarnação 3. Vidas passadas I. Título.

24-220798 CDD-133.90135

Índices para catálogo sistemático:

1. Reencarnação e vidas passadas : Doutrina espírita 133.90135

Tábata Alves da Silva - Bibliotecária - CRB-8/9253

Impresso no Brasil
2024

Sumário

UM

As roldanas do universo

Sócrates: "ora, o que é gerado dos vivos?"
Cebes: "os mortos."
Sócrates: "então, o que provém dos mortos?"
Cebes: "os vivos."
(...)
Sócrates: "Visto ser assim, parece-me de que dispomos de uma suficiente prova de que as almas dos mortos necessariamente existem em algum lugar, de onde retornam à vida."

Fédon, Platão (tradução de Edson Bini)

Terminei de escrever este livro no mesmo mês em que meu pai partiu. Em suas últimas semanas, falávamos bastante sobre a morte. Do alto de seus noventa e dois anos, confidenciava-me que sua missão havia findado, que seu corpo rangia como o velame de um navio na tempestade, e que não via mais razões para seguir singrando esse oceano de possibilidades – e de surpresas – a que denominamos vida. Bastante espiritualizado, meu pai chegou ao entardecer de seu derradeiro dia com altivez. Sua tranquilidade nos ajudou a suportar a angústia da transição final, a preparação das exéquias, todo o ritual que se segue ao *very end*.

Foram semanas singulares aquelas. Tirando nonagenários, como ele, e os desenganados pela Medicina, a morte está mais distante dos pensamentos habituais do ser humano médio, hoje, do que em qualquer outro período da história. Graças aos avanços científicos, garantimos para grande parte da humanidade uma dose extra da droga mais entorpecedora – e instigante – que jamais conhecemos: a própria existência.

Não obstante, as artes de envelhecer, de enfrentar nossa mortalidade e de moderar nossos apetites não têm sido lapidadas com tanta intensidade quanto merecia. Ainda que muitos de nós continue a conceber a espiritualidade com base no que nos foi ensinado em igrejas, sinagogas, templos e mesquitas, as narrativas acumuladas ao longo dos séculos parecem rodopiar e entrechocarem-se, fortalecendo uma posição fortemente materialista. Uma posição que, cedo ou tarde, gera desconforto e inquietação.

Religiões institucionalizadas muito rígidas também ensejam repressão e inquietude. Às vezes, fanatismo. A gravidade do vazio existencial em que nos encontramos hoje é simbolizada pelos ataques terroristas do 11 de setembro, bem como pelos atentados subsequentes. Conduzidos por um grupo bem-organizado que proclamava uma visão religiosa fundamentalista – a única verdadeira, com a exclusão de todas as demais – os pilotos suicidas que mergulharam suas centenas de vítimas nos alvos predeterminados também tinham a sua peculiar interpretação de como devemos viver – e morrer.

As respostas patológicas aos questionamentos "por que estamos aqui?" e "o que Deus almeja?", precipitaram a tragédia inominável que todos conhecemos, bem como os conflitos subsequentes. Talvez tenham, também, despertado nos mais atentos a intuição de que, muito mais do que discussões entre católicos e protestantes, ou xiitas e sunitas – ou, ainda, os católicos, judeus e mulçumanos em uma acepção mais abrangente –, a verdadeira religião do Planeta Terra deveria ser a própria espiritualidade. Algo que, enfim, nos impeça de distribuir horrores em nome de uma concepção religiosa que seja antagônica às das vítimas.

Vislumbra-se, assim, um retorno à fonte primordial, pois a "espiritualidade mística é a origem de todas as religiões do mundo"[1]. O compartilhamento de experiências supremas, transmitidas de uma tradição para a outra, "representa a discussão natural entre os seres humanos sobre o que estamos experimentando[2]", em um nível mais profundo e empático. Por mais que haja discordâncias sobre significados e efeitos, essa discussão passa, necessariamente, pela especulação sobre qual é a resposta mais adequada a três indagações primordiais: o que somos?, de onde viemos?, para onde vamos?

As três questões de sempre

Este livro é inovador no ponto em que apresenta sugestões de respostas para essas questões, as questões de sempre, partindo da possibilidade específica[3] de que a consciência seja preexistente a um dado corpo humano e sobreviva a seu colapso. E que habite uma faixa dimensional distinta, no vastíssimo campo akáshico, até que possa animar um novo organismo da mesma espécie. E é simultaneamente conservador – na acepção literal do termo – na medida em que pretende preservar uma escola de pensamento multimilenária, e que foi expulsa do cânone ocidental por uma luta de poder ocorrida no interior do catolicismo incipiente.

Porque é ela – a doutrina reencarnacionista – o elo perdido do cristianismo. Um elo repudiado por dignitários que fortaleciam seu poder ao estatuir que só há uma única "vida", uma singular e isolada oportunidade para angariar a eternidade celeste ou a tragédia de torturas infernais e infinitas – em que a "salvação" só seria obtida a partir de *sua* interpretação específica sobre as escrituras sagradas. É a doutrina reencarnacionista, também, a chave para o entendimento de uma justiça cósmica, noção que vem sendo assimilada lentamente pela Europa, a partir do século XIX, após sua reintrodução no continente advinda das traduções dos textos védicos para o inglês, o francês e o alemão.

Repudiada e vilipendiada por teólogos das religiões ocidentais por suas origens asiáticas, foi distorcida e deturpada – principalmente pela falsa acepção de que um ser humano poderia vir a reencarnar em uma serpente ou em um gafanhoto como "castigo". Finalmente, entendida como uma crendice "inferior" dos povos vassalos da Índia e do sudeste asiático, que nada poderiam produzir de positivo além de riqueza para os seus senhores do além-mar, só logrou uma recepção mais séria no Ocidente em geral por ocasião do movimento da contracultura dos anos 60. Obteve-se, a partir daí, uma aceitação crescente, à medida que suas bases teóricas foram sendo mais bem conhecidas.

Todos as expressões referidas acima – "campo akáshico", "textos védicos" e "catolicismo incipiente" – serão vistas ao longo dos capítulos que se seguem, com a profundidade que se faz possível em uma obra que não aspira a uma erudição que a afaste do leitor médio. Por ora, basta destacar que se dá o nome de Patrística para a filosofia que se consolidou a partir da assunção do catolicismo como a religião oficial do Império Romano, e que foi formulada pelos "padres" da Igreja, entre os séculos II e VI de nossa Era, buscando combater aquilo que se tinha como "pensamento pagão". A desconstituição do paradigma anterior deu-se por meio de uma apologética da nova religião, vale dizer, de uma argumentação tendente a proclamar que a fé era superior à razão. Baseou-se em uma interpretação peculiar da filosofia grega, que mesclava os pensamentos neoplatônico e estoico a dogmas como o criacionismo *ex-nihil*, o Pecado Original e o Juízo Final.

Neste livro, faremos algumas incursões filosóficas interessantes. Como bem-afirmado por Bertrand Russel, Filosofia é "algo que se encontra entre a teologia e a ciência", consistindo em teorizações sobre temas quanto aos quais, em pleno século XXI, "um conhecimento definido se encontra inverificável"[4]. Ainda que muitos estudos tenham se realizado nos últimos anos, a reencarnação permanece um assunto polêmico, situado na tríplice fronteira entre a teologia, a especulação filosófica e a ciência.

Assim, como não poderia deixar de ser, este livro já nasce controvertido. Pensamos que a controvérsia, nesse caso, é positiva: talvez seja um bom exercício de autoconhecimento examinar detidamente as nossas crenças, identificando – logo de início – de onde provêm. Definir a sua origem nos permite traçar nosso próprio itinerário e conjecturar sobre onde poderemos chegar. Não raro, nossa estação de destino pode situar-se muito além da tridimensionalidade que se revela aos nossos sentidos.

Eventual ateísmo, uma posição agnóstica, a fé religiosa – ou mesmo uma resistência algo difusa que tenhamos – são, em grande parte, acidentes de nascimento, coordenadas geográficas e acontecimentos históricos. Quem nasceu no norte da Tailândia em meados do século passado é, provavelmente, budista; enquanto que aquele que viveu sua vida na Andaluzia do século XVIII deve ter sido, com toda a certeza, católico apostólico romano em sua vertente mais tradicional. Também a ideologia – ao menos em suas linhas gerais – se aprende em família, assim como se assimila – de forma consciente ou não – vários preconceitos e pré-juízos a partir das vivências predominantes na comunidade em que crescemos.

Seja como for, e independentemente do extrato cultural em que nos inserimos, a percepção de que todos nós iremos morrer um dia dirigiu nosso cérebro para as questões essenciais que perfazem os capítulos deste livro. Ela adveio, por volta de quarenta mil anos atrás, de uma reformulação da maneira como nossa mente funciona e implicou no exercício do pensamento simbólico complexo, o tipo de atividade mental que acabaria desembocando na cultura humana, hoje cada vez mais unificada pelo uso da *internet* em larga escala. A emergência dessa nova espécie de Homens, de acordo com as últimas pesquisas, não foi inspirada diretamente pelo advento da agricultura de larga escala na várzea de grandes rios, mas teria sido "impulsionada pelo crescimento da espiritualidade humana".[5]

O motor dessas pesquisas foi a descoberta do santuário religioso de Göbekli Teppe, construído 11,5 mil anos atrás por caçadores-coletores como um centro cerimonial, na região sudoeste da atual Turquia. "Seus objetos remanescentes são feitos de pedra", principalmente pilares "entalhados com uma imagística em que predominam animais selvagens e peçonhentos, necrófagos e predadores, quase sempre machos".[6] Sem abandonar sua vida nômade, seus construtores acorriam para o centro cerimonial periodicamente, em épocas em que rareavam os recursos naturais da região. "Ao que parece, "seus antigos construtores já tinham subido de patamar, passando das perguntas práticas sobre a vida para perguntas espirituais".[7]

A tentativa de entender a própria existência revela um salto evolutivo surpreendente, mostrando não só que "as mudanças socioculturais vieram primeiro e a agricultura veio depois",[8] mas que já havia uma busca sistematizada por sabedoria naquela época remota. Sabedoria que se traduz na habilidade de complementar o instinto com a razão e de fazer perguntas sobre nosso ambiente, da savana ao cosmos.

Duas sabedorias

O filósofo John Stuart Mill afirmou, certa vez, existirem dois tipos básicos de sabedoria. Aquela que se traduz no conhecimento científico apresenta-se de forma que tende a ser crescente, com cada geração suplantando os conhecimentos daquela que a antecedeu. Já a outra, de cunho filosófico, refere-se àquilo que coletivamente aprendemos sobre a natureza humana mais íntima, e que, eventualmente, vem a público, de tempos em tempos.

Esta última espécie de sabedoria é assistemática e é dotada de uma peculiaridade bastante instigante: vem sendo assimilada de forma muito desigual, pela média dos seres humanos, ao longo dos séculos.

Ao contrário da ciência, em que um novo paradigma suplanta o anterior assim que passa a angariar convergências mais consistentes para o conjunto de formulações que traz, a "sabedoria das épocas", termo cunhado por Mill, possibilita que várias escolas de pensamento convivam de forma simultânea. Todas trazem hipóteses distintas, potencialmente válidas para as questões de sempre: o que somos, para onde vamos, o que nos é legítimo esperar. Não é à toa que filosofar é aprender a morrer, conforme vaticinou Michel de Montaigne, no início da Modernidade, ecoando vozes mais antigas.

Assim como Montaigne, que mantinha nos caibros de madeira do torreão fortificado que lhe servia de Morada, às margens do rio Dordonha, uma coleção de aforismos de Lucrécio, Plínio, Sófocles e de diversos outros autores, minha inspiração para a abertura mental que enseja a criatividade e a abertura para o novo – o pensar fora da caixa – sempre foi a vida dos grandes personagens que nos antecederam nessa arena de quereres e vaidades. Uma dessas personagens é o astrônomo Galileu Galilei.

Aos trinta e poucos anos, ao final do século XVI, Galileu foi levado a acreditar pela cosmovisão cristã e pela tradição cientifica de seu tempo que a Terra era um ponto fixo em torno do qual o restante do universo girava. Esse sistema – nosso planeta orbitado por todos os demais astros – era uma herança do pensamento de Ptolomeu que persistia quinze séculos após a sua formulação, acolhido que fora pelo cânone religioso que ditava os padrões intelectuais da época. Ainda que a leitura da obra de Copérnico – escrita cinquenta anos antes – tivesse incutido na mente de Galileu certa dúvida, o fato é que o astrônomo polonês oferecera apenas uma alternativa à crença majoritária do geocentrismo.

Copérnico havia aventado, ainda em 1543, a hipótese de que talvez fosse a Terra que estivesse girando em torno do Sol, e não o contrário.

Um fato e um conjunto de experiências mudaram a percepção do italiano acerca de nosso sistema planetário. A invenção do telescópio e a observação meticulosa e sistemática das cercanias de nosso orbe, em sucessivas noites desluadas, trouxeram-lhe a convicção de que a Terra, os demais planetas e todos os satélites a eles vinculados percorriam órbitas em torno do Sol, este sim o astro central do cosmos então conhecido.

Durante as primeiras décadas do século XVII, Galileu travou uma batalha surda contra as autoridades eclesiásticas, tentando convencê-las de que a Terra se movia em uma concepção heliocêntrica. Em 1633, após publicar um tratado com novas evidências que corroboravam a sua nova crença, o astrônomo foi intimado pelo Santo Ofício a se defender em um processo por heresia.

Contra a Inquisição não teve a menor chance. Segregado e ameaçado de tortura, o septuagenário Galileu foi obrigado a se retratar publicamente, aquiescendo que a Terra era o centro do universo, e, como tal, um eixo imóvel ao redor do qual o Sol e tudo o mais girava.

Finalizada a audiência solene, ainda sentado diante dos membros do Tribunal do Santo Ofício, teria murmurado: *Eppur si muove* (e, no entanto, se move).

O movimento, sabe-se hoje, é a tônica do macro e do microcosmo. Quem sabe, seguindo esse exemplo, possamos ter a iniciativa de mover-nos também, apontando nosso telescópio interno para novas alternativas? A possibilidade, talvez, de que a nossa consciência não seja tão só um subproduto do metabolismo corporal, como defendem os materialistas, ou a possibilidade de que a alma não seja criada no momento da concepção. Para as religiões abrâmicas, ela é constituída com a finalidade exata de vivificar um único invólucro carnal por um tempo exíguo, mas sempre houve vozes dissonantes, aqui e ali, preconizando que a alma é preexistente, sujeitando-se a um princípio evolutivo similar àquele preconizado por Darwin.

Para alguns filósofos antigos, a contemplação do céu noturno e sua miríade de estrelas já deixava entrever, que o firmamento era vasto demais para abrigar tão só um pequeno planeta habitado. Ou, como declarou Carl Sagan, ainda no final do século passado, "se não existe vida fora da Terra, então o Universo é um grande desperdício de espaço". Entre as ilações de Aristarco de Samos, na Antiguidade Clássica, e o pensamento arguto de Sagan, a humanidade perdeu quase vinte séculos em querelas religiosas

Tomás de Aquino, por exemplo, realizou alguns feitos filosóficos notáveis, mas adaptou a cosmologia e a física da Aristóteles nas doutrinas morais e espirituais da Igreja, criando uma síntese tão equivocada quanto obtusa:

> A Terra onde as coisas caíam também era o reino do homem moralmente caído. O céu, onde as coisas se moviam em círculos perfeitos, era o reino de Deus e de seus anjos. No ponto mais baixo do Universo, no centro da Terra, estava o Inferno.[9]

Inaugurou-se, a partir da Idade Média, uma visão mecanicista do Universo, como se tudo funcionasse amarrado a roldanas divinas, em uma espécie de anfiteatro cósmico, em que a suprema recompensa seria atingir o firmamento e lá permanecer, em contemplação infinita de Deus. Assim, "a combinação da física de Aristóteles com a astronomia de Ptolomeu era aceita tanto como verdade prática quanto como doutrina religiosa, e foi imposta à força pela Santa Inquisição".[10]

Quem ousava questionar esses dogmas, já em pleno Renascimento, corria o risco de ser processado e morto. Giordano Bruno, teólogo e frade dominicano italiano, foi condenado à execução na fogueira pela Inquisição romana, em pleno 1600. Para ele, as estrelas eram sóis distantes cercados por seus próprios planetas, muitos capazes de abrigar vida. Sua posição filosófica, conhecida como pluralismo cósmico, entrava em choque com a concepção ptolomaica pela qual a Terra ocupava o centro do universo. Para Bruno, um universo infinito não poderia ter um «centro» predeterminado.

A ferro e a fogo

Julgado por heresia e acusado de negar os dogmas do Julgamento Final e da Trindade, os ensinamentos de Bruno sobre a transmigração da alma geraram fúria nos meios eclesiásticos da época. A sorte do pensador no fogaréu acesso no *Campo de Fiori*, em Roma, onde hoje se ergue uma estátua em sua homenagem, já estava decidida antes mesmo do epílogo formal do julgamento. Obrigado a escutar o veredicto de joelhos, o filósofo respondeu com um desafio: "Os senhores talvez sintam um medo maior ao pronunciar esta sentença do que eu ao ouvi-la".

Como bem-colocado por Maria Kingsbury, as ideias de Bruno persistem na atualidade, "em sua recusa a limitar o universo a uma estrutura geométrica e em sua defesa de algo indivisível que une toda a matéria". Ainda segundo a autora, algumas de suas ilações poderiam ser consideradas como "precursoras da mecânica quântica".[11]

Ouso sugerir que parte das concepções de Giordano Bruno eram, em verdade, ecos de teorias muito mais antigas, talvez sustentadas pela sua própria individualidade em alguma existência anterior, em tempos mais tolerantes. Carl Sagan revela, no sensacional *Cosmos*, que Aristarco de Samos (310 a.C.-230 a.C.) teria sido o primeiro a propor que o planeta Terra gira em torno do Sol, e que há incontáveis outras estrelas a uma distância incomensurável da nossa[12]. Pergunto-me – e convido o leitor a questionar-se também – sobre como poderia o estudioso grego deter essa convicção com os instrumentos de medição disponíveis em sua época. A hipótese heliocêntrica, vale lembrar, só ganharia reconhecimento e validade dezessete séculos depois, através dos estudos de Copérnico.

Sagan também revela que Isaac Newton acreditava que a água na Terra tinha origem nos cometas. E que suspeitava "acima de tudo, que é principalmente dos cometas que vem o espírito, (...) parte (...) muito necessária para sustentar a vida de todas as coisas a nossa volta".[13]

Sabe-se, hoje, que os cometas possuem compostos orgânicos, e há uma respeitável corrente cientifica que sustenta que o gelo que se forma em sua cauda contém água em estado líquido, elemento imprescindível para a conformação da vida. A concepção de Newton pela qual o espírito seria necessário para sustentar a vida em nosso entorno talvez ecoe uma sabedoria multimilenar, no sentido de que a consciência molda a matéria, e não o contrário. De qualquer maneira, revela uma concepção panenteísta que antecede Frederick Krause, o teólogo que a formulou, em quase dois séculos.

A centelha divina estaria em tudo que vive, e tudo que vive tende para Deus. Deus não é toda a criação, já não se confunde criador com criatura, mas ele está presente em tudo e em todos.

Não é impossível especular que os espíritos que vivificaram Newton, Aristarco e Giordano guardassem memórias de encarnações anteriores, seja em ocasiões em que frequentaram Escolas de Mistérios na condição de iniciados, seja em orbes mais evoluídos, em que tais conhecimentos já fossem disseminados. Reencarnado na Terra, aquele que foi conhecido como Aristarco reteve tais memórias que funcionaram como intuição para direcionar suas observações e conduzir a sua pena nos papiros que, destruídos no incêndio da biblioteca de Alexandria, não chegaram até nós. Suas convicções sobre a configuração básica do sistema solar são conhecidas através de uma referência feita por Arquimedes, em um de seus escritos.

Talvez alguns papiros destruídos pela cominação perversa de ferro, fogo e fanatismo religioso – o conquistador árabe do Egito Amer Ibne Alas justificou o incêndio falando que os escritos ou negavam o Islã, e, portanto, eram hereges, ou o confirmavam, o que os tornaria redundantes – trouxessem argumentos novos acerca da existência de outras populações inteligentes nas vastidões dos cosmos.

Quem sabe esses argumentos possam ser novamente reconstruídos, talvez até pelos seus mesmos autores, investidos em novas personalidades. Pois a vida é isso, um incessante recombinar-se e reconstruir-se. Neste livro, teremos a oportunidade de dirigir o olhar para ângulos que sempre nos escaparam, acostumados que estávamos a visões mais confortáveis. Ao final de sua leitura, talvez estejamos aptos a desenvolver raciocínio crítico que nos habilite a identificar incongruências tanto no pensamento materialista-negacionista – que reduz tudo à necessidade de submissão ao método dedutivo-experimental idealizado em uma época contemporânea à Galileu – quanto ao conjunto de dogmas trazidos pelas chamadas religiões reveladas, altamente majoritárias no mundo ocidental. O nível do debate, seja qual for a formação do interlocutor, aumentará em volume e profundidade.

Tenhamos, assim, a disposição de examinar o conjunto de evidências que serão apresentadas ao longo desta obra. E o façamos pelas lentes do pensamento crítico e da própria exigência, racional para alguns, intuitiva para a maioria – de que exista uma Justiça Cósmica que torne as nossas existências menos aleatórias. Que possamos cultivar esse destemor, essa abertura para o novo justamente agora, imprensados que estamos entre o niilismo do ateísmo militante e a infantilização crescente das massas, mesmerizadas por falsos profetas e promessas de salvação que, não raro, resultam tão só em Dinheiro e Poder para os espertalhões de sempre.

Nesse contexto, a percepção de que a velha ideia de que nosso espírito é elaborado *pret a porter* para essa singular vestimenta carnal que ora envergamos – um "modelito" fixo, portanto – pode e deve ser contrastada por novas evidências em contrário. Quiçá uma parcela significativa da população venha aceitando passivamente o resultado de anos de modelagem em uma certa tradição familiar, ou uma imposição cultural da comunidade em que nascemos – seja uma cidadezinha de colonização italiana do interior de Santa Catarina, seja um subúrbio do Rio de Janeiro repleto de templos neopentecostais frequentados por amigos e parentes.

Estamos convictos de que o fenômeno palingenético (do grego *palin*, de novo; e *genesis*, nascimento) poderá ser melhor compreendido mediante um enfoque interdisciplinar, que seja ao mesmo tempo sistemático e inovador no que tange às demais investigações que já versaram sobre o tema. A especialização extremada torna difícil para qualquer observador se afastar o suficiente do tema para perceber a real dimensão do paradigma que ora se apresenta, renovado pelos aportes da física e da filosofia do século XXI. Um paradigma que surge como alternativa ao materialismo puro e simples, ou mesmo a crença em um juízo final que separará o joio – o inferno de padecimentos infindáveis – do trigo – o paraíso contemplativo imaginado por alguns sistemas de crença. Em consequência, a apresentação detalhada da doutrina reencarnacionista e sua correlação com a ideia de uma justiça cósmica não podem prescindir dos conhecimentos cumulados na astrofísica, mecânica quântica[14], psiquiatria[15], biologia, na história das origens[16] e na própria filosofia[17].

De fato, a reencarnação possui uma dimensão filosófica na medida em que propõe uma resposta, ainda que parcial e incompleta, àquelas velhas indagações que sempre inquietaram a humanidade, a respeito do que somos, de onde viemos e para onde vamos. É a filosofia que pode processar os dados brutos, coletados nas pesquisas de campo de temas entendidos como "desconfortáveis" ou, ainda, minudenciar hipóteses científicas arrojadas que carecem de instrumentos de comprovação em um contexto maior. Nesse quadro, esta obra pode ser lida também como uma tentativa de compilação prática de saberes teóricos provenientes de várias disciplinas – pertencentes ao campo científico ou não. Sua análise compõe uma tentativa de tentar responder a essas três indagações mediante o aporte de novos conhecimentos científicos acerca do micro e do macrocosmo, bem como argumentos filosóficos clássicos e modernos. Tudo temperado com contribuições de diversos credos, principalmente aquelas que não foram admitidas no cânone do cristianismo oficial.

É a mobilização de uma gama variada de conhecimentos filosóficos, científicos e metafísicos – todos inseridos no contexto da pós-Modernidade – que faz esta obra diferenciar-se das anteriores. Principalmente quando os dados estão amalgamados não só através do pensamento sistemático, mas também por meio da intuição engajada. A intuição, entendida pelo filósofo Henri Bergson como um esforço para inverter a marcha usual de nosso raciocínio analítico, algumas vezes pode resultar em uma fulguração do espírito que ressignifique aquilo já foi elaborado previamente – apresentando alternativas para fazer avançar nosso entendimento acerca da doutrina reencarnacionista e suas implicações para a descoberta do funcionamento íntimo do Cosmos.

Reencarnação, uma tese subversiva?

A fulguração pode ser perigosa. As ideias de que o progresso é contínuo, de que uma só existência não é suficiente para combater os vícios intrínsecos ao homem, bem como para burilar as virtudes que nos impulsionam para tal progresso, são assaz subversivas. A noção de um Deus mais tolerante e compreensivo, que concede ao homem o tempo que ele necessita para sua elevação, recompensando-o à medida em que se eleva, foi considerada inadequada. Tão inadequada que, em algum momento entre o primeiro Concílio de Niceia, em 325, e os dois concílios realizados em Constantinopla (381 e 553), a palingênese foi deixada de lado, tornando-se uma doutrina herética[18]. A alma era criada no momento da concepção, no instante do nascimento, ou em algum ponto que medeia esses dois extremos. E quem discordasse desse dogma estaria cometendo heresia.

Firmou-se aí o discurso de que estávamos definitivamente vinculados aos acertos e erros de uma só existência, sem perquirir as condições de nascimento, sem considerar quaisquer circunstâncias minorantes ou atenuantes

A partir daí, meados do século VI, a Igreja Católica passou a assumir posições que reafirmassem a autoridade de seus altos dignitários, utilizando a interpretação dos evangelhos para tal fim. "Tudo quando de importante figurasse na Bíblia passara a ser propriedade do papa", aquele que "guardava as chaves do céu e do inferno"[19], e não palavras antigas em um livro inacessível para as multidões de analfabetos.

Em última instância, tal poder legitimava qualquer prática adotada oficialmente pela Igreja Católica, da excomunhão dos ditos "hereges" à venda de indulgências, da exortação de uma guerra contra os bárbaros do Oriente próximo às fogueiras da Inquisição.

Um projeto de poder cuidadosamente elaborado, aliado à ocultação das fontes que pudessem alimentar um embate metafisico acerca da gênese da própria alma, acabou por extirpar a hipótese reencarnacionista das crenças cristãs tradicionais – o catolicismo e, após a reforma, os principais credos protestantes. No século XIX, todavia, o advento da tradução dos antigos textos védicos para os idiomas europeus modernos provocou uma onda de adesões por parte de parcela da intelectualidade da época. Schopenhauer chegou a definir a Europa "como o continente dominado pela incrível e limitada ideia de que a reencarnação não existe"[20]. Não obstante, o hermetismo de seu pensamento filosófico se acentuou ainda mais quando tratou do tema, ao preconizar que só "a vontade" reencarnava.

Também advogavam a hipótese reencarnacionista Goethe[21], William Blake, Liev Tolstói e Arthur Conan Doyle, para nos centrarmos em figuras artisticamente ativas ao longo do século XIX. A partir das décadas finais daquele século, principalmente após a publicação de *A Doutrina Secreta* (1888), de H. P. Blavatsky, a teosofia desenvolveu um papel importante na difusão da hipótese reencarnacionista no Ocidente, propondo um novo significado para algumas noções multisseculares do hinduísmo clássico. Passou a considerar, por exemplo, a "roda do renascimento mais como um desenvolvimento planejado sob nossa própria responsabilidade", diminuindo a importância da *samsara* "como um sofrimento contínuo do qual se almeja a libertação"[22]. William Q. Judge, um dos cofundadores da sociedade teosófica, chegou a denominar a reencarnação de "o elo perdido do Cristianismo"[23]. E com toda a razão.

Através da chave reencarnacionista abre-se a porta da compreensão, ainda que incipiente, dos mecanismos da justiça divina. Supera-se de vez a interpretação mecanicista do mundo e seu Deus *ex machina* sustentado por cabos, roldanas e polias, a proclamar uma solução improvável e mirabolante para o mistério da nossa existência. Pela tradução dos *Upanishads* para o alemão e para o inglês, pela codificação kardecista e pela produção textual teosófica, o século XIX assistiu ao renascimento do tema da lei de causa e efeito (carma) no Ocidente. Se imaginarmos o pensamento racional como uma espécie de hotel, com as diferentes filosofias habitando distintas suítes, a doutrina das vidas sucessivas não é simplesmente uma outra suíte – ainda que uma suíte máster, ou mesmo presidencial – mas um corredor que leva aos diversos cômodos, alguns dos quais são religiosos, outros filosóficos e científicos.[24]

Este livro funciona como uma espécie de chave para esse amplo corredor principal. Os cômodos mais aprazíveis para cada leitor, levando em conta suas curiosidades e vicissitudes, poderão ser percorridos na sequência, na medida da disponibilidade e do interesse de cada um, na vasta literatura hoje disponível nos principais idiomas, tomando-se o devido cuidado – como não pode deixar de ser – com os embusteiros, impostores e fanáticos de todo tipo.

A advertência é necessária, pois o corredor alterna áreas de penumbra e de luz, e, por vezes, é preciso encontrar um percurso que seja simultaneamente equidistante do vetusto paradigma mecanicista e do absolutismo do método cartesiano – nem sempre adequados para todos os desafios científicos do século XXI – e das tentadoras ofertas do verdadeiro bazar esotérico que se apresenta a um toque em nossas onipresentes telas. Seja como for, respostas factíveis para aquele velho trio de indagações que nos assombram há séculos podem ser encontradas sem que qualquer cômodo precise ser exaustivamente acessado, e este livro apresenta-se como um pequeno compêndio a provocar a reflexão que, esperamos, possa anteceder aos processos de maturação e renovação interiores.

É claro que as respostas serão sempre parciais e incompletas. Parciais por não abarcarem a totalidade das questões ontológicas que abordam, e incompletas porque, mesmo na fração abordada, a análise é temporária e provisória, sujeita ao escrutínio do tempo e aos avanços da técnica. Avanços que, quem sabe, poderão acabar trazendo instrumentos para medir o que hoje é o imponderável. Ainda assim, sinalizam a atualidade do paradigma das sucessivas existências sobre tais questões.

Vamos a elas, percorrendo esse vasto corredor de ponta a ponta, concatenando as explorações externas da Ciência com as explorações internas da Filosofia, e principiando pela problemática ontológica principal.

DOIS

O que somos?

"O homem é um pedaço do universo que ganhou vida."
Ralph Waldo Emerson

O relógio astronômico de Praga, um dos mais antigos mecanismos do tipo ainda em funcionamento, foi construído em 1410. Representava as órbitas do Sol e da Lua, antecipando o casamento tempo-espaço, que seria consumado por Einstein, muitos séculos depois. Situa-se na praça da cidade velha, a poucos quarteirões do castelo que serviu aos reis da Boêmia por séculos.

Sua principal atração é o desfile dos doze apóstolos, que ocorre a cada vez que o ponteiro maior indica a hora cheia. Quatro personagens exibem-se nas janelas superiores do gigantesco mostrador instalado em uma das esquinas da praça: o Turco, a Avareza, a Vaidade e a Morte, esta última representada por um esqueleto que marca o início do desfile, puxando uma corda.

Sua representação nesse cenário não é despropositada. A iconografia da morte, em fins da Idade Média, era tão comum quanto o são hoje *outdoors* e *pop-ups* de propaganda nas telas que abrimos nos celulares. O século XIV foi, na Europa, o apogeu das famosas *danses macabres*, uma alegoria sobre a inevitabilidade do fim e sua absoluta isonomia: a morte convida a dançar qualquer um, do plebeu ao nobre, do camponês ao banqueiro.

Por essa época, havia representações de danças macabras na literatura, pintura, escultura e até mesmo na delicada artesania dos relógios. O mestre relojoeiro Hanus, ao imaginar a sua obra, lembra a todos os observadores – inclusive os ruidosos turistas do século XXI, que se aglomeram na praça dia e noite – que a dama de negro está sempre por perto e conduz todos os destinos para o inevitável epílogo.

Honrando os mortos

Tirando os modismos de cada época e lugar – das *danses macabres* tão populares ao costume de fotografar crianças falecidas como se vivas estivessem, em fins do século XIX – a prática de homenagear os mortos é tão antiga quanto o uso de vestimentas pelos vivos. Evidenciada pela posição especial do corpo nos sepultamentos, a inclusão nas tumbas de objetos úteis às comunidades paleolíticas, bem como os próprios adereços decorativos, remonta há cerca de cem mil anos.

Esse costume pré-histórico já denota uma certa percepção transcendental da vida humana, um respeito à memória do falecido de tal ordem que não só impedia que seus despojos físicos ficassem ao relento, à disposição das aves de rapina, mas que também implicava em grande sacrifício para a comunidade sobrevivente. De fato, era custoso abrir mão – mesmo que as ofertando para a eternidade – de ferramentas meticulosamente elaboradas, armas baseadas em matérias-primas de difícil manipulação e utensílios raros em um contexto de escassez, uma vez que tais itens eram de extrema dificuldade de reposição nas sociedades nômades primitivas.

Por outro lado, o xamanismo, tradição mágico-religiosa construída em torno de indivíduos que teriam o dom de contatar espíritos e deles extrair respostas para questões práticas do dia a dia, teria ao menos 40 mil anos[1]. A mesma idade atribuída à noção da mediunidade, ou necromancia, entendendo-se o médium como uma subespécie de xamã[2]. Daí a ideia da existência da alma, a crença de que os indivíduos possuíam, em sua estrutura mais íntima, um componente não físico que remanescia após a morte e que funcionava como um princípio vitalizador da existência comumente associado a faculdades como pensamento e emoção.

A ideia da imortalidade, todavia, só foi transposta para uma narrativa escrita linear e coerente pelos sumérios, por volta de 2150 a.C. A epopeia de Gilgamesh é, em última análise, um relato a respeito da procura da fonte da vida eterna, de uma busca por eternidade.

No Egito antigo, desenvolveu-se a ideia da manifestação de um ser divino em uma forma senciente: acreditava-se que os faraós eram encarnações dos deuses egípcios Hórus e Rá. Por volta de 1500 anos antes de cristo, várias civilizações ao redor do Globo adotavam amplamente a ideia da reencarnação, qual seja, a crença de que a alma imortal de cada indivíduo pode e será unida a outros corpos humanos no futuro, assim como já aconteceu no passado.

A compreensão de seus propósitos, todavia, era distinta entre as diversas tradições culturais que a adotaram. Alguns a viam como uma mera possibilidade de punição (metempsicose) a condutas desviantes, pela qual seria possível admitir-se que o espírito humano, em função da existência material viciosa que experimentou no último mergulho da carne, poderia animar o corpo de um animal, até mesmo de um inseto. Assim, criava-se um argumento dissuasório para as massas, à semelhança do fogo inexpugnável do inferno de certas religiões tradicionais. A manipulação através do medo é uma das mais antigas – e eficazes – maneiras de controlar grandes populações, e foi grandemente utilizada ainda no século passado[3].

Uma pequena gama de iniciados, todavia, já era consciente de que a união periódica do espírito à matéria seria o resultado de uma exigência de justiça cósmica e um imperativo evolucionista. Da mesma forma como os corpos materiais evoluem – conforme demonstrado por Darwin em sua revolucionária teoria, que até hoje encontra fervorosos negacionistas –, também o espírito que anima a matéria progride, e a sua evolução individual enseja a evolução coletiva de países e instituições.

De fato, uma das primeiras fontes de interesse na reencarnação, no Ocidente, proveio da tradução dos textos sânscritos realizados por volta de 1820 por Max Mueller. Não obstante, a noção – amplamente generalizada – de que a doutrina reencarnacionista tem origem exclusivamente hindu é equivocada: ideias sobre o tema são encontradas em diversas tradições culturais, em praticamente todos os continentes. "Antropologicamente, a crença na reencarnação é mais bem concebida como uma categoria original, que cresceu independentemente em culturas separadas".[4]

A crença é dividida entre esquimós e nativos da ilha de Bali, na Indonésia, drusos do Oriente Médio, tribos indígenas do meio-oeste americano, hebreus partidários da Cabala e um número considerável de brasileiros, quer se declarem seguidores de Kardec, quer não.

As mais antigas referências escritas ao tema da reencarnação, todavia, provêm do norte da Índia. "Segundo a doutrina hindu, nossa alma ou espírito passou por muitas vidas até chegar àquela que hoje temos. E viveremos muitas mais vidas depois desta terminar". Assim, nossas ações e omissões no presente terão influência nas condições a que estaremos submetidos "na próxima volta da roda da existência"[5] ou *samsara*, que em sânscrito significa "perambulação".

Os Vedas, textos compilados de literatura religiosa trazida pelos arianos quando se dirigiam aos territórios mais quentes da parte sul do subcontinente indiano, foram traduzidos para a linguagem escrita por volta de 1200 a.C., mas a tradição oral é muito anterior, remontando ao segundo milênio. Veda significa conhecimento, e partilha a mesma raiz do termo inglês "*wisdom*".

Existem quadro vedas, cada um deles constituído de outras quatro partes. O que nos interessa particularmente aqui são os *Upanishads*, elaborados ao longo de 300 anos (600-300 a.C.) e focados nas dimensões filosófica e teológica a serem divulgadas aos iniciados. São neles que nos deparamos pela primeira vez com a ideia do carma – uma lei impessoal, tal qual a gravidade, baseada na lógica da causa e efeito. A popularmente conhecida "lei do carma" vaticina que gestos caritativos ou atos de malignidade podem influenciar positiva ou negativamente no porvir de uma existência, ou mesmo em uma reencarnação futura da alma. Esta, dispondo de seu livre-arbítrio, desejou agir ou se omitir nesse ou naquele sentido, devendo ser recompensada caso tenha vindo em socorro de seus semelhantes, ou elevando a si própria, bem como recebendo uma sanção proporcional aos malefícios que eventualmente tenha causado a si ou aos outros.

Esse evoluir, essa ascensão espiritual, passa, necessariamente, pelo mergulho na matéria – ou na carne, para usar a linguagem bíblica – por duas razões principais: o esquecimento momentâneo das encarnações passadas e a necessidade de laborar – e, portanto, de conviver com o próximo – para fins de obter os recursos aptos a prover o nosso corpo físico de alimentação, abrigo e das demais necessidades vitais.

A reencarnação é necessária, pois o corpo funciona como uma espécie de esponja a drenar as imperfeições da alma. O grande problema é que muitos não só "mergulham" na carne, mas também acabam se afogando com ela. O banquete de sensações é tão intenso que alguns reencarnantes ficam de tal forma inebriados que perdem a orientação e o sentido do planejamento reencarnatório que empreenderam, ainda na dimensão extrafísica.

Uma vez encarnado, o corpo denso que se associa ao espírito acaba por abafar variáveis que ficavam evidentes nos planos extrafísicos, tais como cumprimento de onda e frequência vibracional do corpo astral. Assim, Hitler e o mandatário do Tibete (Tenzin Gyatso, que exerceu suas funções de 1937 até 1951, ano em que foi defenestrado pela invasão da China) poderiam estar sentados na mesma sala de conferências, lado a lado, cada qual como representante de seu país, em uma hipotética reunião ocorrida no final dos anos 30, já que eram contemporâneos. Tal convivência seria muito difícil nos planos espirituais, a não ser que o último Dalai Lama, espírito iluminado, aceitasse baixar a sua frequência, voluntariamente, para entrevistar-se com o espírito atormentado do ditador nazista.

Por causa disso que se costuma dizer que o plano material é uma arena dos contrastes, onde as virtudes que já julgamos ter adquirido são postas à prova.

Reencarnamos para nos inserir na vida material, precisamos desse contraste. É nesse ambiente contrastante, onde estamos todos juntos e misturados, e em que uma individualidade da estatura do Dalai Lama pode facilmente dividir ambientes com Hitler, que se percebe quão fortes virtudes e habilidades estão inseridas em nosso espírito. Como posso testar o perdão se eu não for caluniado, se não for negligenciado, preterido? Como eu posso testar a paciência senão convivendo com pessoas difíceis, enfadonhas e ignorantes?

A cobertura do corpo somático também atua para ensejar o esquecimento de que falávamos em passagem anterior. De fato, uma recordação acentuada de circunstâncias importantes de vidas passadas poderia nos trazer raiva e culpa em relação a indivíduos que dividiram conosco uma dada experiência pretérita e que agora se encontram novamente no plano da convivência próxima. Tudo dentro da concepção de que, comumente, pertencemos a um grupo espiritual mais numeroso, caracterizado por responsabilidades mútuas em relação ao percurso de cada um. Grupo em que se encontra em estado latente eventuais conflitos, prontos a eclodir, e que, por vezes, remontam há várias existências pretéritas.

Não obstante tais riscos, há também a necessidade de obter-se adiantamento coletivo – o verdadeiro progresso é aquele que pode ser partilhado com os demais, os mais capazes agindo como espécies de tutores daqueles que fraquejam ou se retardam diante dos obstáculos da marcha. Dessa forma, o imperativo da evolução e a superação de confrontos entre as consciências em processo de aprendizado são determinantes para o bloqueio preventivo de memórias extracerebrais que possam funcionar como gatilhos para a violência, tão presente na sociedade humana. Não obstante, tal bloqueio não é absoluto, lembranças pormenorizadas de fatos pretéritos – desde situações que geraram estresse pós-traumático na vida atual a pontos de inflexão de vidas anteriores – permanecem depositadas nas diferentes camadas do inconsciente, em profundidades variadas, e poderão ser acessadas sob condições especiais.

Assim sendo, as memórias de encarnações passadas tornam-se comumente indisponíveis pelo interregno em que a mente imortal encontra-se enclausurada no corpo físico. O momentâneo esquecimento previne a eclosão de pensamentos vingativos, ou mesmo de ideias factíveis de criar emoções e patrocinar comportamento que venham a prejudicar a reconciliação entre desafetos ou inimigos.

Em uma perspectiva mais contundente, as lembranças de crimes sofridos inviabilizariam tímidas aproximações das vítimas com seus algozes e verdugos de outrora, propiciando uma convivência que no decorrer das experiências corporais poderá culminar no perdão, ainda que para o ato mais atroz. Mesmo os grandes assassinos da humanidade, os genocidas que em dadas coordenadas de tempo e lugar vitimaram milhares, serão perdoados em alguma ocasião do porvir, mediante a tríade arrependimento-reparação-regeneração, com o que seu caminho evolutivo poderá ser retomado.

Claro que tal percepção só se torna possível a partir do momento em que internalizamos o fato de que a consciência precede a junção do óvulo com o espermatozoide e sobrevive ao colapso do corpo físico. Naturalmente, se alguém possui a convicção entranhada de que a mente nada mais é do que o produto do metabolismo do corpo, resultado exclusivo da particular bioquímica do cérebro, e que de seu colapso se segue uma noite eterna desprovida de sonhos ou de despertar, a ideia das muitas oportunidades de evolução perde qualquer sentido.

Dicotomia espírito-matéria

Em outras palavras, há uma corrente de pensamento denominado monismo material, pela qual só existe matéria, em vários estados mais ou menos ponderáveis. É uma corrente minoritária, na medida em que poucos temas estão tão presentes na filosofia popular quanto a dicotomia espírito-matéria, seja no âmbito religioso, seja em um contexto filosófico. Mesmo aqueles crentes mais fervorosos por vezes confessam ignorar o que seja realmente o espírito, e com o advento da mecânica quântica cientistas renomados têm admitido uma série de dúvidas sobre a natureza íntima da matéria.

Dúvidas similares acometem neurologistas e psiquiatras quando tentam definir a consciência. Sus conceito é muito mais abrangente do que um mero fluxo de pensamentos e sensações que vivenciamos quando estamos acordados. O cérebro cria a consciência ou tão só a processa, se advinda de outra fonte, ainda desconhecida pela ciência eminentemente experimental que predomina nos centros de pesquisa?

Bertrand Russel, um dos filósofos mais festejados do século XX, escreveu uma obra de fôlego sobre o tema, *Análise do Espírito*. Para ele, a substância primitiva de que é formado o mundo da nossa experiência não seria nem espírito nem matéria, mas algo ainda mais elementar. Eles lhe pareciam ser compósitos, e a gênese do que os compõe estaria situada, simultaneamente, entre os dois e acima de ambos, como se tratasse de um predecessor comum.[6]

Agnóstico, Russel não aponta Deus como a causa "incausada" de matéria e espírito, corpo e alma, *psique* e *soma*. Há uma polêmica grande sobre a conclusão última de seu sistema filosófico, em suas diversas fases. Para os ateus, ele negava a alma. Para kardecistas e rosacruzes, Russel teria intuído a existência do fluido cósmico universal, o "hálito" divino do qual se servem as consciências para moldar formas e conteúdo. Para os adeptos da filosofia hermética, estaria se referindo à vibração, o parâmetro a que se submete tudo o que existe.

Segundo o hermetismo, há um gradiente vibracional que se espalha dos níveis mais baixos aos mais altos, começando pela matéria densa, fluidificando-se nas inúmeras espécies de energias, até alcançar o espírito. Tudo vibra, e a vibração mais elevada do espírito o faz ascender, aproximando-o cada vez mais da Consciência Cósmica Suprema.

O fluido universal – ou o akasha (éter) dos hindus – seria o elemento de que os entes conscienciais se utilizam[7], e sem o qual a matéria (água, ar, terra, fogo etc.) – energia condensada expressa na fórmula E = mc2 – estaria em perpétuo estado de divisão, sem ostentar as qualidades que lhe são próprias. Seria, mal conceituando, como o precursor primordial dos elementos químicos que compõe o universo, a matéria-prima da incessante atividade criativa da Consciência Cósmica Suprema e de seus prepostos.

Podemos dizer que a humanidade está mergulhada no fluido cósmico da mesma forma que animais e plantas aquáticas encontram-se inseridos em mares, lagos e rios. Não há nada de vida aquática fora desses *habitats*. Como esse fluido se origina, em última análise, do pensamento de Deus, com algum preparo, podemos sintonizar o amor divino, mesmo aqui na matéria, e em momentos de provação coletiva, como nas inéditas enchentes que depauperam meu Estado Natal, o Rio Grande do Sul, no momento em que finalizo a revisão desta obra.

Nesta mesma linha, na codificação realizada por Allan Kardec, um século antes da referida obra de Russel, apontou-se a existência de duas categorias gerais no Universo: Matéria (elemento material)[8] e Espírito (elemento inteligente), ambas emanadas da Consciência Cósmica Universal, início e propósito de todas as coisas.[9]

Por mais abstratas que sejam essas considerações, no campo filosófico, aqueles que acreditam na separação entre a mente pensante (espírito) e o organismo somático (corpo) são chamados dualistas, e aqueles que entendem que a mente nada mais é do que o resultado do metabolismo cerebral recebem o nome de "fisicalistas"[10]

O dualismo mente/corpo é uma posição adotada por todos aqueles que acreditam em uma certa transcendência. Materialistas, em geral, e fisicalistas, em particular, negam essa transcendência, e um dos argumentos repousa justamente na teoria evolucionista de Darwin: como organismos unicelulares muito simples, desprovidos de tudo que exceda uma nutrição rudimentar e a capacidade de se reproduzir, puderam dar origem a seres humanos com fantástica capacidade mental? E mais: se existe uma mente separada do corpo, como ambos interagem? Se estão mesmo apartados, por que um dano cerebral grave leva à deficiência mental?

Veremos essas questões ao longo do desenvolvimento desta obra. Por ora, basta destacar que, assim como os organismos somáticos evoluem, conforme os critérios apresentados por Darwin, também o elemento consciencial que os anima progride e se aprimora. A lei do progresso é inexorável, abrangendo corpo e espírito.

A mente humana representaria, desse modo, o resultado de um magnífico aprimoramento do "elemento inteligente"[11], a partir dos estágios experimentados nos seres inferiores da criação. Neles, o princípio inteligente desabrocha e se aperfeiçoa, elaborando-se de tal forma – ao longo dos éons do tempo – a possibilitar o surgimento do livre-arbítrio e a consequente possibilidade de responsabilização. Através dele, tornamo-nos espíritos individualizados, cocriadores neste ambiente material, quando encarnados; e no ambiente etéreo a que nos tocará no *post-mortem*, a depender de nosso padrão vibratório usual.

A ideia de elemento espiritual, por outro lado, encontra-se em contraste ao elemento material, mais uma propriedade da dualidade *yin-yang*. De fato, é preciso buscar um equilíbrio entre as necessidades do espírito e os apetites do corpo, pois no mundo manifestado o equilíbrio entre esses dois polos é imprescindível para a harmonia e o atingimento de uma relativa paz interior.[12]

Hardwares sucessivos e programas em contínuo desenvolvimento

Tal relativa harmonia é possível, mesmo para aqueles que estão inseridos no mundo cosmopolita e caótico, longe de retiros monásticos. A paz da alma, tão propalada, pode ser acessada por largos momentos por aqueles que conseguem subjugar os apetites do corpo, seja por meditação, busca de espiritualidade, autoanálise, trabalho caritativo em prol do outro ou qualquer outra ocupação elevada, conforme veremos ao longo dos próximos capítulos.

É no espírito humano que reside a inteligência e o livre-arbítrio. Nesta obra, partimos do pressuposto de que o cérebro é uma interface quântica da mente imortal, o ser pensante, e recebe o influxo de seu pensamento para que o corpo físico possa ser comandado. Como esclarece Hernani Guimarães Andrade, "ligando-se a substância orgânica, ele produz o ser vivo, imprimindo-lhe o impulso para uma organização crescente"[13] Sob esse aspecto, complementa o pesquisador,

> "o espírito forma um todo auto-organizado, em constante evolução e aperfeiçoamento', cuja constituição é quântica e dos quais os átomos constituintes – átomos espirituais ou psiátomos – são resultantes de partículas elementares análogas aquelas que vem sendo reveladas como constituintes aos átomos da matéria".[14]

Mal comparando, o cérebro funcionaria como um *hardware* do computador com altíssima capacidade de processamento, enquanto a alma corresponderia ao *software* sem o qual a máquina não opera. Já o fluido vital corresponderia à energia elétrica que circula por todos os circuitos, perfazendo a sinalização binária (0 e 1), sem o que a captação de dados e a sua análise se fariam impossíveis.

Neste ponto, faz-se necessário uma pausa e uma explicação. Em palavras simples, podemos dizer que a pesquisa neurológica tradicional está ainda distante de aprofundar-se em como mente e cérebro interagem, mas a Mecânica Quântica e a Teoria das Cordas, em suas diversas acepções, trazem pistas que indicam como a interação se dá.

O assunto será retomado com mais vagar no decorrer da obra, mas por ora pode-se dizer que quando o elétron altera a sua posição no orbital, em torno do núcleo atômico de um dado elemento químico, ele deixa de ser detectado, em um fenômeno que intriga os cientistas há mais de um século e que remanesce sem explicação científica convincente. Distintamente de objetos da chamada zona de dimensões médias, não temos como catalogar de forma simultânea velocidade e posição como se partículas subatômicas fossem bolas de bilhar: o elétron simplesmente desaparece dos mais sofisticados aparelhos de medição e reaparece em outro lugar, sem que sua trajetória e sua velocidade possam ser acompanhadas.

Cada vez mais, a pesquisa científica sinaliza que as subpartículas que compõem o átomo possuem existências interdimensionais, participando de planos vibratórios distintos que se inter-relacionam, formando campos à semelhança dos campos elétrico e magnético, estes unidimensionais e conhecidos há muito pelos físicos. Tais campos e ultracampos projetam efeitos para realidades dimensionais distintas, não apreensíveis pelos sentidos ordinários.

Os efeitos se fazem sentir, muito provavelmente, em função da fisiologia e da particular vibração das cordas que compõem a essência última das partículas elementares, e que se manifestam no mundo material sob uma miríade de nomes: quarks, neutrinos, glúons (responsáveis pela força nuclear forte que mantém o núcleo atômico coeso), bósons (responsáveis pela radiação), fótons (ligados à força eletromagnética) e grávitons (que seriam responsáveis pela gravidade que atrai os corpos, e segundo a teoria prevalecente na atualidade, intimamente ligados à ação das cordas), além do velho elétron, descoberto ainda em 1897.

A ação das cordas seria determinante para o efeito gravitacional ensejado pelos grávitons, a subpartícula mais misteriosa, e que talvez nos limites da especulação científica, filosófica e metafísica expliquem como se dá a justaposição do corpo somático com os demais corpos etéricos que o perfazem quando a consciência humana assume uma existência material.

Tomemos como exemplo este autor em particular, entidade espiritual que nesta reencarnação recebeu o nome de Marcel. É ele composto de várias camadas energéticas justapostas ao corpo físico, que serão sumariamente vistas a seguir. A grosso modo, pode-se intuir que seus diversos corpos energéticos permanecem justapostos porque "atados" pelas supercordas, filamentos infinitesimais que perpassam as várias dimensões superpostas em que cada corpo energético atua. Quando do seu desencarne, o corpo físico e o corpo bioplasmático serão "desatados", com os elementos químicos do cadáver retornando ao plano material (*"você é pó, e ao pó voltará" - Gênesis 3:19*) e a energia do duplo etérico dispersando-se na Natureza. Depois de um período indefinido de intercessão, e a depender de vários fatores, minha consciência estará apta a moldar um novo organismo somático, que a partir do material genético dos pais e do ambiente cultural do entorno ensejará uma nova personalidade, que receberá um nome dos genitores e uma predisposição – herdada não só geneticamente, mas também de suas antigas personalidades – para "funcionar" no mundo de um determinado modo, o que poderá ser positivo ou não.

Uma estruturação análoga se repete em você, leitor, e nas demais oito bilhões de pessoas hoje reencarnadas no planeta. Há, por assim dizer, laços subatômicos existentes entre as várias subpartículas e "cordas" que vicejam no interior de nossos átomos constituintes, e que formam o carbono, o oxigênio, o cálcio, o fósforo, o hidrogênio, o ferro e os demais elementos químicos que integram nossas moléculas, células, tecidos e órgãos, e que propiciam o transporte interdimensional e instantâneo de informações entre todos esses sistemas acoplados.

Assim, dados importantes são transferidos da mente – a unidade consciencial primeva – para o cérebro material, assim como os dados coletados no ambiente material pelos órgãos sensoriais também chegam ao cérebro, e deste para a mente pelo mesmo conduto. É ela, consciência, mente ou *self*, a unidade ontológica primordial mais profunda, nosso elemento constitutivo que pensa ou sente, e esses estímulos mentais são traduzidos na linguagem material por impulsos elétricos e secreção química no cérebro. Tais impulsos se propagam através das redes neurais para que o corpo somático possa reagir ao estímulo que, provindo da mente, se vale do encéfalo como uma interface para que reflexos, intenções e desejos sejam externalizados no plano material.

Feita a digressão acima, já podemos responder a uma das indagações mais frequentes trazidas por céticos: Se cérebro e mente perfazem duas estruturas diversas, por que um dano cerebral grave leva à deficiência mental? Podemos simplificar a questão usando uma analogia: por que um programa inteligente e complexo não roda em um computador que padece de placa-mãe avariada?

Em um nível mais profundo, o problema da interface é maravilhosamente simples de compreender: mal comparando, um *software* estupendo não vai rodar em um *hardware* com problemas de condução elétrica no microprocessador, pois a excessiva umidade causada por uma infiltração, por exemplo, irá levar a uma má leitura dos bits – 1 ou 0 – que transportam os dados que perfazem o algoritmo. Em havendo uma troca de *hardware* – a assunção de um novo corpo somático em uma nova encarnação –, o programa computacional estará funcional novamente.

Linguagem, mente e mitos compartilhados

Do que se viu do tópico anterior, ficou claro que tanto o *hardware*, que corresponde ao encéfalo e à rede neural do corpo somático, quanto o *software* – o espírito que atua tal qual um programa sofisticado e o faz trabalhar – operam conjuntamente para atingir um objetivo comum. Como tal, agem de forma integrada, atuando de forma concertada e síncrona. Todavia, não se confundem. É o *software* que anima o computador – leva o braço mecânico a mover-se, ilumina a tela com arabescos criativos ou faz soar respostas a perguntas verbais por meio de uma IA instigante – mas a sua existência é independente: ele é capaz de se manifestar através de qualquer repositório eletrônico compatível. Ademais, como a história da computação vem demonstrando desde a época de *hardwares* de tamanho mastodôntico e programas desenvolvidos em dezenas de milhares de linhas em COBOL, tanto a máquina quanto os programas evoluem de forma independente.

Nesta linha, à semelhança do que acontece no mundo da alta tecnologia, um aplicativo mais sofisticado, um algoritmo com múltiplas funcionalidades e recursos, requer uma máquina mais aprimorada para poder rodar. Eis a razão pela qual um número muito grande de hominídeos – dentre os quais o *neanderthal* – surgiram e desapareceram na noite dos tempos, pois tão só o *homo sapiens sapiens* apresentava as credenciais corpóreas para jungir-se aos espíritos mais sofisticados. Espíritos que imprimiram um salto evolutivo notável, operando a revolução simbólica a que Harari tanto se refere em seu livro mais festejado, intitulado justamente Sapiens.

De fato, Yuval Noah Harari refere que a “nossa linguagem evoluiu como uma forma de fofoca”, salientando que entre os caçadores-coletores do paleolítico não era suficiente que se conhecesse o paradeiro de leões e bisões, mas mais importante que os homens e mulheres de um grupo de quarenta ou cinquenta indivíduos pudessem saber “quem em seu bando odeia quem, quem está dormindo com quem, quem é honesto e quem é trapaceiro”[15].

Um número crescente de investigadores, na atualidade, vem sustentando que o pensamento que precede a palavra falada, seja ou não "fofoca", e a capacidade de interações sociais por ele possibilitada não advêm originariamente das reações químicas do cérebro, como sustentam os materialistas mais ortodoxos, mas o perpassam através de interações quânticas muito sofisticadas. Sua origem última é a alma, mente imortal ou mônada, para se valer da filosofia de Leibniz, de que muito trataremos aqui.

O cérebro dos hominídeos, que mais do que duplicou de tamanho ao longo de dois milhões de anos – dos 600 *ml* do *Homo Erectus* aos 1.232 gramas da média do homem moderno – é um instrumento que procura acompanhar o aprimoramento da alma que anima o corpo. Quando o peso e o volume já eram os mesmos, há cerca de cinquenta mil anos, o que progrediu foram as interações neuronais e a capacidade do processamento. Ou seja, o *hardware* já tinha sua configuração atual, mas eram necessários os ajustes internos para que ele, recebendo os influxos de espíritos dotados de razão e livre-arbítrio cada vez mais depurados, pudesse dar o máximo de si.

Harari, em seu livro, obviamente não faz nenhuma especulação metafísica, referindo o "acaso", conforme podemos ver do trecho que reproduzo:

> O surgimento de novas formas de pensar e se comunicar, entre 70 mil anos atrás a 30 mil anos atrás, constitui a Revolução Cognitiva. O que a causou? Não sabemos ao certo. A teoria mais aceita afirma que mutação genéticas acidentais mudaram as conexões internas do cérebro dos sapiens, possibilitando que pensassem de uma maneira sem precedentes e se comunicassem usando um tipo de linguagem totalmente novo. Poderíamos chama-las de mutações da árvore do conhecimento. Por que ocorreram no DNA do sapiens e não no DNA dos neandertais? Até onde pudemos verificar, foi uma questão de puro acaso.[16]

Transcendendo o "acaso", ousamos sugerir que talvez o *Neanderthal* tenha sido extinto porque mostrou-se um invólucro que não se revelou à altura do seu conteúdo. Da mesma forma, primatologistas acreditam que houve outras espécies de humanos que também não lograram competir com o *Homo Sapiens*, tais como o Homem de Denisova, na Sibéria, e o Homo *Floresiensis*, também chamado de *hobbit*, na Ilha das Flores, na Indonésia.

No momento em que os demais gêneros de *Homo* foram extintos e o *Homo Sapiens* tornou-se a única espécie humana, o conhecimento e a tradição cultural de determinado grupo familiar já eram transmitidos de geração em geração. Ainda que o nomadismo acarretasse a mudança dos referenciais geográficos de um determinado grupo, a linguagem simbólica permitia a recuperação do passado comum do bando e a projeção de seu futuro. De algum lugar, surgiu a noção de que a montanha utilizada como ponto de observação de uma manada de mamutes, tal qual os próprios mamutes, possuía uma alma.

Aqui, retomamos uma ideia já expressada nesta obra. Por mais estranha que a ideia da alma possa parecer, em um primeiro contato de um racionalista-materialista com crenças xamânicas do alvorecer da civilização, a ciência do século XXI tem caminhado na direção de validar tal percepção, que inclusive integra uma corrente filosófica bastante antiga, denominada panpsiquismo.

De acordo com o panpsiquismo, um grande número de objetos materiais, animados ou não, possui ao menos rudimentos conscienciais. A individualização do princípio inteligente que permeia tudo, em conglomerados organicamente organizados – das espécies vegetais mais simples aos mamíferos superiores, e daí ao ser humano – seria a concretização da ideia de um universo autoconsciente.

Como afirma Harari, a existência de mitos compartilhados e de linguagem simbólica é um poderoso catalisador da cooperação entre indivíduos estranhos a um grupo familiar. Dessa forma, membros de grupos de caçadores-coletores distintos podiam unir-se para atacar uma manada de mamutes porque anteviram o sucesso da empreitada através de um xamã que imprimiu a imagem de suas mãos sobre as gravuras daqueles animais, hoje extintos.

Em física quântica, os pesquisadores já falam abertamente em uma espécie de "grau de consciência" das partículas, assim entendido como uma percepção interna do local onde está e do lugar para que pode, validamente, se movimentar.

Abordaremos tal assunto mais adiante. Por ora, basta-nos ressaltar que entre o corpo e a alma situa-se o períspirito, laço fluídico, semimaterial, por meio do qual o espirito age sobre a matéria e recebe as impressões do meio externo. Kardec, nas questões 135 e 135-A do *Livro dos Espíritos*, esclarece o que seria o perispírito, assinalando, na imagem oitocentista que lhe foi possível construir, a natureza específica desse elemento, que englobaria de forma indivisa os diversos corpos intermediários da tradição hindu.

O ideal, em um cosmos com organização e propósito, é que tanto o receptáculo material do ser humano quanto o espírito que o *anima* possam evoluir simultânea e gradativamente, para que não haja um descompasso. A partir da revolução simbólica do paleolítico, não eram mais necessárias as mandíbulas acentuadas que caracterizavam o Neanderthal, e o fenótipo predominante no *sapiens sapiens* tornou-se prevalente no reino humano.

De forma análoga, é intuitivo perceber que o progresso moral se reflete no períspirito. "Se este é a condensação do fluido cósmico universal em torno de um foco de inteligência (Allan Kardec, A gênese, capitulo XIV, §7) a mudança neste foco trará, portanto, mudança naquilo que se condensa".[17]

Mencionando o períspirito, vale referir que nem o *Livro dos Espíritos* e nem as demais obras básicas do kardecismo adentram nas subdivisões advindas das tradições orientais, talvez pelo fato de que esse conhecimento não estaria ainda adequado ao europeu ocidental de meados do século XIX. Kardec, assim, opta por destacar o seu aspecto funcional, limitando-se a referir que se trata de um composto intermediário que age como envoltório do núcleo pensante: em sua redação elegante, afirma na segunda edição francesa do *Livro dos Espíritos* que o homem é formado de três partes, *"tels sont,dans um fruit, le germe, le perisperme et la coquille"*.[18]

A polpa, tradução adotada na edição brasileira para a palavra *"perisperme"*, divide-se na tradição oriental em cinco corpos entrelaçados, que se situam entre o organismo físico, tal qual o conhecemos, e o núcleo pensante – o *self* ou alma imortal.

Para que possamos entender o funcionamento da reencarnação, é preciso que saibamos distinguir o que é transitório e o que é permanente na estrutura psíquica mais profunda do ser humano. Neste ponto, tanto Heráclito quanto Parmênides estavam corretos em suas afirmações ontológicas, pois aquele referia que a vida é fluxo – a vida corpórea realmente é – e Parmênides também acertava ao asseverar que a transformação é ilusória para aquilo que é essencial.

De fato, o que já está próximo da perfeição é imutável aos nossos olhos: espíritos puros evoluem de forma quase imperceptível[19], pois já granjearam predicados morais e intelectuais que sequer conseguimos aquilatar.

No tópico que ora se abre, a questão da múltipla composição estrutural do ser será abordada de forma concisa, sem que se analise as particularidades existentes nas diversas Escolas Iniciáticas. Basta sabermos que o homem é um ser multidimensional que no plano físico – que representa o mundo manifestado – se vale de um veículo físico ultrassofisticado, uma espécie de escafandro imprescindível para que possa imergir na matéria densa. Justapostos a esse aparato, outros seis corpos muito mais sutis se apresentam, conforme passamos a examinar.

Os sete corpos búdicos: o quaternário inferior

O sete é um número sagrado para várias tradições religiosas, representando o resultado da soma do três[20], que representa a tríade superior[21], com o número quatro, – a dimensão material que delimita o espaço em que todos estamos inseridos, marcadas pelos eixos x, y e z (largura, altura, profundidade) e pela dimensão temporal, o Tempo marcado pelo relógio de Praga com o que iniciamos o presente capítulo. O Tempo, esse devorador de homens, domínio e refúgio do titã Cronos[22].

Várias escolas iniciáticas criaram uma série de classificações e denominações, cujas minúcias não adentraremos na presente obra. Para fins da nossa análise da doutrina das vidas sucessivas, basta salientarmos que, conforme afirma Joanna de Ângelis, "todas as criaturas são seres multidimensionais"[23], dotados de potencial energético que se estende para além dos limites do corpo material, potencial este que naturalmente encontra maior expressão no ser humano do que nos animais superiores.

Assim, os cinco corpos mais exteriores, acrescidos ao somático (nossa constituição orgânica mais externa) envolveriam em camadas sucessivas a alma imortal, *o self*, a consciência mais profunda, nosso nível átmico, puramente espiritual. É a multissecular concepção setenária, presente no Cabala hebraico[24] e oriunda de conhecimentos há muito transmitidos de forma oral no sudeste asiático, Índia e Nepal, e que foi traduzida para os idiomas ocidentais apenas ao final do século XVIII.

Esses corpos energéticos e extrafísicos – também conhecidos como holossomas – habitam um espaço contíguo ao corpo material, embora vibrem em dimensões e frequências diferentes. Cada envoltório espiritual ou energético

> está submetido à ação daquele que vibra em dimensão imediatamente superior, ou seja, o corpo físico é organizado pela vibração do perispírito, enquanto este é submisso e reflete as disposições do corpo mental[25].

É bastante conhecida a classificação que separa os sete corpos em dois grupos simbolizados por figuras geométricas distintas: o quaternário inferior e a tríade superior. A conformação de tais corpos, em uma analogia bastante simples, seria como as partes componentes das *matrioskas*, as bonequinhas russas tradicionais, em que o envoltório mais externo – o corpo físico – reuniria em seu interior uma série de imagens similares de tamanhos variados, posicionadas uma dentro das outras. A palavra "dentro", aqui, significa apenas uma aproximação, pois na verdade o que há é uma imantação quântica dentre os níveis energéticos dos diversos corpos, que se interpenetram,[26] cada um com suas características e especificidades, formando um campo multifacetado. Facetas cuja particular inter-relação torna cada ente espiritual único no universo.

Começando pelo quaternário inferior, da estrutura mais externa à mais interna, faremos uma tentativa de percorrer cada uma das camadas constitutivas do ser humano integral, enquanto encarnado.

1. a camada mais externa é o corpo físico (*Sthula-Sharira* ou *Rupa*, em sânscrito)[27], que recebe os influxos derivados da particular categoria de vibração dos demais corpos que lhe são internos, atuando como seu veículo e instrumento. É uma ponte viva para a natureza material do sistema solar em que estamos inseridos, e funciona como o suporte passivo da consciência. Como regra geral, quanto mais ativos os princípios superiores nos demais corpos de nossa estrutura total, mais saúde e longevidade terá o corpo físico, o que de certa forma vem ao encontro da tradição bíblica, com seus patriarcas multicentenários. Por outro lado, "é através do veículo carnal que se somatizam os impulsos desarmônicos oriundos dos demais níveis ou corpos espirituais, tanto quanto de seus subníveis". É bastante comum, portanto, que "focos de desarmonia se expressem em doenças, desajustes e diversas desordens" que se constituem em efeitos, e não a causa em si[28]" das moléstias que, por vezes, irrompem em algum órgão ou sistema orgânico, às vezes de forma insidiosa e fatal.
   Justamente por isso, o corpo somático também pode ser simbolizado como um papiro, na qual vão sendo impressos, no decorrer da existência, tanto os efeitos das seis forças interiores quanto as influências do meio externo. Conforme veremos ao longo desta obra, por vezes, excessos cometidos em vidas

passadas podem atingir a matriz perispirítica de um órgão, prejudicando o seu pleno desenvolvimento na existência atual. Se alguém destrói o seu fígado por um alcoolismo extremado que o leva ao desencarne, por exemplo, a reiteração de sua conduta destrutiva – sua vontade consciente e resoluta de embebedar-se até cair, dia após dia – pode provocar efeitos que se projetam além da dimensão física, lesionando o molde etéreo, de forma que sua futura reencarnação poderá revelar problemas hepáticos, sem nenhuma razão genética, ainda que em tenra idade.

Há muito o que ser dito sobre nossa dimensão carnal nas páginas subsequentes deste livro, e esta é de longe a dimensão mais estudada por várias disciplinas da ciência. O próprio avanço da Medicina já vem corroborando várias ilações já presentes há séculos em culturas antigas ou tradições xamânicas. Por ora, convém destacar apenas que é um erro afirmar que a reencarnação se última quando da União do óvulo e do espermatozoide. Na verdade, o processo reencarnatório transcende esse momento, pois não raro, mesmo antes da fecundação, o espírito reencarnante já se aproxima da futura genitora ou da família destinada a acolhê-lo.

Nesse particular, vale referir que a completa assimilação do novo corpo só se perfaz aos seis ou sete anos, oportunidade em que se tem a reencarnação como consolidada. Neste estágio, inicia-se aquilo que pediatras e pedagogos denominavam anteriormente como a "Idade da Razão", quando as crianças começam a atentar-se mais para as relações de causa e consequência, tornam-se menos egocêntricas com o desenvolvimento do senso de responsabilidade pessoal e também passam a desenvolver uma noção mais clara do certo e do errado.

2. Na sequência, temos o duplo etérico, emanação do princípio vital que perfaz o corpo bioplasmático, também conhecido vulgarmente como "cascão astral". Sua constituição mais íntima diz respeito ao quarto estado da matéria, o plasma. Em laboratório, é obtido quando uma substância no estado gasoso é aquecida até atingir temperatura elevada a ponto de fazer com que a agitação térmica molecular supere os elementos de ligação que mantêm os elétrons em órbita no núcleo do átomo,

que acabam soltando-se. O resultado é uma substância eletricamente neutra, formada por elétrons e núcleos dissociados. No âmbito da estrutura setenária que estamos examinando, sua constituição é ligeiramente distinta, ainda que também interaja com os demais holocampos e seja um excelente condutor das energias aos corpos mais sutis. O corpo bioplasmático atua como a força-motriz essencial para a mantença do corpo físico, elemento indispensável para que possamos atuar em meio à matéria densa, ao longo das reencarnações.
Associado à produção de ectoplasma e bioenergia, é em sua extensão que se localiza todo o sistema de chacras, centros de absorção, exteriorização e administração do *prana, a energia vital universal que permeia o cosmo. O prana* penetra o corpo físico não somente através da respiração, mas também através desses rodopiantes vórtex de energia, estudados há milhares de anos pelas tradições védicas e budistas.
Cabe referir que "não existe nenhuma interpretação padronizada dos chacras nas tradições religiosas", de maneira que esses redemoinhos energéticos situados no duplo etérico possuem uma sistematização que varia "de professor para professor dentro das mesmas tradições".[29]

3. Em seguida, apresenta-se o Corpo Astral, tão referido em uma miríade de textos impressos e páginas da *internet*. As manifestações nesse nível espiritual se dão precipuamente pelas emoções, em sentido lato. Nesse nível também se encontram os *skandhas*, os registros cármicos de vidas passadas e de etapas bem recuadas da vida atual, como gestação e primeira infância. Assim, o Corpo Astral funciona como um condensador ativo das emoções vivenciadas pelo espírito, retendo em si as paixões, emoções, sensações, os apetites e os instintos, ou seja, desejos e hábitos adquiridos ao longo das sucessivas reencarnações.

   É a partir do Corpo Astral que se estrutura o Corpo Físico em cada existência material, pois nele se encontram os referidos registros biológicos e emocionais das vidas pretéritas – os *skandhas* já mencionados – abrangendo não só fatores positivos, mas também automatismos, disfunções e deformidades. Em suma, nele se depositam as conquistas evolutivas, mas também as lesões provenientes de atos deletérios perpetrados pelo livre-arbítrio em vidas anteriores, as quais acabam por se exteriorizar no corpo físico.

Desse modo, por ocasião do renascimento, o corpo astral se liga à matéria desde o início da embriogênese. Passa a se entranhar no corpo somático, molécula a molécula, célula a célula, orientando sua formação conforme o patrimônio espiritual pretérito e a carga genética recebida dos pais. Tal carga, muitas vezes, já se encontra pré-selecionada pela espiritualidade superior, justamente para que determinada característica possa despontar, no futuro, segundo a trajetória que o reencarnante irá moldar, ao talante de seu livre-arbítrio.

Pode-se dizer que o corpo astral, expressão usada preferencialmente na Teosofia, equivale ao termo períspirito[30] usado na codificação kardecista. O períspirito, funcionando como modelo organizador biológico, na terminologia utilizada por Hernani Guimarães Andrade[31], dirige a formação do novo ser humano destinado a abrigar os corpos astral, mental, búdico e átmico. Caso esse modelo seja impregnado pela repetição de padrões (um padrão nocivo reiterado ao longo de diversas existências corporais pode ensejar um carma orgânico, em que o hábito ou a emoção a ele associados provocam alterações na matriz cármica), um sinal determinante será emitido no processo de formação do embrião e do feto, ensejando alterações no aspecto ou na funcionalidade do novo corpo destinado àquela nova reencarnação.

O corpo astral apresenta em sua fisiologia a elasticidade – dilatando-se conforme a necessidade do indivíduo em diversas fases de sua trajetória –, o poder de irradiação e até mesmo a tangibilidade, quando do contato com o ectoplasma produzido por um médium de materializações, como o célebre Peixotinho ou a jovem Florence Cook, estudada pelo físico William Crookes. É a sede do instinto, presente também nos seres humanos enquanto vai sendo transmudado, pelos mecanismos evolutivos, em intuição cada vez mais sofisticada.

Quando da morte física, o corpo material inicia seu processo de decomposição e as energias do duplo etérico se dissipam. É o corpo astral – plasmado pela personalidade da última reencarnação – que irá interagir no plano extrafísico[32], abrigando em sua estrutura multifacetada os demais, a serem vistos na sequência deste tópico.

4. Completando o quaternário, temos o corpo mental inferior, que administra as percepções sensoriais mais simples e é responsável pela microgestão do cotidiano, inserido que está nas problemáticas do aqui e do agora. Sua função intelectiva primordial é processar as percepções que sensibilizam os cinco sentidos, por meio dos quais captamos as informações que nos chegam do meio circundante. Também é conhecido como "mente objetiva", pois engloba o raciocínio, o intelecto calculista e as decisões rápidas que visam a preservar a saúde e a integridade do corpo – tal como frear o veículo que dirigimos ao nos aproximarmos de um cruzamento perigoso.

O mental inferior está diretamente ligado à personalidade existente em uma vida específica, entre as diversas experiências por que passa a individualidade no curso de sua trajetória evolutiva. Os gregos, em sintonia com lições antigas que vieram do Oriente, apontavam que cada personalidade se erigia a partir de quatro fatores: mente, emoções, energia e especificidades do corpo físico. Personalidade, vale referir, é um termo que deriva da expressão latina *Persona*, máscara usada por um ator e que permitia ressoar a sua voz do palco para a plateia: *per sonare* significa "soar através de".

A comparação, aqui, é intuitiva: por detrás da máscara, da *Persona*, está o ator que dá vida ao personagem; assim como por detrás da personalidade assumida em cada experiência reencanatória está a individualidade imortal, a alma que anima o corpo físico.

Dentro de determinadas condições de cenário – uma metáfora para as ambientações geográfica, temporal e cultural onde cada existência se dá – irá se desenvolver a trama, representada, dentre outros fatores, pelas particulares condições da família que receberá o espírito reencarnante. O "papel" é, assim, desempenhado no palco da existência mediante um roteiro – maleável em parte pelo livre-arbítrio, ainda que detenha porções mais rígidas, definidas (mas não definitivas) em função de relações cármicas preexistentes. Uma vez finda a peça teatral, ou seja, após o término da vivência corporal, as experiências relevantes serão integradas ao patrimônio espiritual e aproveitadas com maior ou menor desenvoltura, em novos papéis a serem desempenhados no futuro.

Voltaremos a essa questão da similitude entre a vida e o palco mais adiante. Para fins deste tópico, importa destacar que o corpo mental inferior está correlacionado à personalidade e, como tal, recebe os influxos circunstanciais de cada existência. Por causa disso, é cambiante e transitório.

Após a morte do corpo e antes de uma nova reencarnação, os arquivos do astral e do mental inferior que guardem experiências e lições que poderão ser úteis para a evolução do ente serão transferidos para a tríade superior, uma vez que o desenvolvimento de uma nova personalidade irá impactá-los de forma robusta. Salienta Amit Goswami que a "memória do corpo mental é inteiramente quântica, e ocorre por meio do condicionamento da estrutura de possibilidades devido a repetidas experiências".[33]

Os sete corpos búdicos: a tríade superior

Cabe referir, neste ponto, que entre a tríade e o quaternário existiria uma ligação chamada *antahkarana*, uma "ponte" entre o mental inferior e o mental superior. Simbolizada nas tradições orientais por um ideograma que alude a três números "7" posicionados em torno de um pequeno círculo, representa eventos de meditação no Tibete e na China. Por meio desta ponte, a tríade superior, a mônada quântica a que alude Goswami, em seu livro, "forma um *continuum* com as encarnações físicas", transportando "parte da identidade individual". Em suas palavras:

> O caráter, as tendências do pensamento mental e do sentimento vital, o repertório (mentalmente) aprendido de contextos, bem como fobias, a aversão por determinados contextos – em outras palavras, tanto os bons como os maus padrões de hábitos que chamamos de Karma (....) No nascimento, a mônada leva o karma até a atual encarnação. Na morte, a mônada continua, com o Karma adicional acumulado nessa vida.[34]

As experiências vividas pelo ser em evolução são arquivadas no corpo mental, ficando ali registradas. Assim, com o término da vida corporal, haverá nova transferência de informações sensíveis entre o quaternário inferior e a tríade superior, dentro do contexto cíclico tão comum ao nosso plano.

Cabe destacar que nossa mente guarda sintonia com nossos sistemas digestivo e circulatório, de forma que devemos estar atentos ao que a alimenta e o que é por ela excretado. O que assimilamos no campo mental também gera intoxicações. Aquilo que é vulgar e grosseiro puxa a nossa consciência para baixo: os desajustes do corpo somático, sabe-se bem, muitas vezes provêm dos planos mais sutis. O mental inferior deve ser controlado e influenciado positivamente pelo seu correspondente na tríade que encima a consciência.

Já adentrando o tema específico do presente tópico, podemos afirmar que os três elementos que completam a estrutura setenária são, sequencialmente:

1. Mental superior, correspondente à dimensão que faz avaliações e formula teorias, correlacionando símbolos e normas. Também denominado corpo causal, elabora princípios e ideias abstratas, e é entendido como o repositório das virtudes adquiridas ao longo da evolução realizada, bem como dos vícios mais renitentes.

   "O corpo mental tende a brilhar, crescer e a se expandir à medida que o espírito evolui", assumindo a posição de responsável "pelos pensamentos e sentimentos elevados"[35] Ele não só elabora e estrutura os princípios e ideias abstratos, como é a fonte da inovação e das novas ideias. Além disso, supervisiona e, por vezes, intervém no funcionamento do mental inferior, mediante a imposição de uma vontade mais elaborada, mais refletida.

   Daniel Kahneman, em sua festejada obra *Rápido e devagar – Duas formas de pensar*, sustenta que nosso jeito de pensar "rápido" diferencia a aproximação de um cão inofensivo do avanço de um cachorro feroz. Também detecta um traço de irritação na voz do chefe, ao telefone. O pensamento veloz é automatizado e, por vezes, opera em conjunto com o sistema de pensamento lento.

   > Quando o sistema 1 não pode resolver um problema imediatamente, ele convoca o Sistema 2 com seu processamento detalhado e deliberado para ponderar sobre a questão. (..) Em geral, o sistema 2 está no comando, pois pode diminuir a velocidade do pensamento e criar avaliações mais fundamentadas[36].

   Não é despropositado sugerir, a partir do panorama traçado por Kahneman, que o pensamento rápido está mais ligado ao mental inferior, responsável pela gestão do nosso cotidiano e por diversas decisões quase instintivas. Desenvolvemos o pensar veloz, o sistema 1, ao longo de diversas junções com consciências infra-humanas, dentre as quais os mamíferos superiores, em épocas tão remotas que sequer podemos divisar. Esse sistema progride de forma sistemática e fica bastante aprimorado quando a mônada se individualiza no espirito humano, ainda que nos primórdios dessa individualização possa animar selvagens toscos e ignorantes, integrantes de grupos de caçadores-coletores que dão os primeiros passos como integrantes da raça humana.

À medida que a evolução se dá, ao longo das vidas sucessivas, o pensamento do sistema 2, envolvendo atenção e esforço – "ou, para usar uma palavra filosófica, razão",[37] – vai gradativamente aprimorando-se, em direção àquilo que Kant nominou de "vontade boa".

O pensamento kantiano, vale referir, torna viável a uma pessoa racional, um produto do século XXI, a ilação de que se possa abraçar a ciência e a lógica sem fechar as portas para uma sabedoria mais antiga. Uma sabedoria que preconiza sermos *personas* espirituais vivendo mais uma experiência material. Essa experiência transitória insere-se em uma cadeia de reencarnações em harmonia com os ciclos da natureza – o universo inteiro é cíclico – e diz respeito à conformação da nossa consciência aos sete níveis que ora apresentamos, bem como à coexistência de vários planos energéticos sobrepostos.

Dessa forma, a vontade, em uma definição muito simples, pode ser entendida como aptidão mental para mover as energias existentes no plano em que nos situamos. Abrange desde a energia condensada que verificamos em nosso derredor – a matéria sólida também é energia cuja vibração foi reduzida até se tornar perceptível aos nossos sentidos (*"ganharás o pão com o suor do teu rosto" Gênesis 3;19*) – até reservatórios energéticos bastante sutis, acessíveis apenas quando lograrmos um grau evolutivo mais elevado.

A vontade, que, em nosso plano material, muitas vezes, se expressa através de desejos bastante grosseiros – é modulada no âmbito do mental superior ou do sistema de pensamento analítico, detalhado, complexo, que é uma exclusividade da fase hominal.

Esse processo de modulação se presta a uma ampla gama de efeitos – do desenvolvimento dos freios inibitórios à estruturação do superego freudiano –, e pode ser utilizada inclusive para a depuração do gosto, mediante a gradativa assimilação de prazeres mais elevados. Assim, música de padrão vibracional mais alto, alimentos menos grosseiros, filmes e séries culturalmente mais sofisticados, literalmente nos elevam o espírito, situando-o em um patamar diferenciado. Corpo e alma serão mais bem nutridos, à medida que aquilo que nos agrada torna-se mais leve e fluido.

Assim como o conteúdo instintivo representa uma fase animal, chaveada em arquivos das experiências multimilenárias, "o corpo mental superior corresponde ao porvir, à inspiração", produzindo uma conectividade "com as forças que engendram o progresso do mundo"[38]. Ao fim e ao cabo, o controle dos impulsos autocentrantes do ego irá redundar na superação da chamada "heresia da separatividade", a ilusão de que estamos separados dos demais seres humanos. Enquanto esse momento não chega, o uso da razão – atributo do mental superior – poderá ensejar níveis crescentes de cooperação, empatia e fraternidade.

Para tanto, a diretriz estabelecida no plano mental superior deve ser seguida pelo mental inferior e pelo astral. "Quanto mais predomina o corpo mental superior, menos força e influencia exercem o conteúdo instintivo do corpo emocional e a ação intelectiva do mental inferior"[39]. A diretriz do alto só irá redundar no efeito pretendido se houver, nos planos inferiores, constância (ritmo) e perseverança (foco e entusiasmo). Se não existir uma adequada administração do nosso tempo, em meio à vida cotidiana, bem como a necessária disciplina emocional, os campos energéticos ficarão desalinhados. A desarmonia irá conspirar para o fracasso do corpo físico em realizar concretamente aquilo que se pretende ou idealiza.

Tal dinâmica se aplica a uma ampla gama de situações bastante comuns, nem só ligadas a objetivos espirituais solidários ou transcendentais, mas também ao planejamento de longo prazo de nossa vida presente – como a busca de metas e sonhos –, que podem abranger desde a obtenção de uma promoção relevante no emprego até a quebra de um recorde esportivo – regional, nacional ou olímpico; desde a aprovação em um concurso público concorrido até a satisfação de conseguir educar adequadamente uma criança tida por "difícil"[40].

O mental superior é, às vezes, entendido como *Manas*, a mente. Pode gravitar ou não em direção à *Buddhi*, conforme for a tendência dos impulsos predominantes. A Teosofia, na pessoa de Helena Blavatsky, vaticina que o estado futuro e o destino cármico do homem dependem de *Manas*, que pode flutuar mais para baixo, em direção a *Kama-Rupa* – o lugar das paixões animais – ou para cima, em direção a *Buddhi*, o ego espiritual.

Vale destacar que não se busca, nesse estágio evolutivo, a eliminação dos instintos e reminiscências da etapa em que o princípio inteligente que se individualizou em nosso *self* estagiava no reino animal. Eles são ainda necessários para as batalhas de cada existência, e estão corretamente inseridos no pensamento rápido, tão útil para as pequenas escolhas do dia a dia. O que se persegue é o controle desses instintos, de forma que possamos nos situar para além da dicotomia medo-apetência, esses móveis corriqueiros na natureza selvagem. Em última análise, o que se busca é adquirir sabedoria para administrar emoções tão primevas e tão necessárias como medo e atração, neste patamar evolutivo em que ainda nos situamos, vigiando-as de perto para que o nosso autocontrole possa ser mantido.

2. O sexto corpo, *Buddhi*, detém o grande núcleo da consciência plenamente potencializada e fornece àqueles que já lograram uma maior evolução o sentimento de unidade com o Universo, servindo como fonte da intuição espiritual. Pouco se pode afirmar com segurança acerca dessa estrutura vibratória, exceto que está ligada à nossa "voz da consciência", que aprova ou desaprova a maneira como nos valemos de nosso livre-arbítrio, deliberando em conjunto com o Mental Superior.[41] Nas raras oportunidades em que nos é dado acessar esse superior nível de consciência, é experimentado aquilo que algumas escolas iogues denominam *samadhi* – uma indescritível expansão de consciência que conecta o ser à unidade essencial, demonstrando que a separatividade entre nós e os outros não passa de uma ilusão. Dá-se, nesse nível, o pleno entendimento da máxima crística – elaborada com uma linguagem adequada à sua assistência de pastores e agricultores despojados de luzes intelectuais – pela qual todos somos "irmãos" (Mt. 23,8), já que filhos do "mesmo pai".

3. O sétimo e mais elevado componente corresponde mais a um princípio do que propriamente a um "corpo". *Atma* é o espírito em sua acepção mais íntima, a centelha divina que brilha em nosso interior e que expressa, em última instância, nosso destino.

Tal centelha emanou da criação como átomo espiritual, ou pensamento em potência. Lançou-se em uma jornada que a transporta de força atômica bruta a espírito puro, o "arcanjo", conforme a questão 540 do *Livro dos Espíritos*, tracejando no espaço infinito sua trajetória de retorno ao Uno.

Na tradição oriental, mais especificamente na escola *vedanda* indiana, há o exemplo do colar de pérolas, *sutratman*, traduzido literalmente como "vida no fio". Cada inteligência, cada mente imortal, seria como a pérola de um colar e, quando eleva a sua consciência e volta-se para si mesmo, a fim de conhecer-se (daqui ecoou o "conheça-te a ti mesmo" socrático), percebe um fio dourado que a perpassa[42], contrastando com o restante do seu ser.

"Encontrei a minha essência", poderá imaginar essa individualidade, mas precisará progredir ainda bastante até convencer-se de que aquele filamento dourado que brilha em seu interior é um *continuum*, uma corrente. Na sequência de sua evolução, perceberá que é algo que se estende ininterruptamente e une toda a humanidade, perpassando o âmago de cada ser.

Cada espírito precisará crescer muito, dos pontos de vista moral e intelectual, até perceber que estamos mesmo totalmente ligados, como pérolas a um colar infinito. Que o outro em nós – e nós no outro – é a realidade última, conforme foi-nos confirmado pelo próprio Cristo durante o Sermão da Montanha.

Assim vendo-nos, veremos, também, que o dever de solidariedade é, na verdade, uma imposição da nossa própria essência.

O *sutratman* seria, então, o ponto vibracional mais elevado do nosso íntimo, e poder contatá-lo desdobra uma expansão de consciência inimaginável: a ilusão da separatividade desaparece, a cooperação e o altruísmo tornam-se naturais. Assim como filamentos de energia infinitesimais constituiriam a natureza mais profunda da matéria, conforme nos mostra a Teoria das Cordas: a centelha divina que brilha em nosso mais recôndito interior seria um segmento de um fio ou cordão que perpassa pérola a pérola, individualidade a individualidade. Uma inspiração que propulsa a consciência através do Cosmos, elevando gradativamente a sua frequência até trazê-la de volta ao Divino, repleta de conquistas e experiências.

Enriquecida pelas sucessivas interações com a matéria e a energia ao longo dos éons do tempo, sob o influxo de seu próprio livre-arbítrio, a consciência estará habilitada, assim, a atuar como cocriadora do Universo, em justaposição à Inteligência e ao Bem supremos.

Fazendo uma analogia com o diálogo platônico Fedro (seções 246a-254e), podemos imaginar a Tríade Superior como o cocheiro que guia uma biga puxada por quatro cavalos alados, que correspondem aos corpos físico, duplo etérico, astral e mental inferior. De fato, Platão já compreendia a alma de forma multifacetada, em que componentes ou camadas distintas se misturavam e influenciavam umas às outras. Nessa alegoria, o condutor do veículo representa o intelecto, a razão e a presença do divino no humano, controlando os desejos do corpo, as doenças que drenam o fluido vital, as paixões irracionais da alma e os arroubos do mental inferior. O condutor dirige a biga de modo a impedir que os cavalos sigam direções conflitantes, mantendo uma trajetória de ascensão.

O coração do *Cosmos*

O "grande circuito" que as almas percorrem enquanto seguem os "deuses" – *rectius*, os espíritos superiores – no caminho da iluminação é uma bela alegoria para o conhecimento dos corpos emocionais do ser humano, que talvez tenha chegado do Oriente por meio de Pitágoras ou por Escolas Iniciáticas com que ele tenha tido contato em suas viagens. Seja como for, por mais metáforas e comparações que Platão ou qualquer outro pensador possam elaborar, e ainda que na atualidade possamos ousar alguma analogia entre o fundamento da Teoria das Cordas e a natureza da dimensão átmica de cada consciência, é preciso reconhecer que o núcleo espiritual de cada um de nós é indescritível em termos de linguagem, dada a sua absoluta transcendência.

De fato, se nos faltam os meios para entender as sutilezas de cada individualidade, o que dizer, então, da pretensão de entender a Consciência Suprema? Seria o mesmo que tentar explicar Cálculo Numérico para uma criança de três anos. Carecemos não só do amadurecimento intelectual, mas também de instrumentos linguísticos para alcançar o entendimento.

Não obstante, tais dificuldades não impedem que possamos tentar enfrentar o tema da evolução consciencial com um pouco mais de sistematicidade.

Carl Sagan, em seu festejado livro *Cosmos*, explica que o termo que o intitula refere-se a "uma palavra grega que expressa a ordem do universo". Opondo-se ao termo Caos, implica também "a profunda interconexão entre todas as coisas"[43]. Da elaboração da obra-prima de Sagan até a atualidade, transcorreram quase cinquenta anos, interregno em que cada vez mais se perquire o nexo vinculacional entre cosmos e consciência.

Self, inteligência, consciência, alma e espírito são termos usados na Psicologia, na Filosofia e na Religião sem muito critério técnico. Por vezes, as palavras se sobrepõem e se intercambiam, e não temos muita certeza acerca de suas fronteiras léxicas, nem sequer de seu conteúdo semântico. Há, ainda, um termo próprio do espiritismo que advém do francês *perisperme*, conforme vimos.

Léon Denis, sem adentrar nas subdivisões advindas das tradições orientais, destacava o aspecto ontológico do perispírito, entendendo-o como "invólucro fluídico permanente, invisível aos nossos sentidos naturais, que acompanha a alma em sua evolução infinita, e com ela se melhora e purifica"[44]. Distinções semânticas à parte, é notável a convergência entre a doutrina codificada pelos franceses Hippolyte Léon Denizard Rivail – que adotou o pseudônimo Allan Kardec – Léon Denis, Camille Flammarion e Gabriel Delanne com os ensinamentos básicos de várias escolas védicas. Deve-se tomar o cuidado, tão só, de não adentrar em demasia em derivações que só trariam estupefação e perplexidade, já que é grande o hiato existente entre a cultura ocidental e as escolas filosóficas originadas no subcontinente indiano.

Talvez uma das maiores contribuições da codificação realizada na segunda metade do século XIX, ao lado da ideia da reencarnação e da possibilidade de comunicação entre consciências situadas em planos diversos – sem a necessidade de intermediação de santos ou pagamento de indulgências –, seja a concepção de que tudo na Natureza se encadeia e tende para a Unidade primordial, para um retorno ao Divino. Neste particular, Pitágoras costumava dizer que tudo sai do zero e vai para o um, e depois volta para o zero. O universo vibra em suas unidades mínimas, as cordas infinitesimais que constituem de forma elementar a matéria. Pulsa e gira nos quasares e buracos negros, na vastidão das galáxias. Como metal que se aquece e se resfria, os elementos se expandem e depois se contraem. Fluxo e refluxo, como anteviu Heráclito, tendo como finalidade última o retorno ao Uno, de uma maneira autopropulsada.

É o pulsar do coração do Cosmos[45].

No ponto, cabe destacar que pulsação e vibração são movimentos análogos, e ambos nos conduzem a uma nova correlação do tema das camadas que envolvem o ser pensante com a estrutura do átomo. É possível, agora, retomar a visão panorâmica trazida no início deste capítulo com mais conhecimento de causa.

Antes, um breve interlúdio sobre interações atômicas, para que possamos nos habilitar a subir mais um degrau em nossa investigação. Isso porque, quando o objeto de estudo se reveste de alguma complexidade, o processo pedagógico se assemelha à elevação espiritual. Precisamos retomar o mesmo ponto, agregando valor e conhecimento à informação já acumulada, para que haja um crescimento em espiral sem que nos limitemos a rodopiar à mesma altura. O crescimento em espiral sempre fornece ganhos de atitude, o que possibilita uma visão mais desimpedida e abrangente, ascendendo-se a novos patamares de conhecimento.

No Ensino Médio, vimos que elétrons situados momentaneamente em um dado orbital, em uma determinada camada em torno do núcleo, tendem a permanecer naquela posição em função da energia que possuem. Não podem ocupar qualquer nível no átomo de que fazem parte sem que para isso aconteça um aporte ou uma perda energética.

Nesse particular, a teoria quântica mostrou que os elétrons em órbitas atômicas não aceitam qualquer quantidade de energia. A energia flui entre os orbitais em quantidades "pacotizadas", fixas, sem variações para mais ou menos. O pacote (ou "quanta de energia") que é transferido, deve atingir uma determinada grandeza para possibilitar a mudança de orbital.

Daí provém o termo "quântico", que, por vezes, torna-se uma panaceia, servindo até mesmo ao embuste e ao charlatanismo. *Quantas* a significar quantidades pacotizadas de energia, transferidas de um orbital a outro.

O deslocamento dos elétrons no âmbito do átomo – ou a mudança de orbital – se perfaz através dos famosos "saltos quânticos". Também chamado de transição eletrônica atômica, tal deslocamento equivale à mudança verificada em um dado elétron de um estado quântico para outro, na medida em que se afastam ou se aproximam do núcleo – um composto de prótons e nêutrons. Essa movimentação em torno do núcleo ocorre na forma de "saltos descontínuos", instantâneos, em que o pesquisador não consegue acompanhar o deslocamento em si.

Eventual retorno dos elétrons ao seu estado quântico original, caso ainda estejam correlacionados àquele átomo, libera a energia que foi recebida para efetuarem o salto, mediante radiação eletromagnética[46] na forma de fóton, unidade quantizada, o que ocasiona a emissão de luz detectável pelo observador.

Consciências altamente evoluídas possuem as estruturas externas bastante delgadas, devido à expansão dos corpos átmico, búdico e mental superior. Vibrando em alta frequência, surgem aos olhos dos que as veem imersas em luz e esplendor. Daí o relato de alguns milagres.

Ousaríamos sugerir que o fulgir espetacular desses espíritos puros está correlacionado ao fenômeno da emissão do fóton, muito mais aparente quanto menos espesso o perispírito. Mas não nos atrevemos a ir mais longe nessa hipótese, já que existem livros próprios em que o tema pode ser mais bem desenvolvido, na confluência entre a teoria quântica e a metafísica.

De qualquer maneira, à medida que a ciência avança, o sobrenatural torna-se natural. Foi assim com os relâmpagos, tidos como consequência da forja de *Thor* pelos povos da Europa setentrional, e será assim com a investigação dos aspectos imateriais de nossa existência, nesse pequeno planeta rochoso.

Mas voltamos à nossa pergunta primordial deste capítulo, ainda que a resposta a que podemos chegar seja temporária, parcial e incompleta: o que somos, afinal?

Emaranhamentos quânticos e vidas sucessivas

A neurologia tradicional não consegue explicar a consciência em termos de achados nos tecidos do córtex, ainda que um grande número de cientistas sustente a tese de que a mente pode ser redutível às operações do cérebro. Não obstante, experiências sofisticadas têm demonstrado que o "cérebro inicia pelo menos algumas ações antes de termos consciência de que uma decisão foi tomada"[47], o que pode sugerir, em uma especulação filosófica, que o pensamento e a decisão provêm efetivamente de um nível extracerebral, o *self* ou espírito. *Self* que, conforme estamos expondo, estaria situado em um estado quântico sobreposto à estrutura orgânica que o recobre, por meio da interface mente-cérebro que perpassa as camadas intermediárias entre o corpo átmico e o corpo somático.

A noção é antiga, já havia sido exposta por pensadores gregos do período clássico, dentre os quais Platão. O filósofo árabe Avicena (980-1037), influenciado pelo legado helênico, entendia que o conhecimento intelectual contido na mente não poderia ser objeto de apreensão por nada material. Por essa interpretação, foi considerado herege por clérigos muçulmanos e sofreu perseguições. Não obstante, sua obra foi traduzida para o latim, seu dualismo tornou-se popular entre teólogos cristãos e sua visão da interação mente-corpo foi de certa forma corroborada por René Descartes, sob um novo formato.

De qualquer maneira, o modo como se dá a irradiação do pensamento da consciência encarnada até a sua exteriorização no meio material é ainda desconhecida. Sabe-se apenas que, após o impulso frequencial ser captado pela estrutura física do cérebro, há a decodificação e a posterior transmissão ao destinatário desejado – mão, dedos, pé, sobrancelha – através da rede neural correspondente. A partir dela, ativa-se o sistema muscular e as eventuais articulações que dão concretude ao movimento ordenado pelo *self*.

Seja falar, seja ativar um míssil nuclear com potencial de matar milhões, tudo emana do âmago pensante do ser.

A menção a diversos "estados quânticos sobrepostos", cada qual com a sua orientação tempo-espacial, parece remeter à tradição oriental de descrever o *self* como uma espécie de *matrioska* russa, nos termos desenvolvidos nos tópicos sobre a concepção setenária do ser. Há diversos corpos entrelaçados (dimensões psíquicas sobrepostas) – tais como os já referidos duplo etérico, astral, mental e búdico – mediando o âmago espiritual e sua projeção física, em emaranhamento quântico. Conforme adverte László, referindo-se a pesquisas de ponta da física de partículas, esse entrelaçamento, "uma conexão instantânea entre quanta – as menores unidades identificáveis de matéria – separados por qualquer distância finita" estaria ocorrendo "não apenas através do espaço, mas também através do tempo".[48]

De qualquer maneira, o tema da gravidade quântica – que poderia ensejar esse entrelaçamento, possibilitando a expressão da consciência integral do ser – é assaz complexo[49] para ser sumarizado em uma obra com objetivo específico e limites já definidos. Ainda que o emaranhamento quântico seja compreendido na física moderna como a assustadora propriedade a permitir que dois ou mais fatores estejam ligados de tal maneira que um não possa ser corretamente descrito sem que a sua contraparte esteja envolvida – mesmo que haja distâncias incomensuráveis separando-as –, os cientistas relutam em realizar o grande salto aristotélico[50], correlacionando consciência e matéria de uma forma mais corajosa. Por falta de instrumental de medição, há uma ruidosa controvérsia sobre o grau de possibilidade de a teoria quântica explicar satisfatoriamente o funcionamento da mente, bem como a sua inter-relação com aquilo que se convencionou chamar inconsciente e subconsciente.

A consciência em um ser humano situa-se em um patamar muito mais elevado do que a consciência vegetal, que se traduz em sensibilidade, ou na consciência dos animais superiores – mamíferos que se pautam pelo instinto, forma rudimentar de inteligência. No âmbito exclusivamente humano, "a relação entre um cérebro material e uma consciência imaterial permanece uma questão não resolvida", aquilo que o matemático e professor de filosofia David Chalmers, Diretor do Centro de Consciência da Universidade Nacional da Austrália, chama de "o problema difícil" nas pesquisas sobre o funcionamento da mente.[51]

Em seus estudos da maturidade, Carl Jung chegou à conclusão de que a *psique* não está inteiramente localizada dentro do crânio, mas integraria o princípio gerador, criativo do Cosmos – o *unus mundus*, a perspectiva de que, para além da forma multifacetada como o mundo se apresenta, haveria uma realidade una, subjacente a todas as formas e aparências.

E, de fato, o princípio conforme o qual o mundo fenomênico seria uma manifestação de uma dimensão mais profunda é agora proposto na linha de vanguarda da física quântica de campos. O *Samkhya*, um dos sistemas filosóficos mais antigos da Índia, também sustenta que existe um compêndio de informações vitais em um plano não físico da realidade, conhecido pelo nome de "Registros Akáshicos", codificados vibracionalmente em uma tessitura etérea que daria sustentação à estrutura material que nos circunda. Paramahansa Yogonanda já procurou definir o Akasha como "um pano de fundo sutil contra o qual tudo no universo material torna-se perceptível". Na década de 1970, David Bohm refletiu sobre a natureza inter-relacionada do Universo, que funcionaria como um grande holograma cósmico, em que cada parte de qualquer objeto representado conteria a sua totalidade em menor escala.

Retomando a obra de David Bohm, para quem estamos todos inseridos em um campo unificado em que a realidade última é indivisível e ininterrupta, Gregg Braden afirma que existe em toda parte um "campo de energia conectando toda a criação", uma matriz cósmica, divina, que desempenha o papel de receptáculo, ponte e espelho para nossos pensamentos e crenças mais íntimos, com que nos comunicamos pela "linguagem da emoção"[52].

Mais recentemente, László vem sustentando que a dimensão akáshica, um outro nome para a matriz cósmica referida por Braden, situa-se fora do espaço-tempo, servindo "de alicerce aos campos e forças do mundo manifesto". Poderia ser comparada, assim, a uma espécie de "campo gravitacional universal que atrai as coisas proporcionalmente às suas massas"[53], sem deixar de ser, simultaneamente, um tecido de forças eletromagnéticas, um conjunto de campos quânticos e um holocampo escalar que cria interações não locais e supratemporais entre as diversas consciências. Equivaleria a uma versão estilizada do "princípio material" a que se referiu Kardec, em *O Livro dos Espíritos* (1857), enquanto o "princípio espiritual" estaria ligado às consciências, em seus diversos patamares evolutivos.

As consciências, dessa forma, possuem uma composição extrafísica com origem na dimensão akáshica (dimensão A). A cada reencarnação, valem-se das redes neurais do cérebro material como se este fosse uma espécie de transformador, modulando a tensão vibracional e traduzindo as informações veiculadas da dimensão akáshica para o nosso mundo tridimensional, "sob uma forma holograficamente distribuída em sinais lineares"[54]. Tais sinais manifestam-se, em nossos aparelhos de medição, através das sinapses que impulsionam as informações, na forma como as percebemos. László afirma que tais informações não locais, "constituem uma tradução de informações holograficamente distribuídas na dimensão A"[55].

Em nosso contexto cotidiano, próprio do nível evolutivo médio da humanidade hoje encarnada no planeta, "só percebemos os aspectos do mundo que são importantes para a nossa vida e as nossas aspirações"[56]. De fato, eternidade e infinito são por demais grandiosos para situarem-se no centro de nossas preocupações. A evolução deve se dar passo a passo, com ganhos comportamentais que só se consolidam ao final de anos ou décadas, no decorrer das reencarnações. Para nos manter conectados com o aqui e o agora, espaço-tempo em que a nossa evolução precisa ser conquistada, dia a dia, o cérebro filtra as informações não necessárias para a vida ordinária e cotidiana, permitindo que mantenhamos o foco naquilo que é imediato ou essencial.

Essa é a razão pela qual nossos olhos apenas captam uma ínfima fração do que está acontecendo à nossa volta, aquilo a que chamamos de espectro visível, "uma faixa extremamente estreita de cumprimentos de onda". Não obstante, a pesquisa laboratorial evidencia uma miríade de conhecimentos imperceptíveis aos nossos sentidos, porque se expressam em comprimentos de onda distintos daqueles a que temos acesso. Algo semelhante ocorre com nossos ouvidos: em um adulto, "a mais acurada audição cobre apenas a série de 20 a 16.000 ciclos por segundo", o que explica a existência do "assovio silencioso para chamar cachorros, assovio este que emite ondas sonoras a frequências vibratórias além da região do ouvido humano".[57]

O simpático cachorro, uma evolução do lobo, ainda detém capacidades relacionadas à vida na selva e à necessidade de ouvidos suscetíveis aos mínimos ruídos do entorno. Já o ser humano, valendo-se de seu intelecto único, suplementou os limites de sua capacidade auditiva inventando o aparelho de rádio, para emitir e captar energia sonora em frequências mais altas do que a de sons limitados pela atmosfera do ambiente.

No entanto, dados não ordinários acessíveis apenas a frequências ainda mais elevadas – comumente relacionados ao maravilhoso ou ao mistério em função de nossa pouca intimidade com seu teor e alcance – podem ser acessados em estados alterados de consciência, "inclusive aquelas que acompanham experiências de quase morte"[58]. Médiuns genuínos veem o invisível e escutam o inaudível em uma escala muito alta, o que traz uma série de indagações acerca da recusa da ciência oficial em estudar mais detidamente esses fenômenos.

O que falamos quando falamos de alma?

De fato, quando se trata da pesquisa sobre a existência da alma, as evidências já coletadas, de fotografias a testemunhos insuspeitos, são sumariamente descartadas. É como afirma Miranda, em seu livro de estreia:

> Nada do que se pesquisou anteriormente pode ser aproveitado. Os métodos são tidos por falhos, o conhecimento científico é inquinado de rudimentarismo, muita margem foi supostamente deixada a explicações alternativas, a experimentação eivou-se de vícios, o problema não foi estudado em todos os seus aspectos e mais e mais objeções.[59]

Referindo-se ao espírito, jocosamente, como se coisa fosse, Miranda aponta que:

Queremos ver essa coisa, encerrada numa jaula, sob as lentes de um microscópio eletrônico, no fundo de uma proveta. Queremos que ele faça para nós algumas mágicas, nos deixe examinar suas impressões digitais, nos mostre a língua, deixe-se pesar e medir pelos nossos toscos e ridículos instrumentos. Não adiante que homens da mais elevada reputação pessoal, científica e intelectual tenham já nos assegurado a existência do espírito. Não adianta. Queremos a prova de maneira inadequada, à nossa maneira, sem cogitar de que para cada sistema de fenômenos há um conjunto específico de testes e provas.[60]

O conceito de espírito ou alma "surgiu por volta da mesma época em que emergiu o xamanismo (40.000 AC)"[61], e a descoberta de itens ritualísticos em sepultamentos deixa transparecer que nossos ancestrais acreditavam que "os indivíduos tinham um componente não físico que permanecia após a morte". Esse componente funcionaria como "essência imaterial ou princípio animador da vida", comumente associado a "pensamento, ação e emoção"[62]. Dessa forma, tanto os que se empenham no esclarecimento de questões multimilenares, buscando soluções novas para os grandes enigmas filosóficos e científicos, passam por excêntricos, deslumbrados ou místicos. Tornam-se raros, assim, cientistas que encontram verbas, motivação ou encorajamento para dedicarem-se à pesquisa psíquica.

Não almejam serem vistos, por seus pares, como xamãs modernos, a desatar os nós das dimensões imateriais e redescobrir, sob outro prisma, verdades há muito conhecidas. Seja como for, independentemente do uso das palavras alma ou espírito em artigos científicos, mais e mais pesquisadores vêm compreendendo-nos como "um sistema material (matter-like) na dimensão manifesta do mundo, e um sistema mental (mind-like) na dimensão akáshica"[63], ainda que diversas as terminologias usadas para expressar essa ideia singular. Podemos, assim, intuir a relação mente-espirito em uma perspectiva do século XXI, bem como inferir a relação do ego (simultaneamente, parte de nossa personalidade que tem como função adaptar-nos a cada realidade reencarnatória, moldada a partir da educação, ambiente cultural e carga genética dos pais) com o *self* junguiano.

O ego não constitui nossa individualidade total, "pois ao arquétipo com essa característica Jung denominou *self*, que incluiu nossos componentes conscientes e inconscientes".[64] Seria o *self* "o princípio organizador, guia e unificador que dá direção à personalidade e sentido à vida", que determina a identidade de cada ser, correspondendo ao "*homo totus*, o homem eterno, que não só expressa sua individualidade e plenitude únicas, mas é também o símbolo da divindade do homem, quando este toca o cosmos".[65]

O ego, mal comparando, seria análogo aos vários papéis que um ator veterano desempenha ao longo de sua trajetória artística, enquanto o *self* seria o próprio ator, que também se enriquece pelo desempenho dos personagens e pela leitura dos vários roteiros e *scripts* que se desenrolam à sua frente, ao longo da sua vida profissional. O somatório de egos, das várias personalidades nas diversas encarnações, vai formando camadas sucessivas do inconsciente. Por vezes, as características mais marcantes de uma personalidade há muito passada afloram na existência em curso, não obstante a regra comum repousar na circunstância do acesso mais facilitado às mais recentes ou relevantes do ponto de vista do aprendizado, pois não estão entranhadas tão profundamente na psique. Por mais poderoso que seja o indutor da alteração consciencial, da hipnose a rituais xamânicos, as experiências menos relevantes ou mais recuadas no tempo perfazem memórias de difícil acesso, que dificilmente tornam-se disponíveis, mesmo nos interstícios entre as vidas materiais.

Jung faleceu em 1961, antes que as pesquisas do psiquiatra canadense Ian Stevenson revelassem evidências mais concretas da reencarnação. Houvesse uma base científica mais robusta, ao tempo de sua produção intelectual, talvez ele conseguisse correlacionar com mais nitidez o *self* à alma imortal, que percorre a *samsara* repetidas vezes ao reiterar equívocos anteriores, demorando-se em sua ascensão. O processo de individuação, através do qual o ser substancial evolui desenvolvendo seus potenciais "reflete o empenho da psique no sentido de equilibrar seus conteúdos conscientes e inconscientes", revelando-se como uma "impulsão natural e espontânea de auto-realização, de plenitude e de busca de sentido".[66]

Somos seres espirituais "vivendo momentaneamente uma experiência humana", advertiu o jesuíta espanhol Teilhard de Chardin, na primeira metade do século passado. Tal ilação implica posicionar o *self* à frente dos *egos* transitórios, que emergem a cada reencarnação moldados pela carga genética dos pais, de circunstâncias como etnia e gênero, e, ainda, das cargas cultural e educacional recebidas na infância e na adolescência.

Somos, então, espíritos momentaneamente revestidos de um componente externo, material, o nosso corpo físico circunstanciado por fatores genéticos e culturais. Um organismo sistêmico que engloba uma estrutura quinária (corpo astral, mental inferior, superior, búdico e átmico) gerando um campo bioplasmático que o nutre e mantém, a serviço da evolução e do aprendizado constantes. As heranças genética e cultural que recebemos, todavia, são definidas, mas não definitivas: sempre podemos alterar a direção e o sentido dos acontecimentos que decorrem de nossa condição inicial a partir do influxo de nossa vontade. O *self* é sempre o senhor do *ego*.

Nesse contexto, quando colocamos o ego como elemento prioritário à tríade superior que compõe nosso *self*, agimos como que posicionando a carroça à frente dos bois, obstando a marcha evolutiva. É o espírito que comanda o corpo, o *self* o ego, a tríade superior o quaternário inferior, para que o progresso se dê, gradativamente, como determina a lei do progresso.

Na temática reencarnacionista, o *self* pode ser vislumbrado como o resultado coletivo das várias experiências reencarnatórias anteriores com o aprendizado auferido nas intercessões dispendidas em diversos patamares do plano espiritual, proporcionais ao nível vibratório do ser em cada momento. Talvez tenha sido neste contexto que Jung imaginou o *self* como se fosse uma mandala (palavra sânscrita que designa círculo), talvez por relacioná-la intuitivamente à roda das reencarnações (*samsara*), em que a grande maioria da humanidade desperdiça suas oportunidades de crescimento propiciadas pelo enlace com corpos somáticos.

O novo paradigma akáshico demonstra que as experiências vividas podem ser recuperadas, dadas certas circunstâncias, nos arquivos indeléveis da estrutura que subjaz ao nosso mundo tridimensional, imerso no tempo. Mas como nos tornamos gradativamente capazes de vivenciar e processar essas experiências?

É o que veremos no próximo capítulo.

TRÊS

De onde viemos

"A humanidade equilibra-se a meio caminho entre os deuses e as feras."
Plotino

O filósofo neoplatônico Plotino (202-270 DC), autor da citação que abre este capítulo, foi provavelmente o último livre-pensador a tentar uma síntese dos conhecimentos transmitidos nos séculos que o precederam. Intuiu com a precisão possível à sua época, e com base em vários sistemas de Pensamento, o Uno, causa primeira de todas as coisas.

Platino parece ter deliberadamente deixado de dar ao Uno o nome de Deus. Talvez por ter sido influenciado pelo judaísmo na cosmopolita Alexandria do século III – somente pelo tetragrama JHWH os hebreus ousavam designar a Consciência Suprema – ou por ter tido contato, na escola de seu mestre Amônia Sakkas, com o texto original do Êxodo 3, 14, em que *Ele* se apresenta simplesmente como "Sou o que é".

A importância de Plotino cresce, pois foi ele o último grande pensador a ter liberdade para expor seu sistema cosmológico. Na sequência, a porta para uma filosofia livre de amarras teológicas, para a intuição criadora, se fechou por séculos. As décadas subsequentes à morte de seu discípulo Porfírio, que consolidou a transcrição de seus ensinamentos na obra *As Enéadas*, foram marcadas por intensa e improfícua polêmica religiosa. Polêmica que culminou com o édito de Justiniano, de 529 d.C., fechando as Escolas Iniciáticas ainda existentes e proibindo qualquer tipo de ensino de "filosofia pagã", sob pena de exílio e confisco de bens.

Baniu-se, assim, o estudo de Aristarco de Samos (310 a.C.-230 a.C.), um dos primeiros a propor que o planeta Terra gira em torno do Sol, e que haveria incontáveis outras estrelas a uma distância incomensurável da nossa; e as alusões a Pétron de Hímera, que na Sicília do século IV a.C. sustentava a existência, no Cosmos, de cento e oitenta e três mundos habitados. Todos, de Pétron a Aristarco, de Porfírio a Orígenes, deixaram de ser lidos e estudados, e o próprio Platão, a partir de Agostinho, passou a ser interpretado de uma forma bastante simpática ao cânone católico que se consolidava.

Através dos escritos do seu discípulo Porfírio, sabemos que Plotino comparava o Uno com uma suprapotência ativa, capaz de permanecer em si mesma e simultaneamente "sair fora de si"; uma fonte luminosa inefável e inesgotável, da qual dimana tudo o que constitui o Cosmos.

Pelo livre-arbítrio, os seres inteligentes da criação podem escolher aproximar-se ou afastar-se dessa fonte primordial, da qual procede a centelha divina que brilha em nosso íntimo. E cintila com maior ou menor fulgor, a depender da ponderação feita, por cada ser humano, do melhor caminho a seguir no que tange ao relacionamento pessoal, ao poder e à riqueza.

Ao longo de nossa trajetória, realizamos diversas escolhas envolvendo esses temas de capital importância, escolhas que acabaram nos conduzindo ao patamar evolutivo que ocupamos na presente existência.

A questão do mal: uma primeira aproximação

Quanto mais distantes do Uno se situam as criaturas, menores são sua pureza e sua sabedoria, e mais intensa a sua composição em partes. Não é por outra razão que os corpos espirituais mais externos, como vimos no capítulo anterior, vão sendo absorvidos pela tríade superior, à medida em que a entidade espiritual vai progredindo, até o ponto em que as superveniências de um corpo físico e do duplo etérico deixam de ser necessárias: não é mais preciso a encarnação como imperativo de progresso, a mente imortal (*self*) já assimilou todas as lições daquele estágio e está pronta para seguir sua evolução em dimensões mais sutis.

Do Uno promana o *Nous*, o Princípio Inteligente que se manifesta como mônada nos reinos da natureza, vivificando os seres da criação ao levá-los da potência ao ato. Do *Nous* advêm tanto os espíritos superiores que secundam a Consciência Cósmica – os arcanos da divindade a que se refere Kant – quanto a alma humana, que ao longo das reencarnações pode passar gradativamente de um estado de simplicidade e de ignorância para um estado de relativa sabedoria, a depender das escolhas que faz a partir do livre-arbítrio que lhe é conferido.

O Cosmos, portanto, se organiza a partir dessas duas substâncias, o Nous e a Alma – tanto a alma do mundo, os arcanos da divindade que funcionam como cocriadores do universo manifestado quanto as almas dos seres sencientes, com destaque para o apogeu evolutivo representado pela alma humana – que derivam do Uno por emanação.

Abaixo das três hipóstases de Platino, jaz o mundo material que nos rodeia em nossa experiência enquanto encarnados. Esse mundo sensorial, que se apresenta aos nossos olhos entre o infravermelho e o ultravioleta, representa o estágio final dessa "difusão" cósmica. É também o ponto extremo em que a luz divina esvanece, em seu entrechoque com o livre-arbítrio que o homem passa a ostentar quando a mônada primitiva torna-se alma individualizada. É nele que encontramos a opacidade da carne, o peso da matéria, as trevas da ignorância que, por vezes, transmuda-se em mal moral.

No entanto, a centelha divina que compõe nosso âmago e que nos induz a desenvolver nossas potencialidades nos planos intelectual e moral, age como motor propulsor do progresso, e mais cedo ou mais tarde reconduzirá a alma a uma posição ascendente. Ao movimento de procedência corresponde o impulso de conversão pelo qual a alma, jungida ao corpo, não raro obscurecida na ignorância, se assume e tenta se elevar até a origem Primordial.

Para Plotino, o Mal não se apresenta com uma existência independente, mas é principalmente uma ausência, um "não ser". Representa o apequenamento da sabedoria e uma diminuição progressiva e contínua do Bem. A alma que dizem prisioneira do corpo é apenas uma alma que ignora, demasiadamente entretida com as sensações. É, como menciona Plotino, "uma luz mergulhada na bruma".

A matéria é limítrofe e, por vezes, manipulada por almas em muito dissociadas da sabedoria. E por que Deus permite essa manipulação descuidada, egoística e, por vezes, perversa, que nos deu coisas notáveis, mas também o horror retumbante de Hiroshima?

A resposta é de Kant. Em seu livro *A religião nos limites da simples razão*, ele dá uma nova direção ao debate sobre a questão Deus bondoso x Mal moral, afirmando que não somos "marionetes angelicais", movidos a distância por alguma sustentação invisível aos olhos. Nesses termos, não há como subordinar cada passo adiante à validação de mentes mais aprimoradas, sejam arcanjos, sejam querubins, pois o caminho se faz ao andar, ao nosso próprio comando.

Quando o universo dá sinais claros de que estamos tomando um caminho errado, nossa própria intuição os capta e podemos corrigir o rumo, se tivermos olhos de ver e ouvidos de escutar. A vontade boa deve nos impulsionar, e os equívocos – inevitáveis – sempre trazem lições valiosas. "O mundo com as suas deficiências é melhor do que um reino de anjos sem vontade", transcreveu Kant, na nota 23 de seu livro, fazendo referência a uma afirmação de Heller[1].

De fato, pensamentos bons e uma conduta positiva não podem ser impostos de cima para baixo, são o resultado das conquistas de cada um. Resultado que começa pelo controle dos impulsos mentais O pensamento correto induz à ação acertada, e o seu somatório acaba refluindo para uma conduta correta, que, por sua vez, vai moldando o caráter. Como já ressaltavam os gregos antigos, a virtude é um hábito, um modo de ser e de se posicionar que molda os destinos individuais. O somatório de ações positivas empreendidas individualmente eleva o padrão moral da coletividade em que nos inserimos, conduzindo-a a um círculo virtuoso.

A virtude é, portanto, conquista individual com um resultado coletivo, um ganho de felicidade e de bem-estar que se irradia da esfera privada de cada um para sua família, para sua comunidade e para sua nação.

E quando o Bem não acontece? Nesse caso, provavelmente, o Mal gerador do sofrimento acabará por resgatar o carma específico daquele que é atingido por ato violento, injusto ou vil. O equilíbrio cósmico exige a purgação das dívidas que assumimos, e o livre-arbítrio representa sempre uma doação cósmica acompanhada de um pesado encargo: a liberdade que desfrutamos irá implicar em responsabilidade.

Mas falaremos do carma mais adiante. Por ora, basta lembrarmos do que fez Jesus quando crucificado, perdendo sangue e exaurindo-se ao sol. Ele se absteve.

Poderia matar todos os seus algozes, com seus poderes extraordinários, mas ele preferiu se retirar. Optou por diminuir a sua potência para que aqueles à sua volta pudessem crescer em potência. É esse o verdadeiro afastamento por amor, aquilo que na teologia cristã se chama "ágape".

Assim como Jesus se retirou no dia em que restou martirizado, Deus retira-se para que a Apolo 11 possa chegar à Lua, para que um cirurgião cardíaco novato possa fazer a operação na artéria aorta de uma criança, para que a nossa Medicina do Século XXI possa pesquisar uma vacina para a Covid, e para que eu, autor imperfeito que escreve estas linhas, possa produzir o texto muitíssimo imperfeito que se apresenta à sua frente neste instante.

A medida da diferença entre a operação do cirurgião cardíaco e a eventual cura divina é a medida do que nos falta para podermos entendê-Lo. Deus se retira para que todos nós, na nossa imperfeição, possamos ser também cocriadores, ao moldar a matéria que nos circunda. Pois se Deus é nota 1000, Deus mais os seres humanos imperfeitos que pululam junto à crosta terrestre serão sempre menos do que 1000. Se Deus interviesse em tudo, o mundo não existiria. Só haveria *Ele* próprio.

Em suma, e por mais abstrato que isso possa parecer, para que haja um ser pensante além de Deus, é necessário que esse ser pensante seja imperfeito.

O quanto de imperfeição varia de acordo com a escola de pensamento que estamos analisando. Deus é um farol de infinitos *megawatts*. Como fazer nossas mentes luzirem diante de toda essa claridade e potência?

Para Hobbes, o ser humano estaria sempre imerso nas trevas, em contínuo combate como se estivesse em uma arena, predadores disputando a presa – invariavelmente, a pessoa mais fraca. Nesse ambiente de competição atroz, o triunfo de um significa a derrocada de outro, e a existência é sempre sórdida, bruta e curta.

O suíço Rousseau, distintamente, pensava que os seres humanos eram naturalmente bons. Encantado com o relato da vida dos silvícolas na área que hoje é o Canadá, defendia que a vida na natureza era mais propícia para a formação de uma comunidade ética, em que o bem comum tenderia a ser um objetivo permanentemente buscado. Já a vida em sociedade, repleta de convenções e rixas, possuiria um viés deturpador dessa pureza, ensejando inveja, ganância e autocentrismo.

Escreveu muito sobre educação, ainda que tenha se abstido de tentar aplicar os métodos que apregoava à sua própria prole, entregando seus cinco filhos para serem criados em orfanatos[2]. Não saberia dizer se as instituições em questão se situavam em zonas rurais bucólicas e afastadas, ouso afirmar que ficava na periferia da tortuosa Paris do século XVIII, quando a relação dele com a francesa Thérèse Levasseur, com quem gerou o quinteto, chegou a um epílogo.

Kant apresenta uma visão intermediária entre Hobbes e Rousseau. Nossa natureza mais recôndita estaria longe de ser benevolente, independentemente do local do nascimento, mas também não haveria uma malignidade intensa, pelo menos na grande maioria da população. Para o prussiano, partimos não de zero absoluto, mas de uma gradação negativa: -1, -2, -3. Todos viriam, originalmente, com alguma carga, que oscilaria em maior ou menor grau de acordo com variáveis desconhecidas. No ponto, é preciso dizer que Kant absteve-se de adentrar na análise dessas variáveis, taxando-as de incognoscíveis.

A filosofia reencarnacionista, que passou a ser sistematicamente estudada pelo seu conterrâneo Schopenhauer no século subsequente – a partir da tradução, para a língua alemã, de textos védicos – traz sinais inequívocos de quais seriam tais variáveis. E indica elementos de correlação, vinculando-as ao agir equivocado que traz sofrimento e dificuldades para o núcleo familiar, à coletividade ou ao próprio espírito encarnado.

Afastando-nos do que é maligno

Para a teosofia e a filosofia kardecista, a propensão para o Mal Moral varia em função das viciações, ideias fixas, tendências inatas e diversas graduações de culpa e violência que acompanham o espírito – ser inteligente da criação que, na fase hominal, passa a desenvolver uma vontade própria.

Trazemos, portanto, alguma bagagem pesada e inconveniente conosco, seja em que coordenadas de tempo e lugar tenham transcorrido nossas últimas reencarnações. São elas, as experiências mais recentes, as mais relevantes para preencher o reservatório do inconsciente que, como gigantesco *iceberg*, oculta uma quantidade muito maior de informações do que aquelas de que dispõem nossos cérebros, por ocasião de um estado de vigília. A vigília, tida por um dos estados de consciência ordinários, em regra, permite acesso a um reduzido conjunto de dados e informações, se compararmos ao manancial do inconsciente.

Encarnações mais remotas, grosso modo, não são determinantes para o patamar psíquico direto em que nos encontramos na atualidade, para as inflexões do inconsciente que, por vezes, perturbam o cotidiano. O carma, positivo ou negativo, de uma existência com duração de trinta e poucos anos passada na Suméria de 3.000 a.C. já foi creditado ou amortecido, e a aprendizagem eventualmente obtida se imiscuiu em nosso patrimônio extrafísico consolidado, remanescendo tão só em registros akáshicos de difícil acesso. Da mesma forma que um adulto nascido no século XX esquecia-se da ocasião em que caminhou pela primeira vez – hoje não mais, em função dos onipresentes celulares que a tudo filmam –, lembranças ancestrais tendem a tornar-se fragmentos de memória pouco significativos, dificilmente acessáveis mesmo em períodos de intercessão.

De qualquer maneira, adquirindo as capacidades de autodeterminação e de livre-arbítrio, sabemos que a alma encarnada passa a responder pelas ações em que incorrer ou pelas omissões a que tenha aquiescido. A responsabilidade é, assim, a contrapartida da liberdade, e atos causadores de sofrimento alheio encontrarão seu eco nas existências sucessivas.

Desse patrimônio cármico multifacetado e multissecular resultam várias consequências práticas. Estaria equivocado Rousseau ao proclamar que o ser humano nasce puro e a sociedade o corrompe, e também Hobbes quando afirma que o Homem sempre será o "lobo do Homem". Aqui, mais certo estava Kant, que já em finais do século XVIII convenceu-se por uma posição intermediária: há um mal inato no ser humano, em maior ou menor grau. Através do influxo da sabedoria do Oriente, sabemos, hoje, constituir-se a maldade na resultante da ignorância e da ausência de pensamentos e ações positivas. Não obstante, há também uma crescente potencialidade para o bem. O mal inerente ao homem poderia ser contornado pela sua liberdade.

Só há um modo de ser bom em Kant: é ser livre. Neste ponto, ele ecoa em parte os fundamentos de Santo Agostinho: se o livre-arbítrio é capaz de condenar-nos, é também o agente de nossa redenção.

Não haveria mérito algum na criação *ex machina* de seres intrinsecamente bons, mas desprovidos de autonomia. O Bem é uma conquista, não uma graça aleatória ou doação cósmica gratuita. Kant sustenta que os seres humanos, enquanto inseridos na temporalidade deste mundo tridimensional, devem se esforçar para cumprir a lei moral, vigiando cada pensamento, ao passo que seres angelicais – na terminologia kardecista, espíritos puros – poderiam seguir a razão prática, aquela razão que influencia a conduta e é capaz de produzir uma vontade que seja genuinamente boa, de forma automática, como resultado de seu próprio progresso e adiantamento.

Essa noção, diga-se de passagem, precede Kant em pelo menos três milênios. No *Bhagavad Gita*, um dos textos mais antigos da tradição hindu, a busca desenfreada pela satisfação de desejos e caprichos de toda ordem projeta seus efeitos para a sequência de vidas, de forma que o conselho é resistir às tentações do corpo: No verso 37 do capítulo III, Krishna explica para Arjuna que a tentação "é a essência dos desejos que o homem em si acumulou".[3]

No capítulo II, o homem que vai à guerra, representado por Arjuna, confessa seus temores a Krishna, representando a Consciência Suprema, que o consola com as seguintes palavras: "Aquele que pensa, em sua ignorância, 'Eu mato' ou 'Eu serei morto' procede como criança que não tem conhecimento da verdade, porque o que É na realidade é eterno, e o *Eterno* não pode matar nem ser morto."

Um dos primeiros intérpretes dessa filosofia para o Ocidente, Schopenhauer (1788-1860), fez eco a essas antigas lições, afirmando que o medo da morte já não se sustenta: o que de fato acontece é o término da existência de uma versão exteriorizada de cada qual, enquanto que a individualidade em si, a essência pensante, continua a existir.

Correlacionando reencarnação e vontade, um de seus temas prediletos, afirmava que a morte é uma mudança de personalidade,[4] sob a condução exclusiva da própria vontade. Para o filósofo, a crença na reencarnação seria natural ao homem, desde que ele se permitisse meditar livre dos preconceitos sociais e religiosos advindos de um meio social refratário a tais possibilidades.[5] Professando a visão budista do carma, chegou a afirmar que "Europa é aquela parte do mundo perseguida pela ilusão de que o homem foi criado do nada, e que seu presente nascimento é a sua primeira entrada na vida".

Reencarnação: o elo perdido do Cristianismo

A afirmação é oportuna e leva a uma nova indagação: por que esse elo com uma concepção mais íntegra da Justiça Divina foi esquecido, no Ocidente? Qual seria o motivo pelo qual a hipótese reencarnacionista – presente desde o alvorecer da civilização e tão bem-desenvolvida nos textos védicos e diálogos platônicos – fosse deixada de lado na consolidação do credo católico ocorrida nos séculos V e VI de nossa Era, em turbulentos concílios sob os auspícios dos patronos de Constantinopla?

Não é preciso um raciocínio extenso para se perceber que o poder de um prelado, de um alto dignitário – de alguém que sustenta a autoridade de falar em nome do altíssimo – ficaria muito mais fortalecido mediante a crença generalizada de que haveria apenas uma existência corpórea. De que existiria, em outras palavras, apenas uma chance de sermos salvos ou condenados para toda a eternidade. E a conduta que levaria à salvação seria aquela que fosse preconizada pelo Doutor da Igreja – foi ele quem teve acesso aos Livros Sagrados e compreende os idiomas em que foram originalmente escritos[6]; foi ele quem recebeu um mandato divino para declarar o certo e o errado; é ele quem tem contato estreito com o Papa, alguém infalível em questões de fé[7]. O Papa deveria ser seguido cegamente, sem piscares ou vacilos, pelos fiéis que buscam a salvação. A "porta estreita" do Paraíso só se abriria para os cordados e para os obedientes, que seguissem à risca a orientação dos mandatários do papado.

Nesse contexto, a alternativa a não seguir o prelado, bispo ou cardeal, é deveras gravosa: a danação, a excomunhão, a retirada do círculo de bem-aventurados que seriam recebidos no paraíso ao som de trombetas e hinos de louvor. O decaimento aos infernos[8], local em que o banido nunca deixa de queimar.

Em última análise, o que houve na Idade Média foi um exercício arbitrário de um poder quase absoluto, e essa ameaça quase medieval às vezes ainda aparece em discussões sobre religião nos foros da internet, em pleno século XXI. No ponto, não posso deixar de referir que não há nada mais esquizofrênico do que discutir com estranhos em rede sociais sobre política, moral e, principalmente, religião, especialmente com fanáticos de todos os tipos. Fanatismo e fundamentalismo oferecem uma resposta como sentença única para toda a condição humana, dando devolutivas simples para questões complexas: no caso, uma punição exemplar – e irreversível – para o desvio do caminho previamente apontado. Uma trajetória indicada por quem, mediante a manipulação do medo e da culpa, pretende incutir no interlocutor a absoluta coação do pensamento crítico.

Não, a reencarnação é perigosa. As ideias de que o progresso é permanente e de que apenas uma existência afigura-se insuficiente para angariar ganhos morais e intelectuais que possam conduzir nossas almas a algum local vagamente assemelhado ao Paraíso, são subversivas demais. Assim, a noção de um Deus tolerante e compreensivo, que concede ao homem o tempo que este necessita para sua elevação, recompensando-o à medida em que se eleva, foi considerada inadequada pelo segundo Concílio de Constantinopla, em 553 d.C. A doutrina das vidas sucessivas, a partir desse marco temporal, tornou-se oficialmente herética[9]. A alma era criada especificamente para um corpo, como se apêndice corporal fosse, independentemente de este ter uma sobrevida de dois ou de oitenta anos.

Nas Enéadas compiladas por Porfírio um século antes dos Concílios – organizando os ensinamentos do mestre Plotino em 54 tratados divididos em seis capítulos – podemos perceber que a matéria com que a alma periodicamente se funde é como que o horizonte mais longínquo, aquele em que a luz irradiadora do Uno se mistura com o lusco-fusco. Para além de seus limites, não há mais irradiação alguma. Tudo quanto provém do Uno há que percorrer o caminho de retorno, quando o livre-arbítrio dos seres da criação estiver pronto a empreender a viagem de volta. A delonga, a espera, os excessivos retardos provocam os redemoinhos do mundo sensorial, o desejo que é tão bem tratado na filosofia budista como origem da aflição e do sofrimento, e que certamente influenciou Plotino na cosmopolita Alexandria do século IV d.C. Para extirpar o desejo extremado, aquele que queima sem acalento ou iluminação, precisaríamos seguir o caminho óctuplo: aquele que conduz ao entendimento, pensamento, à linguagem, ação, concentração e ao esforço corretos, propriedades que ensejam uma atenção plena também correta, desembocando em um modo de vida impoluto e digno, que conduz à ascensão espiritual.

O livre-arbítrio dos grandes mandatários do Ocidente e do Oriente Próximo não estava preparado para tanto. Ignoraram que, na essência, Buda, Confúcio, Moisés e Lao Tzu foram apenas os precursores da grande verdade crística. Os legatários do Sermão da Montanha ou não foram capazes de assimilá-lo em sua plenitude ou o deturparam em nome do orgulho e do egoísmo. A vontade de Poder falou mais alto.

Assim, a reencarnação foi posta à margem e tida por herética, e a noção da justiça divina, em sua inteireza, foi tornada irracional, capenga, insondável. Tornou-se mistério de fé, e a cada indagação mais arguta, respondia-se: "Os desígnios do altíssimo são impenetráveis".

Essa supressão de um pilar tão vital para o entendimento da justiça cósmica trouxe outros problemas também, além da invenção do Purgatório, no século XII d.C. Enquanto na Índia e no sudeste asiático a reencarnação pressupunha a preexistência do espirito ao corpo somático, que é gestado para recebê-lo em cada experiência terrestre, as crenças das religiões tradicionais advogam que a alma é criada para um corpo único, específico. Assim, a chamada "infusão da alma" marcaria o momento em que um organismo humano passa a ser animado: o poder divino criaria, no momento da fecundação, a alma para habitar aquele corpo em desenvolvimento, "e a sua posição na Terra, suas circunstâncias, seu grau de inteligência seriam fixados arbitrariamente por este poder, por uma razão inescrutável do mesmo"[10].

Outras visões religiosas se assentam na ideia de que a alma existia em algum estado diferenciado, por nós desconhecido, e que seria impelida em direção ao corpo por alguma força superior, em dado momento que mediasse a concepção e o nascimento. Na Antiguidade Clássica, por exemplo, acreditava-se que a alma humana ingressava no corpo em formação aos 40 dias (embriões masculinos) ou 90 dias (embriões femininos), e a vivificação – neste contexto específico, o momento em que a gestante começa a perceber os movimentos fetais no útero – seria a prova da sua presença no ser.

Sabemos hoje que "cada espermatozoide traz, em seu bojo, os cromossomos que contêm os genes para todas as características físicas do novo corpo a ser formado", e que tais genes são partículas de altíssima complexidade. Di Bernardi ensina que "o óvulo, como toda célula viva, possui um campo de fluido vital ao seu redor", que atua como um campo de força a atrair as energias da entidade reencarnante". Tal campo, "ou halo energético, passa a atrair, por sintonia de onda", o espermatozoide específico[11] que contém os genes de que a entidade reencarnante necessita para imprimir em seu corpo físico as características necessárias para que a programação cármica já engendrada possa ser implementada, no curso da existência. Se está prevista a prova da beleza física extrema, ou a da feiura, ou ainda a difícil provação da deficiência física imobilizadora, "as 300 milhões de opções diferentes de organismos biológicos apresentados pelos espermatozoides" fornecerão mecanismos para que a justiça divina, que é também cármica, possa se cumprir "por meio das leis biológicas".[12]

A salvação para todos: Orígenes e o crime de opinião

Nos primórdios, setores do catolicismo primitivo aceitavam a preexistência da alma, sob o impacto dos ensinamentos de Orígenes (185-254). No séc. III d.C., por exemplo, a doutrina oficial da Igreja ainda estava em desenvolvimento, e as formulações oficiais do corpo teológico tido por oficial eram pouco abrangentes. Restava, então, uma ampla margem para que fossem propostas soluções potencialmente aptas a elucidar os mistérios da criação. Orígenes, baseado em Platão, procurou distinguir as proposições de fé, que já integravam o cânone católico da época, das proposições hipotéticas resultantes de seus estudos e reflexões, formuladas em nome próprio para complementá-lo.

Interpretando os escritos platônicos à luz do advento da doutrina cristã, Orígenes sugeriu que alguns espíritos ainda precisariam ser purificados pelo fogo após a morte, por um tempo indefinido, mas ao fim e ao cabo todos seriam "salvos" e recuperariam o seu lugar junto a Deus. Considerava que a Igreja primitiva não havia ainda se pronunciado oficialmente sobre esses assuntos, de maneira que não detinha a intenção de se afastar do ensinamento eclesiástico, a fim de constituir uma escola teológica própria.

Muito menos dar vazão a qualquer tipo de heresia – a objeção consciente contra o magistério da Igreja. Ao contrário, Orígenes nutria a pretensão de fazer parte ativa da formação de uma ideologia canônica mais vasta e aprofundada.[13]

Também defendia uma concepção de justiça divina que nos é familiar. Seriam as ações anteriores da alma – Orígenes não define quando e onde teriam ocorrido tais ações – que determinavam a nossa bem-aventurança ou a nossa desgraça. Assim, o nosso destino futuro não estava a critério de caprichos insondáveis da divindade, mas era o resultado de uma colheita que – como não poderia deixar de ser – dependia da semeadura anterior.

Expoente da Patrística, Orígenes exerceu uma grande influência sobre a Igreja primitiva, tendo escrito centenas de comentários aos evangelhos e homilias, por meio de uma equipe de copistas e calígrafos mantidos através do mecenato de um rico patrono. Dedicava-se a uma abordagem filosófica e racional da Bíblia, reconhecendo que não se poderia aceitar, literalmente, tudo o que está nos evangelhos. Quando assumiu a sua convicção de que "mesmo os demônios poderiam ser salvos"[14], acabou por atrair a ira de vários prelados da região da Palestina, inclusive do seu bispo, Demétrio. Suas ideias sobre o livre-arbítrio também passaram a ser tidas como subversivas.

Se Deus nos estimula a escolher o Bem, pensava Orígenes, é porque provavelmente temos a liberdade de escolher entre o Bem e o Mal. Se Deus nos deu essa liberdade, avançamos ou não de acordo com os nossos méritos pessoais. Se nos adiantamos ou ficamos paralisados, segundo esforços próprios e estamos destinados a regressar a Deus, então, logicamente, teríamos que ter mais de uma oportunidade para fazê-lo.[15]

Sua pregação flertava abertamente com a concepção reencarnacionista, que era considerada pagã para alguns e contrária aos interesses daqueles que já se colocavam na posição de monopolistas da verdade. Conforme já vimos, se existe apenas uma oportunidade de vida corporal que irá definir nosso destino na eternidade, o céu ou o inferno, ficam tremendamente aumentados os poderes de párocos, bispos e cardeais, os únicos aptos a indicar o caminho da salvação em uma época em que a leitura dos livros sagrados estava obstada à população em geral, seja pelo analfabetismo endêmico, seja pela raridade dos manuscritos copiados, seja ainda pela vedação das próprias autoridades.

Orígenes acabou sendo considerado um foco de agitação contrário aos interesses de Roma, na região da Cesareia, e foi preso por ordem do imperador Trajano Décio, que governou Roma entre 249 e 251.

Morreu em decorrência da tortura sofrida durante a sua segregação, aos 70 anos. A Inquisição, pelo que se vê, iniciou-se muito mais cedo do que os historiadores oficiais admitem.

Apenas ao longo do século VI, quase trezentos anos após a sua morte, o magistério da Igreja declarou heréticas as suas proposições acerca da preexistência da alma e da apocatástase – restauração final de todos os seres em sua unidade absoluta com Deus, com a salvação inclusive daqueles que habitavam o Inferno. Como a concepção das vidas sucessivas era aceita em diversos círculos da igreja paleocristã, inseridos na região dominada pelo Império Romano – um enorme mosaico de crenças e costumes – a concepção reencarnacionista perdurou por muito tempo. Ao longo das décadas que sucederam a morte de Orígenes, é certo que vários de seus discípulos adotaram como verdade de fé não somente a preexistência das almas, mas também a reencarnação, tal qual professada por Pitágoras, Platão e Plotino.

A tentação do poder, todavia, era mais forte. A necessidade de se estabelecer a absoluta veracidade do ditame "uma vida sob qualquer condição, um destino eterno e imutável" ensejou uma série de iniciativas levadas a efeito por pessoas próximas ao imperador Justiniano. Para entender bem esses movimentos – e propiciar um vislumbre das sutilezas que retiraram a doutrina das vidas sucessivas da discussão filosófica do Ocidente por quase quinze séculos –, é necessário voltarmos, uma vez mais, ao século III d.C., quando Teodósio adotou o Catolicismo como religião oficial do Império Romano.

É preciso voltarmos a essa época, porque a resposta à pergunta "de onde viemos", que encima o presente capítulo, passa necessariamente pelo imperativo de entendermos como se formou a cosmovisão tradicional que herdamos de nossos antepassados no Ocidente. Uma perspectiva que relegou à reencarnação a pecha de doutrina exótica e bizarra, cultuada por povos colonizados da Ásia, irracionais a ponto de acreditar que almas humanas pudessem retornar à Terra para vivificar gafanhotos ou serpentes.

Anátemas e Heresias

Em 380 d.C., quando a proclamação de Teodósio transformou a pequena seita de judeus da Palestina na Igreja Católica Apostólica Romana do Império Romano[16], esta passou a ostentar, também, um grande poder político – na época, entendido como a capacidade para impor regras que influenciassem o funcionamento do sistema social.

Para valer-se desse poder de forma efetiva, urgia que o clero esclarecesse os próprios pressupostos, eliminando de uma vez por todas a polêmicas internas sobre temas-chave. Em um primeiro momento, a doutrina católica apresentou-se como a expressão finalizada da busca da "Verdade" empreendida pelo pensamento clássico que a precedeu: explicou-se que essa "Verdade" em si não tinha ainda se manifestado aos homens, uma vez que o próprio Deus, enquanto integrante da Santíssima Trindade, não havia ainda baixado à Terra.

Não obstante, ao longo dos séculos IV e V, o debate entre os discípulos de Orígenes, e entre reencarnacionistas ou não reencarnacionistas, continuava renhido. E chegou a um impasse no século VI.

Cada vez mais, comprometiam-se a unidade e a coesão que o catolicismo almejava conquistar, após o seu reconhecimento como religião oficial. A polêmica permanente e a desagregação doutrinária desagradavam profundamente o imperador bizantino Justiniano, líder da cristandade após a queda de Roma para os bárbaros, em 476.

Em 531, o abade São Sabas foi para Constantinopla pedir a expulsão dos monges origenistas da Palestina, o que gerou mais controvérsia. Havia, aqui e ali, pequenas dissensões ao lado da grande questão da preexistência das almas, e pensamentos levemente dissonantes sobre várias outras questões. Todavia, como bem-colocado por Geoffrey Blayney, em *Uma breve história do Cristianismo*, em teologia e em política mesmo as "posições que estejam a dez graus de diferença podem parecer, aos olhos de adversários, estarem a noventa graus".[17]

As questões da preexistência da alma e da apocatástase, todavia, não envolviam apenas uma troca de opiniões teológicas, encerrando também uma profunda repercussão política: quem detinha o acesso aos evangelhos sagrados era, na prática, um tradutor das vontades da própria divindade.

Caso fosse obtido um consenso de que essa divindade sinalizava só existir um caminho de salvação – viver uma única vida terrena de acordo com os preceitos da Igreja – e que aqueles que se desviassem desse caminho iriam arder eternamente no fogo dos infernos, o que se obteria, ao fim e ao cabo? Volto a repisar a resposta, por sua importância: uma tremenda expansão de poder de influenciar coração e mente dos fiéis.

Ora, caso fosse afastada a ilação de que todas as almas serão redimidas ao final, a redenção seria passível de ser alcançada só por alguns: aqueles que seguissem à letra as determinações das potestades eclesiásticas. O banimento das ideias de Orígenes passou a integrar, assim, um projeto de poder mais amplo.

O aumento da influência de bispos e altos dignitários sobre toda a população, do servo da gleba ao imperador, foi a consequência natural da doutrina que se impôs a partir dos concílios do século VI. Esse caminho único para a salvação era conhecido apenas por aquele seleto grupo que se arvorava na prerrogativa de porta-vozes de Deus. E o sumo pontífice era, como a própria denominação "pontífice" preconiza, uma "ponte" entre a vontade de Deus e a sua efetivação pelos fiéis.

Em diversos locais sob a autoridade do Imperador Bizantino, a controvérsia foi serenando aos poucos, adotando-se a concepção de que a alma era criada de forma concomitante à embriogênese, ao desenvolvimento do embrião no ventre materno. No Ocidente, que pouco a pouco emergia do esfacelamento do Império Romano, algumas obras da Antiguidade Clássica eram preservadas em bibliotecas de mosteiros, mas de uma maneira bastante seletiva: foram mantidos, essencialmente, os textos compatíveis com o cânone cristão já em vigor, que repudiava a reencarnação.

Na Palestina, distintamente de outros locais, a polêmica entre os monges foi se tornando cada vez mais acesa, de maneira que, em 539, o Patriarca de Jerusalém pediu ao Imperador Justiniano de Constantinopla o seu pronunciamento contra o origenismo. Em resposta, o imperador encomendou a seus teólogos um violento libelo contra as ideias de Orígenes, que se encerrava em dez anátemas, dos quais merecem atenção os seguintes:

> Se alguém disser ou julgar que as almas humanas existiam anteriormente, como espíritos ou poderes sagrados, os quais, desviando-se de visão de Deus, se deixaram arrastar ao mal, e, por este motivo, perderam o amor de Deus, foram chamados almas e relegados para dentro de um corpo à guisa de punição, seja anátema.
> Se alguém disser ou julgar que a pena dos demônios ou dos ímpios não será eterna, mas terá fim, e que se dará uma restauração (apokatástasis, reabilitação) dos demônios, seja anátema.

Tal documento foi enviado ao Patriarca Menas de Constantinopla, a fim de que este corroborasse o texto e obtivesse dos bispos vizinhos, bem como dos superiores dos mosteiros de toda a região, a condenação formal dos preceitos de Orígenes. Pressionado, Menas reuniu rapidamente o conselho episcopal de Constantinopla, que redigiu vários anátemas adicionais contra Orígenes, dos quais destacamos o primeiro: "Se algum crer na fabulosa preexistência das almas e na repudiável reabilitação das mesmas (que é geralmente associada àquela), seja anátema".[18]

No momento em que a noção da preexistência da alma à formação do corpo somático foi considerada um anátema, qualquer visão reencarnacionista passou a ser vista como heresia. E, não obstante o influxo do orientalismo a partir do final do século XVIII, com a tradução de clássicos budistas e hindus para os idiomas europeus, a ideia da reencarnação – principalmente nos países ibéricos e na América Latina – foi vista com muita resistência até o início do século passado, motivando iniciativas como o Auto de Fé de Barcelona.[19]

Neste ponto, cabe destacar que as doutrinas reencarnacionistas preconizam o evolucionismo como lei material e espiritual. Os objetivos principais da lei do renascimento são o aprendizado e o progresso da alma, e não o pagamento de dívidas passadas, a purgação do carma. O sofrimento é um incidente de percurso, e pode ser mitigado mediante a reparação das faltas e da adoção de uma linha mental adequada.

Detratores do reencarnacionismo tornam simplória a questão de fundo, afirmando ser inconcebível sofrer pelo que já nos esquecemos – tema que será tratado mais adiante. Não obstante, apresentam alternativas questionáveis para um porvir despojado de periódicos encontros entre o corpo somático e o espírito. Há, por exemplo, a "predestinação pela graça", em que alguns escolhidos gozarão de eterna bem-aventurança junto a Deus – mesmo que haja explicação alguma da razão pela qual alguns são eleitos e outros preteridos; e a "salvação pela fé", ainda que o alegado "arrependimento" por uma vida inteira de equívocos que espelharam sofrimento generalizado se dê em idade avançada, ou mesmo nos derradeiros instantes de vida.

Entendemos que tal posicionamento foi construído no esforço missionário para expandir as fronteiras do catolicismo na América, em que a admissão da nova crença assumiria uma função redentora do indivíduo. No âmbito do protestantismo em geral, também foi uma reação contra o exagero na venda de indulgências, em que pessoas desprovidas de recursos para "doar" sentiam-se preteridas na graça e com um pavoroso receio de serem recusadas no "céu". Através dessas construções, todos poderiam ser "salvos", independentemente de riquezas. Bastava ter uma fé sincera.

De acordo com a teologia clássica, salva-se "aquele que leva uma vida pura e conforme os preceitos canônicos", mas também aquele que "embora tenha levado uma existência condenável" à luz desses mesmos preceitos, "arrepende-se sinceramente na última hora, confessa-se, comunga e morre".[20]

Conforme aponta Hermínio Miranda, essa concepção "é que levava os antigos a adiarem o quanto possível o seu próprio batismo"[21], pois os pecados anteriores seriam redimidos pelo sangue de Cristo no instante do sacramento. Na verdade, a fé não pode ser dissociada do exercício da caridade, que não exige dinheiro ou erudição. Partilha-se o que se possuiu: tempo para ouvir o outro, habilidade para ajudá-lo em alguma atividade mais difícil, força física para sustentá-lo, se estiver alquebrado ou doente.

Com os olhos postos no maravilhoso ensaio de Paulo de Tarso sobre o amor e a caridade, na Primeira Epístola aos Coríntios, discordamos desse tipo de teologia que atribui a tudo um "mistério de fé". O que "salva", em última análise, são as ações empreendidas na direção da elevação do pensamento e do auxílio àqueles com quem travamos conhecimento ao longo de nossa jornada, ou seja, é a fé conjugada com a solidariedade. O que nos faz melhores é a aquisição periódica de novas virtudes, por intermédio das personalidades que nossa individualidade assume em cada experiência reencarnatória. O que nos aprimora é, também, o enfrentamento do egoísmo e do orgulho, reminiscências do autocentrismo da fase animal em que a mônada estagiou.

André Comte-Sponville afirma com precisão que "não nascemos virtuosos, mas nos tornamos. Como? Pela educação, pela polidez, pela moral e pelo amor". Para ele, a polidez é um simulacro da moral, pois agir polidamente é agir "como se fôssemos virtuosos" De maneira análoga, a moral também seria um pasticho do amor, pois agir moralmente seria agir como se amássemos, até o ponto em que "pelo hábito, pela interiorização, pela sublimação"[22], ela também se avizinha de um sentimento amoroso pleno, bem como da caridade desinteressada. A caridade é o *amor em movimento* que nos une e nos impulsiona coletivamente para um padrão vibratório melhor.

Tudo, praticamente tudo se perdeu com a proibição de Justiniano, cuja motivação última era aumentar o poder do pequeno círculo de potestades que lhe ofereciam adulação e apoio. A partir daí, tivemos cismas, cruzadas e inquisição, além de um conjunto de dogmas que desafiam qualquer tipo de defesa por uma fé que seja minimamente raciocinada. A fé irracional emergiu em meio aos desvãos da Idade Média, criando uma multidão de fanáticos que passavam crianças de outros credos no fio da espada e queimavam quem ousasse pensar diferente.

Tome-se por exemplo a questão do Pecado Original, um tema interessante para integrar um capítulo em que nos propomos a discutir “De onde viemos?”. Desde já, é preciso deixar claro que não somos responsáveis pelo pecado dos “primeiros pais”, para nos valermos de uma expressão kantiana.[23]

“Pecado original”: uma contradição em si

Platão, no Fédon, sustentava que certas ideias e conhecimentos remanesceriam em alguma memória extracorporal. À medida que a criança cresce e se apossa da integridade dos recursos do cérebro, vai rememorando aquilo que já aprendeu em oportunidades anteriores.

Tal processo de rememoração pode se operar de uma maneira intensa – e aí temos os gênios precoces – ou pode se dar gradativamente, com as habilidades e dons se apresentando ao espirito reencarnado no decurso da adolescência e através da idade adulta. Para Platão, são diversos os graus de recuperabilidade da lembrança – que, segundo a moderna Psicologia transpessoal, migra do inconsciente para o consciente de modo espontâneo ou provocado. Através da hipnose bem-conduzida ou de outras técnicas de consultório, pode-se recuperar não só memórias da primeira infância ou da gestação, mas também informações que se internalizaram no plano espiritual antes de reencarnarmos, ou mesmo algo intenso que tenhamos vivenciado em uma existência corporal pretérita.

Da mesma forma que podem ser evocados habilidades, dons e conhecimentos passados, por vezes, o espírito traz também as ideias inatas, representadas em algum pensamento fixo. Surge daí uma forte tendência a aderir ou contrapor-se a algum “ismo” ligado a ideário político (socialismo, capitalismo, marxismo etc.) ou credo religioso (catolicismo, budismo, protestantismo etc.), resultado de alguma posição muito obstinada em existência anterior. Por outro lado, o pensamento arraigado, quando voltado para a elevação espiritual e para o fortalecimento dos laços de solidariedade entre os homens, é um sinal do avanço da alma, que muitas vezes reencarna em missão.

Conforme consta de *A gênese*, de Allan Kardec:

> Aquele que progrediu moralmente traz, ao renascer, qualidades naturais, como o que progrediu intelectualmente traz ideias inatas; identificado com o bem, pratica-o sem esforço, sem cálculo e, por assim dizer, sem pensar. Aquele que é obrigado a combater as suas más tendências vive

> ainda em luta; o primeiro já venceu, o segundo procura vencer. Existe, pois, a virtude original, como existe o saber original, e o pecado ou, antes, o vício original.[24]

Há, portanto, uma explicação mais lógica para a existência de um ou mais "pecados originais". Não é a falta cometida por outrem que nos macula – o moderno Direito é claro ao estatuir que a pena não pode passar da pessoa do condenado –, mas nossas próprias más escolhas em existência pretéritas. Não é o "pecado" de Adão e Eva, ao provarem do fruto proibido, que desonra, mas nossas próprias escolhas desastrosas. Más opções de nosso espírito imortal em encarnação anterior que, tendo provocado dano e desequilíbrio cármicos, geraram situações que precisam ser revertidas. E a dívida cármica será inexoravelmente saldada mediante a moeda da dor, caso o resgate não se dê através da moeda do amor, por meio do exercício da fraternidade.

Não é à toa, portanto, que existem tantas dores no mundo. Físicas, psíquicas, dores individuais e dores coletivas. Em um estágio civilizacional atrasado, como o nosso, o resgate cármico geralmente envolve sofrimento. A quitação da dívida cármica pode ser realizada da forma menos dolorida, pela referida moeda do amor, mas se o equilíbrio rompido com uma ação delituosa não é recomposto voluntariamente em um interregno razoável, a lei da causa e efeito opera, inexorável.

A dor, todavia, não pode ser entendida como uma mera "punição por alguma coisa malfeita, mas como uma advertência para não se tornar a fazê-la"[25]. Assim, o sofrimento, por vezes, é um instrumento para nos conduzir a um estado consciencial mais elevado, retirando-nos da inércia.

Dor e sofrimento, portanto, nem sempre podem ser entendidos como castigos inexoráveis – e aí é que entra a diferenciação entre a prova e a expiação, já realizada alhures. "A finalidade principal da lei do renascimento é o progresso e não o pagamento das dívidas passadas".[26]

De fato, a concepção reencarnacionista, em suas diversas nuances, contém sempre as ideias da evolução e do progresso, que tendem ao infinito[27]. É essa a razão pela qual a consciência preexiste ao corpo físico e sobrevive ao seu colapso – uma só junção à matéria seria insuficiente para que o aprendizado e a assimilação de diversos valores e virtudes pudessem se completar. Nossa parte imaterial está sempre destinada a progredir, elevando-se a formas e estados cada vez mais aperfeiçoados, e a partir de um certo ponto prescindirá de encontros periódicos com organismos materiais.

Mais adiante, em sua escala evolutiva, "a alma voltará novamente à Fonte do ser Supremo, donde emanou", e irá tornar-se "una com o pai". Não em um estado de aniquilamento da consciência de si própria, mas em coparticipação da consciência universal[28], situação em que agirá sobre a matéria cósmica no papel de cocriador. É esse o sentido da multicitada referência do Livro dos Espíritos da progressão "do átomo ao arcanjo". Kardec se valeu da terminologia corrente da França do século XIX para designar esse papel de cocriador, correlacionando-a ao ente angelical da mais alta hierarquia na teologia católica.

Conforme salientado por Kardec, sem a noção de preexistência da alma, de que já nos falava Orígenes, "a doutrina do pecado original não seria somente inconciliável com a justiça de Deus, que tornaria todos os homens responsáveis pela falta de um só", mas representaria, também, um contrassenso, pois alguém seria responsabilizado sem qualquer tipo de culpa ou dolo no resultado. Ora, pela concepção que emergiu dos debates teológicos do século VI, patrocinados por Justiniano, a alma sequer existia na época em que vicejava um pretenso Jardim de Éden habitado por Adão e Eva, os pais arquetípicos. Não é à toa, portanto, que a ideia do pecado original, em sua concepção tradicional, chega a ser ridicularizada por ateus e agnósticos, pois pretende fazer retroagirem, a culpa e a responsabilidade dela decorrente, a uma época anterior à própria criação da alma. Ela já seria criada com mácula, já viria ao mundo endividada.

Ao infinito, através da eternidade

Vimos, até agora, como se moldou no Ocidente o paradigma ora em alteração, que repudiava a concepção reencarnacionista, taxando-a de herética. Analisamos como essa tradição se formou na comunidade cultural em que nascemos e como influenciou nossos pais e avós.

Examinamos, também, de onde não proviemos. Não somos o resultado do Pecado Original, não fomos criados no instante da concepção, ou quando o coração começou a bater, muito menos através da infusão da alma, oito ou doze semanas após o enlace amoroso de nossos pais. Nada disso.

De onde viemos, então? Uma coisa pode ser dita com relativa convicção: procedemos todos do mesmo ponto inicial, pois todos fomos criados "simples e ignorantes"[29]. Ao chegarmos à presente reencarnação, após uma jornada pelos éons do tempo e pela multidimensionalidade do Universo, não trazemos conosco nem uma maldade extremada nem uma beatitude intrínseca. Estamos, grosso modo, mais para um meio-termo com graduações diversas.

Há exceções, é claro, e a história é mais pródiga em exemplos negativos (Mengele, Idi Amin Data, Hitler, Stalin) do que positivos (Albert Schweitzer, Helen Keller, Gandhi), para concentrar-se tão só naqueles que faleceram ao longo do século XX.

Ou seja, a individualização em espíritos singulares, precedentes do *Nous*, seguiu critérios rigorosamente isonômico, sem privilégios. Ninguém tem mais estaturas moral, intelectiva ou sensorial por acaso, tudo depende do tamanho e das intercorrências da jornada pregressa, bem como da forma como foram aproveitadas as reencarnações oportunizadas. Não existem, portanto, almas predestinadas para a salvação ou danação eternas, como algumas vetustas tradições ainda apregoam, e o retardo em adentrar em dimensões vibratórias mais felizes é atribuível exclusivamente a nós mesmos, que insistimos em criar afinidade com instintos e emoções que nos retêm em ambientes mais densos.

Quais instintos e emoções? Aqueles mais próximos da animalidade, reino da natureza que já percorremos. E com os quais mantemos maior ou menor sintonia, em função do padrão de pensamento dominante. Como temos apenas alguns milhares de anos na fase hominal, em comparação aos milhões de séculos em que a mônada precursora de nossas almas esteve em contato com outros reinos da natureza, é muito fácil voltarmos para o instinto, para o autocentrismo dos grandes mamíferos de savanas e bosques, e nos descurarmos de nossa humanidade.

Para adentrar o recinto sagrado em que se situa o altar do espírito, é preciso que façamos algumas pontes entre a linguagem das obras das Filosofias Clássica e Neoplatônica com a realidade atual. Época em que autores como o físico indiano Amit Goswami e o investigador brasileiro Hernani Andrade se valem de escritos plenos de expressões polissêmicas e algo herméticas, tais como “mônada quântica” ou “modelo organizador biológico”[30].

Em um momento em que faltam palavras para que a física possa descrever seus achados, vale relembrar a advertência feita por Capra em *O Tao da física*, para quem “à medida que penetramos cada vez mais fundo na natureza, somos levados a abandonar um número cada vez maior de imagens e de conceitos provenientes da linguagem usual”.[31]

Para essa leitura histórica da evolução do princípio inteligente, pelos Reinos Mineral, Vegetal e Animal, há, ainda, o problema adicional de conciliar lições tão distantes no tempo e proferidas de indivíduos tão distintos quanto Pitágoras de Samos e Taillard de Chardin, Leibniz e Francisco Cândico Xavier, este último pelos espíritos superiores que, ao longo do século XX, trouxeram ensinamentos através de sua fabulosa mediunidade, ora corroborados pelas descobertas científicas no alvorecer deste novo milênio – dos exoplanetas aos meandros dos corpúsculos subatômicos.

Dessa forma, a escolha das palavras que procuram traduzir para o vernáculo o resultado de raciocínios filosóficos de elevada elaboração deve ser realizada com cuidado. À medida que penetramos, cada vez mais fundo, em questões metafísicas que se entrecruzam nas fronteiras da mecânica quântica e da filosofia transcendental, somos instados a aprimorar nossa criatividade linguística para projetar na mente do leitor as ideias que nos levaram à aventura de escrever este livro, da forma mais fidedigna possível.

Feita essa pequena digressão sobre a limitação dos nossos instrumentos linguísticos, e partindo do que vimos até aqui, não é difícil inferir que a cada consciência está disponível uma faixa de ponderação e escolha. Nessa faixa, ela disporia de um espectro de possibilidades criativas proporcional ao seu grau de elevação. Projetando-se o que já se sabe da arquitetura atômica e seus imprevisíveis componentes, pode-se supor que as interações, neste mundo e nos outros bilhões de sistemas estrelares existentes, estejam sempre em uma posição intermediária entre o determinismo e a probabilidade. A probabilidade, tão presente na física quântica, estaria em íntima junção com o livre-arbítrio de cada consciência. Quanto mais evoluída essa consciência, mais relevante torna-se o seu papel de cocriadora do Universo em que estamos inseridos.

É instigante imaginar que, sem a consciência atuante, toda a matéria possa residir em um estado indeterminado de probabilidade, em que nada se perfaz ou se concretiza.

Nessa perspectiva, talvez tenhamos, afinal, livre-arbítrio efetivo também sob a ótica das novas descobertas da Física Quântica. O nosso futuro não está escrito, é uma construção contínua sujeita ao nosso esforço. E, também, ao aproveitamento das oportunidades reencarnatórias que se apresentam, para o aprendizado e a sintonização do pensamento – precursor de nossas ações – na ideia do Bem Supremo.

As bases da doutrina teológica da predestinação estão, assim, bastante abaladas pelo atual patamar da Ciência.

De fato, fere a razão acreditar que a Consciência Suprema Cósmica já criasse almas previamente destinadas à "queda" ou à "perdição", quebrando o critério da isonomia, representado pela máxima "todos somos filhos de Deus". O Sermão da Montanha perderia todo o seu significado, caso as lições de amor e caridade de Cristo se prestassem a dividir a humanidade em "eleitos" e "preteridos".

Como bem lembrado por Cícero Nunes, a ideia da predestinação e a doutrina reencarnacionista são mutuamente excludentes, pois se Deus criasse "uns para a vida eterna e outros para o tormento eterno, não haveria necessidade de nascer e renascer, uma vez que a sorte de cada um já estaria lançada no ato da criação"[32]. Qualquer raciocínio analítico mais profundo nos leva à convicção de que Deus não escolhe ou privilegia ninguém, não há povo eleito ou indivíduo previamente ungido, todos os espíritos são criados simples e ignorantes e precisam obter, paulatinamente, os predicados morais e intelectuais que os conduzirão a uma trajetória evolutiva ascendente (o que equivaleria à "salvação da alma" de religiões mais dogmáticas), mediante esforço próprio e vigilância constante.

O que diferencia o homem do animal não é somente o raciocínio analítico que nos possibilita ilações desse tipo, ou a massa cinzenta mais avantajada, ou, ainda, o dedo opositor que permite a apreensão dos objetos, mas principalmente a autoconsciência, a linguagem simbólica que possibilita a transmissão de informação e, claro, a presença do livre-arbítrio.

De acordo com a questão 115 do *Livro dos Espíritos*, as almas, seres inteligentes da criação, foram criados "simples e ignorantes", mas dotadas de uma centelha divina que lhe angaria enormes potencialidades moral e intelectual, bem como grande capacidade de autodesenvolvimento. Há, aqui, uma isonomia universal, até mesmo por um imperativo de justiça. Todos os sujeitos da criação são objeto da solicitude divina, inexistindo qualquer favorecimento ou predestinação. Os mundos materiais fornecem subsídios para o desenvolvimento gradativo de suas potencialidades intelectuais e morais, de forma que os seres espirituais se encontram aptos a progredir até atingirem a perfeição relativa. Serão, nesse estágio, cocriadores da arquitetura cósmica, sempre em expansão ou, para usar uma terminologia cara a Kant, "arcanos da divindade".

O "céu", conforme imaginado no medievo, não é, assim, um espaço de repouso eterno e contemplação infinita, como já se sugeriu, mas um espaço de intensa atividade, em prol do Bem Supremo.

Este capítulo sobre nossas origens mais remotas é dual, porque a tentativa de responder à pergunta "de onde viemos" passa necessariamente pela indagação sobre se tivemos todas as nossas reencarnações na Terra ou se somos egressos de outro sistema estelar, lar de uma humanidade mais evoluída que, por alguma razão, deixamos de acompanhar. De um jeito ou de outro, o *logos* que nos anima, a razão que nos move, é o resultado de um complexo desenvolvimento que se inicia nos reinos inferiores da Natureza, ao longo da eternidade e pelos espaços infinitos do Universo.

O chamado da selva

Segundo Kardec, existe uma origem comum a toda forma de inteligência manifestada. Nas questões 606 e 607 do *Livro dos Espíritos*, por ele codificado, verifica-se que emanam do mesmo princípio inteligente as almas dos animais e do homem. Na fase hominal, todavia, a inteligência passa por uma elaboração que a coloca acima daquela que existe nos mamíferos superiores, formando-se o Mental Superior, a que já referimos no capítulo precedente.

Para os estoicos, o ser humano possui uma causa passiva, material; e uma causa ativa, a razão, representada por um "fogo criador". Neste particular, as tradições que comparam a água, com sua horizontalidade, à matéria, e o fogo, com sua verticalidade, ao Espírito, traduzem muito bem essa centelha divina que simboliza movimento, desejo de aprimoramento e purificação dos sentidos.

A mente humana representa, assim, o resultado de uma magnífica evolução do princípio inteligente, a partir dos estágios experimentados nos seres inferiores da criação. Tudo na Natureza se encadeia e tende para a Unidade primordial, para um retorno ao Divino.

Nos seres inferiores, o princípio inteligente desabrocha e se aperfeiçoa, elaborando-se de tal forma a possibilitar o surgimento do livre-arbítrio: tornamo-nos espíritos individualizados. Na questão 585 do *Livro dos Espíritos*, essa progressão fica bem-delineada, manifestando-se como *afinidade* no reino mineral; *vitalidade* nos vegetais, e *instinto* nos animais superiores.

Claro que essas propriedades podem se encontrar de forma algo emaranhadas, de uma maneira análoga ao emaranhamento quântico que tanto intriga os físicos modernos. Algumas espécies vegetais podem apresentar amplitude de movimento, e em mamíferos superiores, por vezes, surpreendemos indivíduos que apresentam uma inteligência instintiva impressionante, que se revela de forma frequente no estudo dos golfinhos, elefantes e símios. Assim como o invólucro material não é compartimentalizado e, por vezes, temos dúvida sobre se estamos diante de vida ou não vida, de um vegetal ou de um animal (caso dos protistas, por exemplo), também não é possível segmentar a evolução do princípio inteligente em episódios estanques, afirmando que aqui só há atração molecular, ali apenas sensibilidade e acolá instinto puro. Na verdade, tudo se interliga. Não é à toa que consta do *Livro dos Espíritos*: "Tudo na Natureza é transição, por isso mesmo que uma coisa não se assemelha a outra e, no entanto, todas se prendem umas às outras".[33]

Os átomos mais pesados que formam nossos corpos foram forjados no interior das estrelas, e a molécula de água que hoje circula em nossos esôfagos pode ter sido soprada pelos ventos alísios, centenas de anos atrás. Veja-se esta passagem de Gênesis, com a linguagem figurada própria da época em que veio a lume:

> E formou o Senhor Deus o homem do pó da terra, e soprou em seus narizes o fôlego da vida, e o homem foi feito alma vivente (Gênesis 2:7).

O "pó da terra" pode ser compreendido como a poeira cósmica, a grande sopa de elementos químicos que perfazem tudo o que há no Universo, dos anéis de Saturno ao protozoário do Mar Cáspio. A maior parte da criação é inanimada, ou seja, não recebeu o sopro divino, a especial vibração cósmica que origina a consciência, mas pode ser modelada pelos vários gradientes do princípio inteligente, do vegetal ao arcanjo, como nos revela a questão 540 do *Livro dos Espíritos*. De fato, conforme escreveu Léon Denis:[34] *"Na planta, a inteligência dormita; no animal, sonha; só no homem acorda, conhece-se, possui-se e torna-se consciente".*

Nesse mesmo sentido, Emmanuel, através da psicografia de Francisco Cândido Xavier, assim descreveu o desenvolvimento do princípio inteligente[35]: *"A escala do progresso é sublime e infinita... O mineral é atração. O vegetal é sensação. O animal é instinto. O homem é razão".*

Nesta grande marcha ascensional, o que diferencia a alma humana – do latim *anima* que representa o "sopro divino" revelado em Gênesis – do princípio consciencial ainda incipiente em outros animais superiores é a liberdade usufruída por homens e mulheres, ou seja, a prerrogativa de ultrapassar a vulgar fronteira dos instintos para se elevar, por obra própria, em direção ao Uno.

Essa liberdade está, assim, em oposição à ideia do determinismo calvinista, ou seja, de um Deus que teria prelimitado as Graças a serem ofertadas às suas criaturas e predeterminado o destino das almas antes mesmo que fossem criadas. O ser humano possui, certamente, alguma liberdade para determinar-se por si próprio – dentro de suas circunstâncias genéticas e sob o influxo das experiências da infância – possuindo o discernimento do que deve ou do que não deve ser feito. Como afirma Paulo na sua primeira epístola aos Coríntios:

> Todas as coisas me são lícitas, mas nem todas as coisas convém; todas as coisas me são lícitas, mas nem todas as coisas edificam (cap X, v. 22 a 23).

Da liberdade vem a noção da responsabilidade, que abordaremos com maior vagar no capítulo sobre o carma, e que está correlacionada às circunstâncias que cercam o nascimento. Daí a noção bíblica de que a colheita está sempre vinculada ao que decidimos plantar: a semeadura é livre, enquanto que a colheita é obrigatória. Vale também transcrever, aqui, mais uma pequena passagem da Primeira Epístola de Paulo aos Coríntios:

> Ora, o que planta e o que rega são um, mas cada um receberá o seu galardão segundo o seu trabalho. (cap. III, v. 8).

Enquanto a realidade material que vivenciamos no dia a dia está inserida em nosso mundo tridimensional e sujeita ao transcorrer de segundos, horas e anos, nossas potencialidades estão fora dessas dimensões. Situando-se além do espaço-tempo, a possibilidade humana de ponderar e escolher – o livre-arbítrio, em última análise – é muito mais poderoso do que a realidade material, sempre confinada pelas três medidas cartesianas – comprimento, largura e altura – e espremido pelo abraço vigoroso de Cronos.

Mas como tudo isso começou? As contingências cronológicas ensejam entropia, morte e renascimento em novos organismos. À medida que o Espírito vai se purificando, a matéria que lhe serve de veículo corporal torna-se menos densa, e "menos grosseiras se lhe fazem as necessidades físicas, não mais sendo preciso que os seres vivos se destruam mutuamente para se nutrirem". A alma se encontra mais livre "e tem, das coisas longínquas, percepções que desconhecemos. Vê com os olhos do corpo o que só pelo pensamento entrevemos".[36]

Naturalmente, a substância do perispírito não poderá ser a mesma no orbe de origem e no orbe de destino, nas situações de transmigração, pois "passando de um mundo a outro, o Espírito se reveste da matéria própria desse outro".[37]

Do ponto de vista moral, à medida que os espíritos evoluem, "as paixões animais se enfraquecem e o egoísmo cede lugar ao sentimento da fraternidade", de forma que, "nos mundos superiores ao nosso, se desconhecem as guerras, carecendo de objeto os ódios e as discórdias". Também a duração da vida, nos diferentes mundos, parece guardar proporção com os graus de superioridade física e moral de cada um, o que é perfeitamente racional, uma vez que, quanto menos material o corpo, menos suscetível à entropia e à degradação a ela inerente. Quanto mais puro o Espírito, menos paixões a miná-lo. É essa, ainda, uma graça da Providência, que desse modo abrevia os sofrimentos.

Flammarion afirma existir grande diversidade entre as humanidades planetárias, ainda que todas sejam bípedes e antropomorfas. A distinção se dá "tanto na constituição física dos corpos quanto no grau de elevação das almas", ainda que se reconheça que a unidade espiritual desses mundos em que a humanidade se espraia seja

> tão verdadeira e necessária quanto sua unidade física; que essa unidade espiritual é constituída pelos grandes princípios absolutos do belo, do verdadeiro e do bem, que unem todas as inteligências à Inteligência suprema; que o conjunto dos mundos forma uma hierarquia progressiva, e que a Terra está assentada num dos degraus inferiores desse vasto conjunto.[38]

Não é despropositado especular-se, assim, que houve várias transmigrações de espíritos de humanidades mais avançadas para reencarnar na Terra, impulsionando-lhe o progresso. Os conhecimentos pretéritos que traziam consigo os alçavam à condição de luminares aos olhos de seus contemporâneos, dando origem a mitos e lendas acerca de suas capacidades extraordinárias. Talvez provenha daí a menção a vidas extremamente alongadas na Gênese, perdurando por centenas e centenas de anos, em histórias que ecoam uma tradição oral ainda mais antiga.

Há, portanto, ligações solidárias entre as diversas humanidades, o que viabiliza que recebamos, em número crescente, espíritos que aqui reencarnam em missão, como se verifica na questão 233 da obra seminal de Kardec:

> Os Espíritos já purificados vêm aos mundos inferiores?
> Fazem-no frequentemente, com o fim de auxiliar-lhes o progresso. A não ser assim, esses mundos estariam entregues a si mesmos, sem guias para dirigi-los.

Dessa forma, Emmanuel aponta que grande número dos espíritos oriundos de orbes mais evoluídas, "estudiosos e abnegados, conservaram-se nas hostes de Jesus, obedecendo a sagrados imperativos do sentimento e, ao seu influxo divino, muitas vezes têm reencarnado na Terra, para desempenho de generosas e abençoadas missões". Dessa forma, pode-se inferir que Giordano Bruno, Espinosa[39] e muitos filósofos e cientistas que estiveram adiante do seu tempo, sejam egressos de sistemas planetário, e tenham se voluntariado para permanecer em nossa psicosfera, com o intuito de impulsionar o nosso progresso, reencarnando de tempos em tempos para uma missão luminosa.

No livro *A caminho da luz*, Emmanuel, através da mediunidade de Chico Xavier, traça uma visão panorâmica dos tempos remotos de nosso planeta, na passagem do período Pleistoceno para o Holoceno. Revela que, em um dado momento da evolução humana, os primatas que habitavam as cavernas espalharam-se pela superfície do Globo, "sofrendo as influências do meio e formando os pródromos das raças futuras em seus tipos diversificados". Em um dado momento, ele explica, "surgem os primeiros selvagens de compleição melhorada", operando-se uma significativa transformação na estrutura dos nossos antepassados[40].

A questão está diretamente ligada a um dos pilares do espiritismo: a pluralidade dos mundos habitados.

A pluralidade dos mundos habitados

Camille Flamarion, em seu notável *A pluralidade dos mundos habitados*, transcreveu brevemente passagem de *O Declínio dos Oráculos* (§22-23), que demonstra como o debate sobre a existência de civilizações avançadas em outras orbes, tão comum hoje em dia, também preocupava os antigos.

> A escola de Epicuro ensinou a pluralidade dos mundos, e a maioria de seus adeptos não compreendia apenas os corpos planetários a título de mundos habitáveis, mas acreditavam ainda na habitabilidade de uma multidão de corpos celestes disseminados no espaço. Epicuro fundava sua crença neste argumento: que, sendo infinitas as causas que produziram o mundo, os efeitos destas causas deveriam ser infinitos; Metrodora de Lampsaco, entre outros, considerou também que seria tão absurdo colocar um só mundo no espaço infinito como dizer que só poderia crescer uma espiga de trigo num vasto campo.[41]

Tais mundos precisam de um centro de luz e calor que lhe deem sustentação, ou seja, a ideia de que as estrelas eram sóis distantes estava presente em muitas cosmologias antigas. Neste particular, a cosmologia de Bruno distinguia entre objetos celestes que produzem sua própria luz e calor e têm outros corpos se movendo ao seu redor; e orbes que são destinatários dessas pulsões de energia. O italiano foi um dos primeiros a deixar registrado por escrito que os objetos celestes, classicamente conhecidos como estrelas fixas, eram na verdade sóis. Foi também o precursor do entendimento de que as estrelas são centros de sistemas planetários – mais ou menos análogos ao nosso.

Claro que Bruno não foi executado por essa afirmação – a de que vivemos em um vasto universo pontilhado de sóis e planetas – mas por ter sustentado uma visão religiosa, perigosamente herege, de que a alma humana pode, eventualmente, transmigrar para outros planetas após a morte. Essa ilação pôs em xeque o dogma do julgamento final aqui mesmo na Terra, com a ressureição dos mortos e seu encaminhamento definitivo para o céu ou para o inferno. A própria autoridade dos grandes dignitários da Igreja – que liam e interpretavam as escrituras dizendo aos fiéis o que fazer e o que não fazer – foi colocada em xeque.

Por outro lado, ainda que Bruno tenha sido um precursor da moderna astrofísica e do livre-pensamento, sua obra sobreviveu ao seu martírio e pode ser consultada, com alguma facilidade, até mesmo em arquivos PDF na internet. Em *A ceia de cinzas*, Bruno ecoa as tradições da centelha divina, presente desde tempos imemoriais:

> Não é fora de nós que devemos procurar a divindade, pois que ela está do nosso lado, ou melhor, em nosso forc interior, mais intimamente em nós do que estamos em nós mesmos.

Também Pitágoras já trouxera revelações que hoje se mostram de uma lucidez sem par, antecipando Giordano na crença sobre a transmigração das almas. Sobre sua vida, quase nada pode ser dito com certeza, pois o que escreveu acabou se perdendo. Através dos relatos de seus discípulos Empédocles e Filolau, entretanto, pode-se apontar com relativa certeza que foi o idealizador de um sistema global de doutrinas – portanto, um espírito missionário precursor de filósofos do quilate de Sócrates e Platão. A finalidade última de seus ensinamentos era revelar a harmonia que preside a constituição do Cosmos e a sua inter-relação com a migração das almas, meio de aprimoramento do Princípio Inteligente.

Para os pitagóricos, os números transcenderiam sua função de meros símbolos a exprimir o valor das grandezas para compor a própria "alma das coisas". A expressão "matemática", portanto, em muito ultrapassava seu significado atual. Assim como era a *phisis* para Aristóteles, a matemática para Pitágoras abrangia um conjunto de conhecimentos que postulava desvelar a natureza mais íntima do homem e do Cosmos. Abarcava, assim, aspectos hoje associados à geometria, à mecânica e à astrofísica, que eram revelados aos iniciados assim que estes demonstravam pendores para assimilar e sistematizar conhecimentos mais elevados.

É possível especular que Pitágoras, a seu tempo e com os instrumentos de que dispunha, buscava equacionar as forças da natureza em equações elegantes que descrevessem trajetórias, movimentos e – algo que nos é familiar hoje na física quântica – probabilidade e determinismo.

Platão foi influenciado por Pitágoras, e ambos foram tocados pelos mitos órficos que versavam sobre metempsicose e transmigração de almas. E a inspiração desses mitos, cujas origens se perdem na noite dos tempos, foi de tal intensidade, a ponto de o grande estudioso da Grécia pré-socrática, Werner Jaeger, afirmar

> a crença órfica na alma é a antessala histórica da doutrina platônica da alma e não sem motivo serviu ao filósofo de fonte dos elementos simbólicos e míticos da descrição poético sensorial de sua metafísica.[42]

Cerca de 500 anos depois da passagem de Platão, com a Grécia já subjugada por Roma, o político e orador Marco Túlio Cícero escreveu, em seu famoso tratado *Da Selenitude*, que os pitagóricos, nativos da região em que ele mesmo vivia, jamais duvidaram de que eram almas que emanaram da Divina Inteligência Universal.

O próprio *Livro dos Espíritos*, em sua questão primeira, é bastante sucinto ao propor que Deus é "a inteligência suprema do Universa, causa primária de todas as coisas". Era o alcance dessa inteligência que Pitágoras procurava perscrutar – em um trabalho de Sísifo –, idealizando, por exemplo, o conhecido conceito da Harmonia das Esferas, uma homeostase divina entre o macrocosmo e o microcosmo.

A busca por um sistema de equações que justificasse o movimento das roldanas do universo, hoje sintetizado neste *santo graal* da ciência denominado Teoria das Cordas, confunde-se com a idealização de uma "Teoria de Tudo" que possa correlacionar adequadamente as forças que protagonizam a conformação última da matéria e da energia, nas dimensões macro e micro. É princípio hermético por demais conhecido que "o que está em cima é como o que está em baixo, e o que está em baixo é como o que está em cima", apontando que "existe uma correspondência entre as leis e os fenômenos dos diversos planos".

O Caibalion referenda tanto o *Livro dos Espíritos* quanto a sabedoria que já se destacava na Grécia pré-socrática, ao afirmar que:

> Do mesmo modo que o conhecimento dos Princípios da Geometria habilita o homem, enquanto estiver no seu observatório, a medir sóis longínquos, assim também o conhecimento do Princípio de Correspondência habilita o Homem a raciocinar inteligentemente do Conhecido ao Desconhecido. Estudando a mônada, ele chega a compreender o arcanjo.[43]

Na Matemática, pode-se entreouvir, portanto, os ecos da criação.

A ciência do pensador de Samos, porém, não era propriamente Matemática, tal qual a delimitamos hoje. Era Física, Astronomia, Mecânica, Geometria e, também, uma Filosofia nascente, uma espécie de embrião do pensamento quântico que só floresceria dois milênios depois.

Uma síntese do pensamento pitagórico-platônico, em conformação com os ideários de Giordano Bruno e de Kant, pode, assim, ser encontrada na resposta às questões 172 e 173 do *Livro dos Espíritos*:

> 172. As nossas diversas existências corporais se verificam todas na Terra? "Não; vivemo-las em diferentes mundos. As que aqui passamos não são as primeiras, nem as últimas; são, porém, das mais materiais e das mais distantes da perfeição."
> 173. A cada nova existência corporal a alma passa de um mundo para outro, ou pode ter muitas no mesmo globo? "Pode viver muitas vezes no mesmo globo, se não se adiantou bastante para passar a um mundo superior."
> a) – Podemos então reaparecer muitas vezes na Terra? "Certamente."
> b) – Podemos voltar a este, depois de termos vivido em outros mundos? "Sem dúvida. É possível que já tenhais vivido algures e na Terra."

O próprio Kant afirmou, certa feita,

> que nem mesmo há necessidade de sustentar que todos os planetas são habitados, pois negá-lo seria um absurdo aos olhos de todos ou

> ao menos aos olhos da maioria. No império da natureza, os mundos e os sistemas são apenas a poeira dos sóis, em face da criação inteira. Um planeta é muito menos em relação ao Universo que uma ilha em relação ao globo terrestre. Em meio a tantas esferas, não há paragens desertas e desabitadas, senão aquelas impróprias a conter os seres racionais que estão no escopo da natureza.[44]

A possibilidade da existência de muitos mundos potencialmente habitáveis foi catapultada por sucessivas descobertas de exoplanetas, ou seja, planetas que orbitam outras estrelas que não o Sol, em sistemas estelares detectáveis por nossos telescópios. Nos comentários à questão 55 do *Livro dos Espíritos*, Kardec afirma que "Deus povoou de seres vivos os mundos, concorrendo todos esses seres para o objetivo final da Providência", salientando que seria insensato acreditar que só haja vida no planeta que habitamos. Todos esses mundos, afirma Kardec, estão inseridos nos desígnios divinos com uma destinação mais nobre do que simplesmente "nos recrearem a vista".

A Ciência do século XXI abre uma janela auspiciosa na busca da vida inteligente em outros planetas, já que, em 2024, a existência de mais de cinco mil exoplanetas já estava confirmada pela comunidade astronômica internacional. Desde que os primeiros corpos celestes orbitando outras estrelas da Via Láctea foram descobertos, no início dos anos noventa, o número de exoplanetas confirmados por observações e reportados em revistas especializadas tem dobrado a cada vinte e sete meses[45].

Em artigo publicado na revista *Scientific American*, o astrofísico René Heller sugere que apenas em nossa galáxia pode haver outros 100 bilhões de planetas orbitando estrelas. Ainda que esses mundos detenham configurações muito distintas do nosso, uma fração significativa "provavelmente tem uma composição igual à da terra, ferro e rochas, e podem exibir água líquida abundante na superfície, se localizadas nas zonas de habitabilidade de suas estrelas".[46]

Heller, cuja pesquisa também centra-se no estudo da hipotética habitabilidade de luas extrassolares, salienta que

> luas com massa próxima à massa da Terra podem se formar em outros sistemas planetários, principalmente em torno de planetas gigantes, dentro de zoas de habitabilidade, onde essas luas poderiam reter atmosferas semelhantes à de nosso planeta[47].

E destaca que “a biosfera de uma exolua super-habitável também pode obter energia da luz refletida e do calor emitido pelo planeta gigante que orbita”.[48].

Sejam planetas rochosos de tamanho análogo ao da Terra, sejam luas massivas que orbitam megaplanetas gasosos, a comunidade astronômica mundial já aceita que existem diversos astros a uma distância de até dez mil anos-luz que poderiam abrigar vida complexa e, eventualmente, civilizações tecnológicas. Existe até mesmo uma equação, a equação de Drake, que sintetiza a probabilidade do número de civilizações extraterrestres ativas em nossa Via Láctea com quem poderíamos, eventualmente, travar comunicação.

De onde viemos, portanto? Há possibilidade de que uma pequena fração da humanidade tenha tido experiências pretéritas em outros orbes, e agora esteja jungida à psicosfera da Terra, por missões, provas ou expiações já realizadas ou a realizar. A grande maioria, entretanto, é originária daqui mesmo, deste nosso pequeno planeta azul, e sempre desenvolveu suas experiências materiais sob a luz benfazeja de nossa estrela tão familiar.

Iguais, mas diferentes

Conforme vimos, os espíritos vão sendo constantemente criados “simples e ignorantes”, no dizer do *Livro dos Espíritos*. No paleolítico, vivificavam seres humanos em existências muito simplórias e desprovidas de maiores luzes intelectuais e morais[49]. Segundo a Lei do Progresso, tiveram e têm a oportunidade de evolução ao longo das vidas sucessivas.

É perfeitamente possível, portanto, imaginar uma miríade de espíritos que tiveram todas as suas existências humanas em nosso pequeno planeta azul, seja como caçadores-coletores nas estepes da Europa Oriental, nos Andes e no vale do Indo, seja como agricultores no delta do Nilo, caçadores de bisões no vale do Mississipi, ou, ainda, pajés em tribos ianomâmis, sempre vivendo a vida de uma forma singela, consumindo as ofertas do meio circundante. Até que, para um desses indivíduos, abre-se a possibilidade de uma existência mais sofisticada em que tenha a oportunidade de aprender mais, até a vida em que seja alfabetizado, e que dá início a uma sucessão de reencarnações em que adquire conhecimentos progressivos que o ombreiam com almas mais antigas, com mais bagagem, mas que não tenham tido um aproveitamento tão eficaz de seu numeroso acervo de experiências na matéria.

Essa é a razão pela qual somos, todos nós, profundamente diferentes, ainda que iguais em direitos, dignidade e potencial de evolução.

Ou seja, estamos desiguais, mas tendemos para uma certa isonomia quando tivermos, todos, estaturas morais e intelectuais equivalentes.

Para justificar tantas distinções em sabedoria e beatitude existentes neste mundo, adquire particular relevo a trajetória individual de cada um, que, por ser multimilenária e claramente diferenciada em cada ser humano, preenche o seu psiquismo mais profundo de forma também fundamentalmente distinta. Neste ponto, reiteramos que somos diferentes não só em função da genética de nossos antepassados e dos ambientes socioculturais da infância e da adolescência, mas também em decorrência de nossas experiências reencarnatórias pretéritas.

Não obstante, estamos todos fundamentalmente ligados por uma história comum. Vivemos as nossas vidas como uma jornada narrativa. Fazemos parte de histórias anteriores, e também escrevemos narrativas que impactarão de forma significativa a nossa descendência. Como personagens de uma criação ficcional, não estamos desvinculados de um ambiente ou de um *background* em que a trama de nossas vidas se desenrola, sem que saibamos o que acontecerá no capítulo seguinte ou no próximo ato.

Portamos uma identidade social, somos tios de um, filhos de outra, primos de alguém. Cidadãos de uma cidade, torcedores de um time, partes de uma categoria profissional, nascemos em um país com este ou aquele traço cultural, adotamos aquela ou esta religião. Somos, assim, como os elétrons da moderna teoria quântica: aparecemos quando interagimos.

Nessas circunstâncias de contínua interação, nos foi legado uma série de deveres, tradições e expectativas, que conferem à nossa vida uma especificidade moral.

Estamos, assim, atados por laços coativos que não escolhemos, por *status* culturais e históricos que precedem o nosso nascimento e, de certa forma, limitam a autodeterminação absoluta de que poderíamos nos julgar protagonistas. Essa concepção narrativa do indivíduo, desenvolvida por Alasdair MacIntyre, em seu livro *Depois da virtude*, vem ao encontro da concepção das doutrinas filosóficas que abraçam a reencarnação, no sentido de que a evolução espiritual se dá também coletivamente. Somos, assim, membros de famílias espirituais ligados por laços de afinidade, afetuosidade e simpatia caracterizados por uma responsabilidade solidária do grupo pelo crescimento individual de cada um.

Essa responsabilidade para com o outro, seja na concepção narrativa de MacIntyre, seja na visão do kardecismo de inspiração francesa, limita a liberdade individual, mas favorece a busca da igualdade ao cobrar dos mais aptos e talentosos o auxílio para que todos do grupo atinjam um patamar evolutivo mínimo.

Não obstante, o pertencimento a uma mesma família espiritual, cujos laços são fundamentalmente distintos daqueles que unem as famílias físicas, – ligadas, muitas vezes, por vínculos transitórios e circunstanciais – não se traduz em um nível evolutivo similar para todos os seus membros. As disparidades acontecem, pois afinidades em algumas áreas, muitas vezes, são acompanhadas por profundas diferenças em outras.

Membros de uma mesma família espiritual ou não, somos desiguais porque as nossas experiências pretéritas são distintas. Quantas reencarnações cada um de nós já experimentou? Como usufruímos cada experiência, neste ou em outro *orbe*? Quais habilidades inatas foram conquistadas, quais vícios e defeitos de caráter devem ser ainda sanados ou mitigados? Quanto trabalho, afinal, já empreendemos em nosso próprio progresso?

Além das diferentes cargas genéticas que recebemos de nossos pais, dos distintos ambientes sociais e familiares a que nos submetemos na infância e na adolescência, e dos mutáveis padrões educacionais recebidos, temos, ainda, o legado multissecular das várias experiências materiais. Uma herança enraizada em nosso inconsciente, a desempenhar um grande papel – ainda a ser estudado – em nossos comportamentos presentes.

E tudo começou nos reinos inferiores da natureza.

Em vários escritos da teosofia e nos livros kardecistas, delineia-se a ideia básica da elaboração progressiva do Princípio Inteligente[50] a partir do reino mineral, passando pelos reinos vegetal e animal, até individualizar-se como Espírito. Nessa fase, a encarnação se dá somente no reino hominal – a metempsicose tal qual ensinada em alguns círculos exotéricos[51] (e não esotéricos) contraria o princípio da não retroação, conforme veremos mais adiante.

Na etapa humana, continuamos nossa ascensão nas escalas dos progressos intelectual e moral, mediante a superação dos laços mais paralisantes das sensações grosseiras e a liberação das forças autocentrantes do ego – que já desempenharam a sua função em estágios conscienciais inferiores. O objetivo próximo é o exercício da solidariedade em suas expressões mais abrangentes, entendendo-se a solidariedade como “o amor em movimento”.

Para tanto, reprisa-se as máximas aristotélicas sobre a necessidade do desenvolvimento das qualidades de caráter: o principal objetivo da *polis* grega, segundo a sua concepção, seria propiciar o pleno florescer das virtudes, potencialmente existentes no íntimo de cada cidadão. As encarnações sucessivas não podem ser vistas como mera expiação ou como meio para o resgate de carma negativo, pois inserem-se na finalidade mais ampla de propiciar que se alcance o máximo grau de perfeição relativa, uma vez que somente Deus detém a perfeição absoluta.

A partir do momento em que atingido um certo grau evolutivo, a encarnação deixa de ser necessária, pois a evolução pode se dar tão só no plano extrafísico. Não obstante, espíritos de grande estatura moral podem optar em prosseguir no ciclo das reencarnações com finalidades estritamente missionárias, ajudando a elevação dos demais. São os *bodhisattva* da tradição budista.

E não poderia ser diferente, pois espírito e matéria – corpo e mente – estão sujeitos à mesma lei universal. Assim como o envoltório físico do princípio inteligente progride – as espécies vegetais e animais evoluem, conforme anotou Darwin, em *A origem das espécies* –, também o núcleo de inteligência que as anima vai se desenvolvendo ao longo do tempo, das mônadas primitivas integradas aos primeiros organismos vivos até a individualização na alma humana.

A Monadologia

Mônada é um termo pouco usado neste mundo conectado e absorto no que se torna endêmico nas redes sociais. Mas é uma expressão fundamental para que possamos investigar com mais proficiência a questão que nos propomos a enfrentar, tentando uma resposta satisfatória – ainda que incomensuravelmente parcial e incompleta – para a pergunta “de onde viemos?”. Nós viemos da mônada, substância simples que estabelece a emanação mais primária do princípio inteligente, quando em conexão com os seres vivos.

O filósofo Gottfried Leibniz, que retomou e desenvolveu esse conceito antigo, pré-socrático, era cosmopolita e bem-relacionado. Tentou, durante toda a sua vida, conciliar as Igrejas Católica e Protestante, cuja rivalidade havia servido como pretexto para uma guerra que, durante trinta anos, arruinou o território do que hoje é a Alemanha.

Amigo da rainha Sofia da Prússia e desolado pela sua morte prematura, reuniu em sua homenagem três ensaios, em que abordava a liberdade humana e a origem do mal.

A obra passou a ser conhecida como *Ensaios de Teodiceia*, e visava a conciliar a presença do mal no mundo com a ideia de um Deus benevolente e justo. Algo difícil de se conciliar sem a visão reencarnacionista, pois a eternidade fica na dependência dos 35-40 anos passados na crosta terrestre – considerando a expectativa média de vida de um europeu no século XVII.

Leibniz afirmava que, com base na liberdade do homem de pensar, planejar e agir, Deus permite a criação de diversos "mundos possíveis". Não obstante, apenas *Ele* possuiria a "visão geral de como tudo está unido e da sabedoria por trás dos eventos".

> (...) principalmente quando o pensador alemão sustenta que cabe-nos apenas confiar "nesta infinita sabedoria e na benevolência da intenção", uma vez que "uma imperfeição em parte pode ser necessária para uma maior perfeição no todo.[52]

Aqueles que embasam seu ateísmo em um silogismo simplificado, tal como "se houvesse Deus, o mal não existiria", deveriam lê-lo, pois suas conclusões permanecem atuais. Para ser claro, parece-me que, à época de sua publicação, estavam bem adiante de seu tempo. O "todo", neste contexto, pode ser entendido na concepção cosmológica atual, com o espaço pontilhado por bilhões de galáxias, cada qual com sistemas estelares dotados de planetas, muitos dos quais aptos a abrigar vida, em estruturas semelhantes à que reconhecemos em nossa própria biosfera.

Nessa mesma obra, *Ensaios de Teodiceia*, Leibniz sugere que o universo é composto de trilhões e trilhões de mônadas, "entidades ou formas de existência autossuficientes"[53]. O tema é retomado com exclusividade em seu livro de maturidade, *A monadologia*, publicada em 1714, ano de sua morte.

As mônadas, protótipos do princípio espiritual que anima os compostos orgânicos e que irá culminar na alma humana, desenvolvem percepção e apetência tão logo criadas pela Consciência Cósmica Suprema. Aquela lhes permite a assimilação das informações do ambiente, enquanto que a apetência representa o impulso para angariar determinada satisfação, utilizada na linguagem cotidiana em correspondência com o alimento – uma espécie de modelo para apetites sensoriais mais amplos.

Percepção e apetência são expressões usuais na Metafísica, funcionando como elementos protoformadores da consciência e da vontade que sinalizam o estágio hominal.

É possível especular que seja justamente a intenção da mônada em expandir seu nível consciencial, e assim progredir de nível, que impulsiona a substância orgânica do estado "não vida" para o estado "vida". Eis aí uma zona cinzenta, uma área de transição de contornos indefinidos. A Biologia, como ciência, não conseguiu definir exatamente o que é vida.

Nesse contexto, é perfeitamente possível conjecturar que sejam os rudimentos conscienciais, em contato com a matéria em mutação – do inorgânico ao orgânico – que propiciam a partição da célula primitiva e o surgimento da descendência. A sede da vontade é o princípio espiritual que cresce em percepção e sofistica a sua apetência à medida que evolui.

Leibniz, por vezes, referia-se à mônada chamando-a de enteléquia. A palavra é um termo aristotélico tomado de empréstimo pelo pensador alemão, e provém da aglutinação de *en*, "dentro" e *telos*, "finalidade", resultando *entelos*, "finalidade interior". Acresce-se, ainda, a partícula *echein*, "ter", com o que a expressão passa a designar algo que possui uma finalidade intrínseca.

Na filosofia aristotélica, enteléquia seria a concretização de uma potência titulada por um ente qualquer, significando o coroamento de processo transformativo a que se submete um ser animado ou em vias de animação. Representaria o ser em ato, plenamente realizado, em oposição ao ser em potencialidade existente em átimo anterior.

O filósofo alemão ressignificou o termo grego, propondo uma classificação didática da mônada em três tipos, a depender da qualidade de seus atributos e a espécie de corpos que viriam a animar.

Assim, aquelas ditas por inferiores, agregadas a moléculas pequenas, como os aminoácidos, de que são feitas todas as proteínas, possuem apenas apetição e percepção, sem consciência e memória. Representam o princípio inteligente em seus primeiros passos em direção ao raciocínio e à razão.

Pode-se perceber, assim, que quando Léon Denis afirma que o espírito "dorme no mineral"[54], está se valendo de uma licença poética para designar esses primeiros encontros das mônadas primárias com os compostos derivados do carbono. Nessa oportunidade, aquelas protoconsciências adquirem a possibilidade de, gradativamente, influir na quântica dos átomos constitutivos daquelas estruturas, para mais adiante iniciar a aprendizagem acerca do domínio das forças moleculares da matéria densa.

Dessa forma, o princípio inteligente em seus primórdios, ou seja, a mônada inferior, segundo a classificação tripartite de Leibniz, vai gradativamente unindo-se a alguns tipos de cristais[55]. Inicia-se, aí, um longuíssimo processo de autofixação, que compreende, também, outros compostos carboníferos, primeiro inorgânicos e depois orgânicos[56]. A mônada inferior ensaia, aos poucos, os primeiros movimentos internos de organização e crescimento volumétrico, até que lhe seja propiciado o instante sublime em que, nas palavras de Léon Denis, "ensejará a glória orgânica da Vida".

Neste ponto de sua trajetória, passa a animar seres vivos em sua forma mais incipiente[57]. E assimila os movimentos atômicos de atração e repulsão, influindo na dosagem das forças nucleares forte e fraca – que se somam à gravidade e ao eletromagnetismo para compor as quatro interações fundamentais da natureza. Nesta condição, sofre o influxo de certos comportamentos eletromagnéticos.

O momento em que o inorgânico torna-se orgânico, vale repetir, em que a "não vida" torna-se vitalidade genuína, é incerto e controverso. David Christian admite, em sua obra, que "parece haver uma zona de fronteira turva entre a vida e a não vida", mas que a grande maioria das modernas definições biológicas se assentam em cinco premissas básicas: os organismos vivos são (1) formados a partir de células dotadas de membranas semipermeáveis e (2) capazes de metabolismo que os habilitem a utilizar os fluxos de energia livre do entorno. Além disso, são (3) adaptáveis ao ambiente, e capazes de (4) se reproduzir e de (5) evoluir.

Tais premissas são compatíveis com as duas propriedades básicas das mônadas, a percepção das informações circundantes e a apetência, ou seja, o impulso para a nutrição (metabolismo) e para a evolução, daí advinda. Mesmo quando justaposta a matérias muito elementares, as mônadas – que nesse estágio funcionam como emanações fugazes do princípio inteligente – apresentam tais propriedades, ainda que de forma pouco ostensiva.

O altar do espírito

As mônadas inferiores e intermediárias seriam uma "imitação do que entendemos como alma", no dizer do filósofo alemão, uma espécie de espírito em potência. Elas mantêm a sua autonomia, e transformam-se de dentro para fora, mediante a assimilação de impulsos externos captados pela faculdade de percepção que possuem, em maior ou menor grau.

Na linha do que vínhamos desenvolvendo, note-se que "percepção" é uma palavra simplificadora, levando em conta as limitações científicas do século XVIII. Para a corrente da física moderna que admite que as partículas podem possuir alguma consciência, a explicação se dá com base em conceitos tais como "colapso da função de onda", "não localidade" e "emaranhamento quântico".

Para Leibniz, em sua terminologia de princípios do iluminismo, as mônadas eram simplesmente autônomas e incorpóreas. Não poderiam ser entendidas como pontos físicos, como os átomos materiais pensados por Demócrito[58], mas como unidades metafísicas, incorpóreas, inextensas.

Também os poucos excertos dos estudos pitagóricos que sobreviveram à Idade Média – Pitágoras teria sido um dos primeiros sábios do Ocidente a refletir sistematicamente sobre o tema – eram importantes para Leibniz. A partir das noções clássicas, ele intuiu serem as mônadas os elementos que vivificam e conformam as coisas, que não podem perecer ou dissolver-se, dada a sua natureza de substâncias simples, elementares. Eram infensas a qualquer forma de decomposição, uma vez que só se pode decompor aquilo que é composto.

Também na descrição de Leibniz, as mônadas possuiriam algumas propriedades que possibilitariam a sua evolução. Não há duas que sejam totalmente idênticas, o que já precede e prepara a individualidade do espírito na fase hominal e, independentemente de sua categoria, possuiria afecções e relações advindas de um elemento autopropulsado, interior, que ensejaria o seu progresso. De fato, haveria uma seleção ativa do que nelas ingressa – Leibniz afirmava que elas não possuem janelas a permitir uma recepção passiva daquilo que é introjetado pelo meio circulante.

Ricardo Di Bernardi aborda esse ponto à luz das ilações filosóficas de finais do século XX – seu livro foi publicado em 1995. Explica que "o fluido vital estabeleceu o elo dimensional necessário para a fixação da estrutura espiritual à estrutura física"[59], e esclarece que a mônada, essência espiritual ou princípio inteligente, "encerra em estado latente todas as infinitas possibilidades de um desenvolvimento ilimitado", uma vez que, proveniente de um ser perfeito, há de ser a sua imagem e semelhança, isto é, conter a perspectiva da perfeição. Essa é a razão pela qual "a mônada espiritual estagia por inúmeras espécies que sempre se formam em função da necessidade de exteriorização cada vez maior, do psiquismo sempre crescente do ser em evolução".[60]

Dessa forma, o "molde espiritual" por ela personificado plasma sempre as novas e adequadas roupagens físicas. Há uma transição do reino vegetal para o reino animal, surge o esqueleto, que com o suceder do tempo torna-se interno nos animais superiores. "A vida na água nos leva aos peixes que passam a se transformar em anfíbios, vivendo no meio aquático e terrestre", dando ensejo aos répteis, depois aos mamíferos, primeiro quadrúpedes e finalmente bípedes".[61]

Neste ponto, vale relembrar que Leibniz afirmava que as mônadas possuem, independentemente de sua categoria, duas qualidades essenciais, apetição e percepção. Di Bernardi, por sua vez, destaca que "os primeiros seres vivos, surgidos dos minerais, apresentavam-se ainda cristalizáveis, como os vírus, pouco intercambiando com meio externo", mas que na sequência surgiram "os primeiros seres unicelulares realmente livres, que se multiplicam prodigiosamente na temperatura tépida dos oceanos"[62]. Percebendo o meio à sua volta (percepção) e nutrindo-se por meio de absorção de partículas alimentares (apetência, que mais adiante irá ensejar, juntamente com a percepção, o instinto da autopreservação), a mônada ensejava nos seres que passava a animar as cinco propriedades que caracterizam a vida, conforme tivemos a oportunidade de nominar no tópico anterior.

Referindo-se aos primórdios da evolução consciencial, Kardec diz que os espíritos, individualização do princípio inteligente do Universo (questões 23 e 79), são criados "simples e ignorantes" (questão 115). No capítulo acerca dos três reinos (mineral, vegetal e animal), esclarece que emanam de um único princípio as inteligências do homem e dos animais (questões 606 e 606-A), e que na fase humana o princípio inteligente "passou por uma elaboração que o coloca acima do que existe no animal".

Para Kardec, a alma racional corresponde a um exponencial refinamento das mônadas, porque já atingido o estágio em que ela se habilita a alcançar o conhecimento de si mesma – e daí a máxima socrática "conheça-te a ti mesmo", que já figurava no frontão do templo de *Delphos* na Grécia peninsular. Nesta etapa, também se torna possível o conhecimento das coisas que a cercam, nos planos material e espiritual, através da meditação meticulosa, da ciência e da filosofia.

Atingidos os estágios da autoconsciência, da especulação filosófica e da inquietude metafísica, a mônada é capaz de conectar-se com todas as outras, por meio do pensamento e da linguagem abstrata a que já referimos, viabilizando a ação coletiva, boa ou má.

Essa conexão não é direta, mas gradativa. No reino animal, preponderam a competição e a sobrevivência do mais apto, do mais adaptado. No reino hominal, deve-se abrir espaço para a cooperação, a antessala da solidariedade.

A expectativa dos próceres da espiritualidade superior era que pudéssemos sacrificar a nossa animalidade ao atingir um patamar mais elevado, que fôssemos realmente humanos ao cabo da individualização do princípio inteligente. Todavia, em vez de sacrificar os rudimentos de nossa animalidade no altar do espírito totalmente individualizado, optamos por sacrificar cordeiros – e até mesmo seres humanos – a deuses e magos.

Instinto e inteligência

Em seus estágios iniciais, a mônada não tem janelas, como afirmado repetidas vezes por Leibniz. Ela é autocentrada, não enxerga o outro. Ainda no estágio evolutivo presente, para a grande maioria da humanidade, é raro uma mente se unir diretamente com várias outras, ainda que o incremento das habilidades conectivas permita que haja trocas com benefícios mútuos. Trocas essas que irão se avolumando até que, em uma etapa insondável para nossas habilidades cognitivas atuais, a consciência expandida possa atuar *pari passu* com outras consciências igualmente evoluídas, desempenhando o papel de cocriadores no Universo.

Nas palavras de Leibniz, "todo ser criado está sujeito à mudança", e, consequentemente, também a mônada apresenta alterações contínuas em seus atributos, na dimensão de suas apetências e na intensidade da sua percepção, mudando de categoria ao influxo do tempo. Assim, as mônadas de categoria intermediária, seguindo-se a sua classificação, são aquelas detentoras de uma consciência mais bem definida, e que poderá ser mais ou menos rudimentar a depender do reino, filo, classe e ordem em que se insere o ser vivo por ela animado.

Em alguns mamíferos, por vezes, o instinto já se identifica com uma inteligência rudimentar. Ainda que tal forma primitiva de inteligência esteja relacionada apenas a situações imbricadas com o instinto de autopreservação, pode-se observar, em algumas circunstâncias, e em dadas espécies (equinos, felinos, golfinhos, cães e gorilas, dentre outras), um pensamento descontínuo e fragmentário, a partir do qual vai desenvolver-se – no longuíssimo prazo – o pensamento permanente do reino hominal.

Nesta fase, surgem o raciocínio, o livre-arbítrio e a sistematização de ideias. Pode-se dizer que até então o progresso possuía uma orientação centrípeta, de fora para dentro; a consciência e seu habitáculo material avançavam por uma força inercial, advinda da própria mônada ou movida pelos arcanos da divindade em sua atividade de cocriação.

Falemos um pouco mais sobre o instinto de autopreservação, que se apresenta tanto ao animal quanto ao homem. Podemos definir instinto como "um impulso primordial, irracional que responde às necessidades primárias da natureza humana", bem como a quase totalidade das demandas de um animal superior, caracterizando-se, tanto para o homem quanto para o gorila ou para o gato[63], "pela inconsciência do fim a atingir".[64]

Para a psicanalista italiana Angela Maria La Sala Batá, geralmente são reconhecidos "três instintos fundamentais, classificados de acordo com a preservação individual, a preservação da espécie e a coesão do grupo."[65] São eles o instinto de autoafirmação, o instinto de reprodução e o instinto gregário. Vale referir que o instinto de reprodução acabou por ensejar o aparecimento da escola freudiana de psicanálise, enquanto o instinto de autoafirmação acabou por ensejar a escola psicanalítica de Adler, mais voltada para a "vontade de poder" e para as tendências agressivas e combativas do homem. Nas palavras de La Sala Batá, "os psicanalistas estão todos de acordo ao admitir a faculdade que os instintos têm de se sublimar, isto é, de se dirigir, quando reprimidos, a metas diferentes de suas próprias e de caráter mais elevado".[66]

Chico Xavier, sublimando a sua sexualidade, desenvolveu uma sensibilidade ímpar, primordial para a obra que legou à humanidade. Para muitos pensadores, a virtude da coragem pode configurar uma sublimação da combatividade e da agressividade, ou seja, do instinto de autopreservação. Assim, as forças inferiores, animalescas, representados pelos instintos de preservação individual e da espécie como um todo conservam o potencial para tornarem-se "qualidades superiores apenas porque existe no Homem um centro de atração", a "Alma", e eu acrescentaria que essa alma seria exatamente a tríade superior que encima nossos corpos espirituais, que atua como um "potente imã" que faz com que essas forças se elevem, "atraindo-as para si e produzindo a sublimação, que é evolução e progresso"[67].

O controle dos instintos pela socialização, a passagem da barbárie para um estágio civilizatório mínimo tem a ver com o tornar-se humano, na verdadeira acepção do termo. Leibniz, ainda no século XVIII, afirmava que a moderação dos apetites é um indício de elevação consciencial, e que a superação da etapa animal é acompanhada por ganhos de percepção – quando a inteligência deixa de flertar com o instinto e torna-se receptiva à intuição – e ampliação da memória. Em suas palavras:

> Se quisermos denominar Alma a tudo aquilo que possui percepções e apetites no sentido geral que acabo de explicar, todas as substâncias simples ou Mônadas criadas poder-se-iam denominar Almas. Mas, como o sentimento é algo mais que uma simples percepção, concordo que o nome geral de Mônadas e Enteléquias é suficiente para as substâncias simples que só possuem esta percepção e que se denominem almas somente aquelas cuja percepção é mais distinta e acompanhada de memória.[68]

A superação da etapa animal não se dá, obviamente, *per saltum*. Há um caminho gradativo a ser seguido. Há pessoas que equivalem, na prática, a anteprojetos de humanos, tantos os atos de desumanidade presentes em suas trajetórias. Agressividade, competição exacerbada e compulsão para atender aos chamados materiais mais grosseiros, além da falta de percepção do outro, são algumas das características dessa sub-humanidade, que se separa das feras da savana tão só pela presença do dedo opositor e do uso da razão para alcançar seus interesses.

Seja como for, ao ingressar no âmbito hominal, após uma elaboração que provavelmente é ultimada fora deste orbe, o princípio inteligente está apto a realizar escolhas. A mônada encontra-se agora no pleno desabrochar de sua potencialidade, individualizada em alma humana dotada de livre-arbítrio e responsabilidade. Eleger os seus valores pelo esforço próprio, retomando a sua linha evolutiva a partir de uma orientação centrífuga, que se processa de dentro para fora.

E, efetivamente, o vocábulo inteligência está etimologicamente ligado ao ato consciente de fazer a escolha mais acertada. A palavra latina *intelligentia* provém de *intelligere*, termo composto por *intus* (entre) e *legere*, que significa escolher entre alternativas distintas.

À procura de uma vontade "boa"

Naturalmente, as primeiras encarnações desse princípio inteligente já perfeitamente individualizado deverão se dar em grupamentos humanos muito primitivos, bando de caçadores-coletores na época do neolítico, tribos tupis-guaranis na fase pré-descobrimento, indígenas isolados nas selvas da Sumatra nos anos 60 e 70 do século passado. Tomemos, por exemplo, um grupamento humano nos Andes sul-americanos, no limiar do surgimento de uma civilização agrícola.

Em sua ingenuidade proporcional à infância espiritual em que se encontravam, os habitantes primitivos de um vale que faziam oferendas ao Espírito da Montanha para que não houvesse uma avalanche – e aos deuses da chuva por uma colheita abundante – talvez tenham intuído, de forma muito superficial, que interações conscienciais complexas pudessem prevenir infortúnios, como a seca ou a morte por soterramento.

O Universo é, de fato, feito de conexões conscienciais e interações entre as ondas-partículas em um nível ainda não compreendido pela ciência, interações essas que podem se dar inclusive de forma não local. Como afirma Massimo Citro:

> O fato é que nós percebemos somente uma porção ínfima do oceano de vibrações em que estamos imersos. Somos incapazes de detectar o infravermelho e o ultravioleta, o infrasom e o ultrassom, e em geral as frequências muito altas e as muito baixas; não podemos sequer detectar os raios X, os raios gama, a radioatividade e os raios cósmicos, todos os quais, no entanto, afetam nosso corpo. E tantas frequências ainda são para nós desconhecidas.[69]

Estas mentes humanas primitivas vagavam em busca da satisfação de seus apetites, percebendo o seu entorno e buscando a realização de interesses que eram quase imediatos, talvez de curto prazo. A vida era sobrevivência. Por vezes, o atingimento de um propósito individual se insere também em um objetivo mais amplo, pertencente à família, ao clã ou à coletividade inteira.

Seja qual o grau civilizacional de cada grupamento humano, atingida a condição hominal, o princípio inteligente já se encontra individualizado. A mônada torna-se mente imortal. As propriedades de percepção e de apetência atingem seu máximo desenvolvimento. Aquela se amplia à medida que o ser troca informações com outros indivíduos da mesma espécie com uma desenvoltura inédita, criando a simbologia da linguagem. Já a apetência tende a se descontrolar, descambando para a tendência tão atual de se querer tudo, ao mesmo tempo, e agora. E com a maior assistência possível, interagindo, comentando, deixando seus *"likes"*. Neste século XXI, o prazer e a felicidade adquirem maior valor, se escancarados nas redes sociais.

Cientes de tal circunstância – que acomete homens e mulheres com igual intensidade – indivíduos dotados de alguma sabedoria preconizam, há séculos, a moderação dos desejos, o cuidado com a ambição, a necessidade de combater o egoísmo e o orgulho, que nada mais são do que degenerações da vontade.

É em volta do desejo desenfreado e da degeneração da vontade que se desenvolve o círculo das vidas sucessivas – a *sansara* dos hindus – uma roda enfadonha e cansativa sem ganhos significativos em aquisição de conhecimento ou elevação de consciência.

É preciso uma vontade resoluta, proveniente do Mental Superior, para superar o eixo horizontal em que repousam os resquícios de nosso «eu animal», as reminiscências do estágio do princípio inteligente neste degrau evolutivo. Afastar-se da dicotomia medo-desejo, que move o chimpanzé, o tigre e o golfinho, para exercer efetivamente a humanidade.

O rabino Dovber Pinsón, em seu livro sobre reencarnação e judaísmo, afirma que, na alma animal, em que "o objetivo principal e ambição é o de sustentar a sua própria existência, a essência da alma são as emoções", de forma que o propósito do cérebro é apenas e tão somente servir as emoções. A pessoa animalizada "usa o intelecto para encontrar e criar novos meios de conseguir prazer".[70]

Através do raciocínio inteligente, primo-irmão do livre-arbítrio e da responsabilidade que a acompanha, Kant nos ensina que é possível desenvolver uma vontade boa, subserviente à lei moral. Uma vontade que nos retire da inércia, sobrepuje os instintos animais e nos aproxime do divino que se encontra em nosso psiquismo mais profundo. Ainda que o desenvolvimento pleno da dimensão mental superior só possa ser alcançado ao fim e ao cabo de uma série de reencarnações, é um imperativo da lei do progresso a superação gradual do império dos instintos, substituindo-os pelo *logos* e pela intuição.

As multidões, ao longo da História, sempre entenderam mal o mandamento de superação da animalidade que antecedeu a individualização do princípio inteligente (o *Nous* a que se referia Plotino em sua obra *Enéadas*) no espírito imortal que nos anima. Fizeram, durante milênios, sacrifícios aos deuses – aqui entendidos como os espíritos de luz que secundam a Consciência Cósmica Suprema – conspurcando-se com o sangue de cordeiros, touros e bezerros, enquanto o que os deuses queriam era justamente que sacrificássemos nossa reminiscência mais animalesca no altar do espírito.

A expectativa era que pudéssemos imolar a nossa animalidade ao atingir um patamar mais elevado, que fôssemos totalmente humanos ao cabo da individualização do princípio inteligente, a derradeira etapa da mônada. Dotada de livre-arbítrio e vontade, a mente imortal poderia prosseguir a sua evolução em outro estágio, mediante periódicas inserções na matéria mais densa, até que não fossem mais necessárias as sucessivas reencarnações.

Para tanto, teríamos que nos livrar dos traços da selva.

E, no entanto, tais traços permanecem. Nas fronteiras, nas ruas, no interior dos lares.

Não nos tornamos, até agora, aquilo que devemos ser. Diversos seres humanos que se encontram reencarnados na terra ocupam uma espécie de ponte, um ponto na transição do ancestral comum a símios e homens para a plena humanidade. O ganhador do Nobel, Konrad Lorenz,[71] chega a afirmar que não somos ainda verdadeiramente humanos, inseridos que estamos pela emocionalidade da dominação, da concorrência e da subjugação.

Ele está coberto de razão. Não logramos obter, ainda, uma humanidade integral. E tal insucesso acaba tendo uma grande repercussão nas respostas possíveis à terceira pergunta da tríade: “para onde vamos?”.

QUATRO

Para onde vamos

Morri como mineral e me tornei planta.
Morri como planta e ascendi ao animal.
Morri como animal e vi-me homem.
Por que devo recear?
Quando a morte me fez menor?
Rumi (1207-1273)

É notável constatar como o poeta *Rumi* desvelou, através da poesia do século XIII, um panorama que só apareceria na Europa seis séculos depois, quando se cogitou da possibilidade de que o princípio espiritual pudesse estagiar em outros reinos, antes de sua individualização na fase hominal. O sufismo, corrente a que pertencia, sempre foi entendida como uma corrente mais mística e hermética do Islã, e vários partidários dessa sabedoria antiga afirmam que ela precede Maomé, remontando ao tempo do lendário Hermes Trimegisto.

O pensamento de Rumi inspirou a Samã, cerimônia sufi tradicional em que é usual cantar, tocar instrumentos, dançar, recitar poesias e orações, bem como vestir trajes simbólicos. Samã é uma forma de adoração particularmente popular no Sufismo, e representa a jornada mística da ascensão espiritual do homem, valendo-se da mente e do coração. Buscando a verdade, o seguidor cresce através do amor, abandona seu ego, acerca-se da compreensão do Divino e aproxima-se da perfeição. Ele então retorna dessa jornada espiritual como um homem que atingiu a maturidade, para amar seus semelhantes e estar a serviço de toda a criação.

Os belos versos que servem como introdução para o capítulo que aborda o nosso porvir também iluminam nosso passado remoto e relativizam o medo da grande viagem. “Jalaludim Rumi sabia que as pessoas amavam poesia”, de forma que seus versos também propiciam diversas camadas de leitura, cabendo a cada leitor “extrair deles o que há lá para você”.[1]

Conforme vimos no capítulo anterior, Leibniz também intuiu o caráter cíclico do Universo. Ele valeu-se da analogia com o fogo criador dos estoicos para retomar o termo mônada, emprestado de Pitágoras, e que passou a ser um conceito-chave na sua filosofia, significando a individuação do princípio inteligente, do *logos* divino em cada ser em evolução. Nesse contexto, a mônada teria percepção e apetição, e essa propriedade estaria exprimindo a mobilidade das almas, que não se encontram jamais em repouso e tendem continuamente para um aprimoramento que as aproxime da Consciência Suprema.

Nessa mesma linha, o movimento circular dos dervixes reprisa a agregação periódica da mônada com substâncias orgânicas cada vez mais complexas, para que o contraste derivado dessa justaposição possa desenvolvê-la com maior rapidez.

Através desse processo de milhões e milhões de anos, nossa mônada foi promovida a alma, adquirimos a estrutura setenária vista no capítulo dois, com raciocínio, livre-arbítrio e responsabilidade pelos nossos atos. Em todo esse longuíssimo percurso evolutivo, e ainda no porvir, ficamos e ficaremos sujeitos ao carma, palavra em sânscrito que significa, literalmente, ação.

Carma e Dharma

Para os iniciados nessa terminologia, a reação já faz parte da própria ação, de forma que o contexto é único. Da mesma forma que jogar uma bola contra a parede produzirá uma força em sentido contrário que a fará repicar, nossa conduta em relação a nossos semelhantes – ou com respeito a nós mesmos – sempre gera forças reativas, para o bem e para o mal.

Dessa maneira, se aceitamos a lei newtoniana de causa e efeito como um imperativo que afeta a natureza visível aos nossos olhos (3ª lei de Newton – "a toda ação há sempre uma reação oposta e de igual intensidade: as ações mútuas de dois corpos um sobre o outro são sempre iguais e dirigidas em sentidos opostos"), será que não haveria leis análogas que se aplicam ao mundo que não vemos, aquele que se situa aquém do infravermelho e além do ultravioleta?

Também na Bíblia se lê: "Livre é a semeadura, mas vinculada é a colheita (Gálatas 6:7,8)".

De fato, há um impeditivo lógico para que alguém possa colher trigo se apenas fez plantar grama. No entanto, a maneira com que o senso comum interpreta a palavra, entendendo-a como uma espécie de vingança cósmica, é bastante equivocado.

E por que o carma não significa uma *vendetta* inexorável? Em outras palavras, por que ele não é absoluto?

A resposta é simples. O carma é relativo, pois "a lei cósmica não é um déspota irracional", cujas sentenças são proferidas implacavelmente "contra uma humanidade acovardada e indefesa", em estado de total vulnerabilidade.[2] Porque a dívida contraída por um ato que causou sofrimento a uma pessoa – ou mesmo a uma coletividade – pode ser amortizada não só pela moeda da dor, mas também pela moeda do amor. Não consta da Bíblia que "o amor cobre a multidão dos pecados" (1-Pedro 4:8)"?

Em um pensamento sistematizado, próprio do século XXI, o carma pode ser entendido, então, como um sistema dinâmico e autorregulador, em que as nossas reações e atitudes diante dos acontecimentos acabam por se sobrepor aos episódios em si. Insere-se, assim, no princípio da causalidade universal[3], em que os pensamentos, palavras, atos ou desejos que se instalam no íntimo do ser adquirem uma qualidade dinâmica apta a gerar resultados futuros, positivos ou não.

Há, portanto, um carma positivo, resultado de boas ações e condutas virtuosas do passado. Como escreveu a teosofista Annie Besant, no início do século passado,

> os serviços prestados à humanidade (...) criam dívidas que são escrupulosamente satisfeitas pelos poderosos agentes da lei. O bem que assim se faz volta ao benfeitor na forma de assistência mental e espiritual, que lhe é devida em virtude de um direito adquirido.[4]

Vê-se, assim, que ao contrário das crendices populares, a concepção da palavra não é sempre negativa, expressando o sentido de uma espécie de débito cósmico. Nesse contexto mais amplo, em que o carma assume uma posição assemelhada de conta-corrente individual, assinalando créditos e débitos, acaba por se revestir, também, de um viés pedagógico, recompensando a ação virtuosa e sancionando condutas que trazem prejuízo para a coletividade.

A compulsoriedade da reencarnação não se erige sobre uma espécie de vingança divina – como detratores da doutrina reencarnacionista insinuam – mas na necessidade de assimilarmos lições que só a corporificação física nos traz. Não reencarnamos para "pagar o mal realizado em uma vida passada", como se alardeia em certos círculos, mas para vivenciar situações distintas daquelas a que nos acostumamos no plano espiritual, e elevar a nossa consciência por meio desse contraste.

Além da oportunidade do aprendizado, cada reencarnação pode envolver uma gama de reparações a serem feitas – é sempre possível resgatar as dívidas pretéritas pela moeda do amor –, bem como o desempenho do potencial que carregamos de forma latente. O desenvolvimento das virtudes, vale referir, sempre esteve ligado ao conceito de justiça para as civilizações clássicas.

Ao lado do conceito de carma, há também a ampla categoria do *dharma*. Tal expressão possui sentidos ligeiramente diferentes no hinduísmo e no budismo. Pode ser tanto a missão no mundo de cada um, na versão hinduísta, quanto uma benção da Consciência Suprema, na visão dos seguidores do Budismo. Para cumprir o objetivo, para finalizar a missão recebida, é preciso carma, a ação coordenada para um objetivo superior.

Para muitos, cumprir seu *dharma* é ser uma boa mãe ou um bom filho; para outros, compreende também ser um profissional tecnicamente competente e ético; para uma minoria – além de prover a família e desempenhar bem a sua profissão – é preciso que façamos um trabalho assistencial que vise a reduzir as misérias do mundo; e, para alguns poucos luminares, o *dharma* envolve todas essas obrigações e tantas outras, tão nobres e elevadas que sequer estamos em condições de conjecturar.

Assim, aquele que procura cumprir a sua missão de vida (*dharma*) e executa boas ações (carma) alumia-se, recebendo as bênçãos celestiais. Como afirmou Mahatma Gandhi, quem acende uma luz é o primeiro a iluminar-se.

No fundo, as duas concepções do *dharma* e o conceito de carma estão completamente interligados: um não existe sem o outro, e a iluminação que podemos receber é o produto direto de nossos pensamentos, sentimentos, energias e ações.

Somos, então, um conjunto de oito octilhões de átomos jungidos por um carma, um conjunto de ações necessárias para atingir um *dharma*, as missões que nos são conferidas pela Consciência Suprema, através de seus prepostos, nos vários ciclos reencarnatórios.

Para bem cumpri-las, ou até mesmo para delas desistir, temos o livre-arbítrio, a possibilidade de ponderar e escolher dentro de determinadas balizas. Tais balizas são definidas pela própria lei de ação e reação, mas não se pode dizer que serão definitivas. Se houver merecimento, acontecimentos negativos carregados de sofrimento poderão ser evitados.

Eis aí porque o mundo após a teoria quântica revela ser simultaneamente probabilístico e determinístico. Há certa determinação na lei de ação e reação, mas também não há definitividade absoluta quanto aos efeitos projetados das causas pretéritas, pois súbitas elevações de consciência poderão alterar o rumo esperado dos acontecimentos. Também não existe certeza no que tange à microgestão do cotidiano e aos casos fortuitos de pequena repercussão: se fura o pneu de nosso carro, ou um passarinho defeca sobre nossas cabeças, não podemos dizer que "estava escrito".

Poderíamos escrever mais sobre o tema, mas a questão de que trata este capítulo é "para onde vamos?", indagação que só é parcialmente respondida pelas inflexões de carma e dharma. Há, também, as futuras existências corpóreas, com sua gama imensa de problematizações, oportunidades, prazeres e dores. Mas se somos mesmo almas imortais, temporariamente vivendo uma experiência temporal nesta dimensão tridimensional que nos cerca, com os sentidos limitados a percepções de determinados cumprimentos de ondas, quais seriam as evidências científicas de que, após um interstício em algum plano extrafísico, voltaremos a reencarnar?

Mais especificamente, poderíamos indagar sobre eventuais provas destes tais planos extrafísicos, sucessores de céu, inferno e purgatório do catolicismo multissecular. E questionarmos porque este será no nosso primeiro destino: uma dimensão sobreposta à dimensão física, em que estagiaremos um tempo indefinido, até a próxima reencarnação. Falaremos sobre esse plano vibracional nos três tópicos subsequentes, e sobre as evidências da reencarnação nos itens imediatamente seguintes.

Evolução e vibração

Já vimos que na fase hominal surgem o raciocínio, o livre-arbítrio e a sistematização de ideias. Conforme vimos, até atingir esse estágio, o progresso possuía uma orientação centrípeta, de fora para dentro. Ao ingressar no âmbito hominal, após uma elaboração que provavelmente é ultimada fora desse orbe, o princípio inteligente – agora individualizado em alma humana dotada de livre-arbítrio e responsabilidade – está apto a realizar escolhas, a eleger os seus valores pelo esforço próprio, a retomar a sua linha evolutiva a partir de uma orientação centrífuga, que se processa de dentro para fora.

No início, a alma ignorante de quase tudo vivifica indivíduos muito primitivos, tais como os bandos de caçadores-coletores na época do neolítico ou indígenas que viviam isolados na selva, ainda em finais do século passado. Mesmo assim, almas mais experientes dessas coletividades, ou portadores de potencialidades especiais como xamãs e curandeiros, pressentiram que interações conscienciais complexas pudessem prevenir desastres naturais ou acidentes de caça.

A intuição e a espiritualidade do homem primitivo se perderam, e as intervenções xamânicas são tratadas hoje como mera superstição; por vezes, charlatanismo. Não obstante, sabe-se hoje também que o Universo é repleto de conexões conscienciais e interações entre as ondas-partículas em um nível que ultrapassa qualquer possibilidade de medição pela aparelhagem hoje disponível. A não localidade quântica, conforme consta do livro "A Física da Alma", implica na "influência ou comunicação instantânea, sem quaisquer trocas de sinais através do espaço-tempo"[5], implicando em uma inseparabilidade que transcende as propriedades físicas com as quais estamos acostumados.

Desta forma, diversas almas humanas estiveram em contato, ao longo de sua marcha ascensional, com a matéria elementar do reino mineral, com as vicissitudes e particularidades do reino vegetal, já em um domínio orgânico, e talvez com o princípio inteligente associado aos mamíferos superiores. Velhas lendas em que o espírito do xamã estabeleceria contato, via sonho, com o espírito de um alce talvez não sejam assim tão fantasiosas.

Referimos, ao longo dos capítulos anteriores, que a matéria é energia extremamente densa em função de baixa frequência: sua vibração foi reduzida até se tornar perceptível aos nossos sentidos corpóreos. A pretensão do xamã da aldeia de entrar em contato vibracional com o "espírito da montanha" ou com a alma-grupo em que se insere o rebanho de alces que garantiria comida e pelagens durante um longo inverno, só agora tem sido desvelada em suas linhas-mestras. Iniciativas desse tipo foram intensamente ridicularizadas pelo invasor europeu, mas guardavam em si uma sabedoria muito sutil, só recentemente vislumbrada pela vanguarda do conhecimento científico do século XXI, e cujo detalhamento ainda nos é desconhecido.

Não nos parece tão esdrúxula, assim, a tentativa de penetrar a faixa vibracional de um dado ser vivo, mediante a modulação da frequência do pensamento. Ainda que essa alteração direcional de frequência seja intentada por meio do uso de alucinógenos, tambores rítmicos ou de ruidosos rituais coletivos. Há uma dança contínua no universo, como se a terra fosse um dervixe gigantesco. Tudo nele vibra, gira ou pulsa. Os movimentos de rotação e translação do orbe não destoam das suas diversas partes constituintes, que também se inserem em um fluxo. Heráclito intuiu a dinâmica mais íntima do universo ao revelar que tudo flui, que o mundo sensível é movimento.

Tanto é assim que o termo vibração em sua versão inglesa, hoje em dia, virou uma espécie de coringa linguístico. As pessoas tendem a falar que determinado local tem uma "vibe" boa, que remete à forma abreviada da expressão "*vibration*". O adjetivo se aplica, precipuamente, a pessoas ("aquele palestrante tem uma 'vibe' que contagia o auditório") e a situações ("passou a sentir uma 'vibe' positiva quando saiu do templo").

Para a Mecânica clássica, as vibrações seriam as oscilações sofridas por um corpo a partir de um ponto de equilíbrio. Tais oscilações podem ser tanto periódicas, como os movimentos do pêndulo de um relógio, quanto randômicas, tais quais a trepidação sofrida por um pneu de caminhão em uma estrada não pavimentada.

A física newtoniana explica muito bem a realidade material no mundo das dimensões médias, em que toda a matéria seria formada a partir de partículas elementares indivisíveis. O mundo à nossa volta seria efeito do movimento de corpúsculos, tanto na micro quanto na macrorrealidade.

Na Teoria da Cordas, todavia, tudo se explicaria pela vibração, que no caso assumiria um conceito vagamente análogo ao que verificamos no paradigma newtoniano. Conforme vimos, por esta teoria a natureza última de tudo o que existe seriam cordas vibrantes de dimensões infinitesimais, não detectáveis por qualquer tipo de equipamento ao alcance da tecnologia atual.

A depender da forma que tais cordas vibram, bem como de sua disposição em posicionamentos abertos ou fechados, são formados os mais de cem corpúsculos já detectadas nos aceleradores de partículas instalados ao redor do mundo, dos quarcks aos bósons (partículas mensageiras, que transportariam as forças dentro de um determinado campo), dos glúons aos léptons, cada qual com suas as características particulares, tais como massa, *spin* e carga magnética.

A matéria orgânica poderia, assim, vibrar em um eixo transversal, enquanto a mônada a ela associada, que a vivifica e lhe lega vontade e percepção, em um eixo longitudinal. Matéria e espírito unidos ou separados, por um imperativo evolutivo e cíclico, para que no transcurso da eternidade a centelha divina possa se reunir novamente junto à Consciência Cósmica Universal, ao Uno. É o filho que à casa retorna, com as mãos repletas de frutos.

São diversas as designações conferidas a Deus, inteligência suprema do universo de onde emana o princípio material e o princípio inteligente, a "Alma do Mundo" a que se referia Plotino. Matéria e espírito, cérebro e mente, *Ying e Yang*, todas versões de uma mesma dualidade, emanações que vibram em suas polaridades específicas.

A "vibe", esta gíria tão disseminada entre pessoas de todas as idades, possui, assim, uma razão de ser mais íntima – "a voz do povo é a voz de Deus", reza o conhecido ditado. A conformação última do universo não são as partículas, mas o modo e a intensidade pelas quais vibram. Através de frequências consonantes, surgem as afinidades. Também na Física mais tradicional, partículas e ondas tomadas isoladamente não fazem sentido: o que vem sendo objeto da pesquisa científica mais relevante são os efeitos causados por suas interações.

Ressonância e Afinidade

Dessa forma, relações interpessoais, interações entre humanos e animais, e até mesmo – na presença de certas condições especiais – conexões entre sujeitos e objetos específicos (um anel, um livro antigo etc.) passam a ser muito mais correlacionadas a conceitos tais como ressonância e afinidade. Conceitos que não dependem do tamanho das distâncias, ou de coordenadas temporais rígidas.

Percebe-se, assim, a aplicação do princípio da não localidade quântica não apenas às partículas, conforme já referimos, mas também à Inteligências, sejam encarnadas ou desencarnadas. Mesmo a uma distância considerável, no âmbito das três dimensões espaciais, e ainda que apartadas no tempo, duas mentes podem se conectar, o que traz uma nova perspectiva para os estudos psíquicos da interpretação dos sonhos. E um novo viés sobre a abordagem científica do fenômeno da comunicação mediúnica.

A mediunidade, todavia, não faz parte do objeto do nosso capítulo, que se cinge- a uma visão panorâmica do porvir, da linha evolutiva básica das mônadas, bem como a natureza e a finalidade da reencarnação. O que é importante destacar, neste ponto, é que a natureza vibracional das interações entre as consciências já era há muito destacada por pensadores orientais, o que reforça aquela velha locução latina: *Ex-oriente lux* (a luz vem do Oriente).

Destacam Johnson e Ord que "nas tradições orientais o corpo sutil costuma ser concebido como um certo número de invólucros, camadas, revestimentos, blindagens ou níveis de energia etéricos", e que devem ser direcionados, de forma consonante, "para a obra do amor e do serviço incondicionais".[6] Já desenvolvemos esse tema no capítulo "O que somos?", nos subitens acerca do quaternário inferior e a tríade superior, para o qual remetemos o leitor para uma releitura com base nos novos aportes do presente capítulo.

Assim, a vibração de ondas e partículas elementares, tão em voga na Física moderna, foi objeto de análise filosófica nas escolas iniciáticas do Ganges ao Nilo, na época em que se seguia rigidamente uma tradição oral. Posteriormente, durante a conquista romana do Egito, está tradição adquiriu a forma escrita – surgiu o *Corpus Hermeticum*, um conjunto de textos compilados entre 100 e 300 d.C. como resultado de um complexo sincretismo de crenças e rituais. Foram múltiplas as influências de várias civilizações do sudeste asiático, subcontinente indiano e região mediterrânea: o *Corpus Hermeticum* é uma obra de várias mentes e de diversos corações.

Nele, fala-se muito em vibração, pois cada ser no Universo pode ser medido pela frequência e intensidade de seu movimento oscilatório em torno de seu eixo. Esse princípio vibracional, referido no *Caibalion* e tratado de forma exemplar nos livros de Capra – o Tao da Física, em especial – refere diretamente a Teoria das Cordas, teoria que aqui retomamos para dar sequência a este capítulo.

Sabe-se que, em 1968, Gabrieli Veneciano estava estudando a Força Forte, buscando uma equação matemática adequada para descrever a matriz de espalhamento de partículas, após a colisão. Já vimos que a força nuclear forte compõe uma das quatro forças fundamentais do universo, conforme delineado pela física. Em sua pesquisa, ele se deparou com uma equação do século XVIII, relacionadas a vibrações de onda (função Beta de Oiller), cuja utilidade prática ainda estava em aberto.

Veja-se que na gênese da Teoria das Cordas também figura uma equação antiga, quase hermética.

Não obstante o entusiasmo inicial, a hipótese entrou em crise em meados dos anos 80, em função da imprecisão das equações deduzidas a partir da equação inicial, setecentista, que dava margem a diversas propostas de solução para a natureza mais elementar da matéria-

-energia. O caráter de cientificidade exigível para que a Teoria das Cordas obtivesse um *status* acadêmico estava em risco, pois os filamentos são tão reduzidos que não podem ser mensurados pelo método cientifico ortodoxo, eminentemente experimental. Por outro lado, a matemática que lhe dava sustentação teórica tornou-se imprecisa com o aporte de novas variáveis, que lhe trouxeram instabilidade.

Coube a um inglês, Edward Whiten, a unificação das diversas teorias, criando a teoria M, a teoria das membranas, que dá a feição atual da Teoria das Cordas. Por essa teoria, admite-se a existência de ao menos onze dimensões que se interpenetram. Um desenvolvimento posterior da Teoria M preconiza, inclusive, a existência de universos paralelos em uma quantidade incomensurável.

Segundo a sua concepção, haveria muitas Branas, espaços multidimensionais em justaposição em um todo ainda mais abrangente. Nessa abordagem, não é difícil imaginar uma corda vibrante perpassando várias branas, tal qual o *sutratma* perpassa várias consciências, fagulhando em seu íntimo nossa centelha divina interior. Claro está que tanto as Branas quanto os filamentos infinitesimais correspondentes à sua menor constituição são indetectáveis aos nossos aparatos tecnológicos atuais: aqui, remetemos o leitor mais arguto aos meandros do princípio da incerteza, de Heisenberg, que nos é familiar desde o Ensino Médio.

Assim, cada um desses espaços multidimensionais em justaposição seria como pedaços de um tecido com cores e texturas singulares, todos atravessados por uma agulha – uma agulha divina – que os unisse por um fio. Ou, talvez, por uma corda vibrante muito delgada, enlaçando-os de tal forma que as interações pudessem se processar simultaneamente, em frequências e intensidades inimagináveis para quem estivesse com os sentidos mesmerizados por apenas um único pedaço de tecido.

É como referimos alguns parágrafos antes, a pesquisa ocidental tende a refutar alguns temas, e quando os admite tende a investigá-los de uma forma isolada de seu contexto maior, enquanto que nas Escolas de Pensamento Orientais percebemos o fio condutor a interligar tudo.

O intervalo entre vidas

Do que se viu até aqui, podemos imaginar os vários planos vibratórios em que se situam as consciências, no período que medeia uma encarnação e a seguinte. Isso para aqueles espíritos ainda sujeitos ao enlace periódico com a matéria. Em que consiste os complexos misteres cósmicos, para aquelas consciências já jungidas a um nível evolutivo sobre o qual apenas podemos especular – está fora de nosso campo cognitivo, como intuiu Kant ao denominá-las simplesmente de "arcanos da divindade".[7] Ainda no século XXI, falta-nos o léxico, a imaginação intuitiva de grande quilate ou mesmo elementos de comparação que nos permitam arriscar quaisquer palpites sobre as incumbências destes elevados seres da criação.

Já mencionamos nesta obra a "Teoria M", dos Muitos Mundos possíveis. Tal teoria foi equacionada por Hugh Everett III, ao propor que universos separados poderiam ser criados como desdobramentos dos eventos quânticos. Ele e o físico relativista americano Bryce Dewitt elaboraram, assim, o conceito de multiverso, plêiades de universos assemelhados ao que nos encontramos. Se a possibilidade é altamente controversa na física – como quase tudo que diz respeito à mecânica quântica – é, ao menos, corroborada por princípios herméticos multisseculares, referidos no *Caibalion*, bem como nos preceitos da pluralidade dos mundos existentes no kardecismo e na Teosofia.

Da mesma maneira que se cogita existir uma multiplicidade de universos materiais em interação constante, também se prevê a possibilidade de diversas dimensões em sobreposição. Façamos, aqui, portanto, uma visão panorâmica dos vários planos vibracionais que se sobrepõe nas proximidades da dimensão física, visível, de nosso planeta.

Propomos um olhar de viés para tal tema, pois não é objetivo deste livro discorrer sobre a vida nos planos espirituais proximais à Terra. Nesse particular, destacamos que já há uma série de obras que o fazem com competência e inspiração muito superiores do que seríamos capazes, como é o caso da coleção *A vida no Mundo Espiritual*, de André Luiz/Francisco Xavier, da qual o livro *Nosso Lar* é o mais famoso.

Na codificação trazida por Allan Kardec, o Capítulo VI do livro segundo reúne uma série de questão acerca da vida espiritual, ou seja, de como se situa a consciência – a mente imortal – no intervalo entre as reencarnações. Logo na primeira questão, afirma-se que ele poderá ser mais ou menos longo, e que durante as intercessões das existências físicas pode-se dizer que ficamos na condição de "espírito errante", no aguardo de uma nova experiência reencarnatória.

O termo "errante" é bem apropriado para o século XIX, quando o Livro dos Espíritos veio a lume, mas está um pouco datado para os tempos ora em curso. Ainda que não carreguem conotação pejorativa, pois haveria "espíritos errantes de todos os graus" (questão 225), mas pode trazer certa confusão àqueles que se acercam da doutrina kardecista pela primeira vez, pois induz a ideia de solidão extrema, de alma penada que erraria sem piedade, perambulando por lugares ermos e expiando os seus pecados.

Precisamos afastar essa interpretação. Os espíritos errantes, ou seja, aqueles "desligados do corpo material" não estão destinados, de forma categórica, ao insulamento. Quando Sócrates afirmou que o homem "é um animal político", estava se referindo à natureza gregária do espírito humano, que tende a reunir-se em sociedade. Tal tendência, inata ao espírito humana, atua estando este encarnado ou não. Dessa forma, as individualidades que não estão dotadas de organismo somático também tendem a se associar, a formarem sociedades.

Através da mediunidade extraordinária de Chico Xavier, informações mais detalhadas acerca da organização dos planos vibracionais aproximados de nossa dimensão física – e correlacionados à psicosfera da Terra, começaram, gradativamente, a circular. Não obstante, Swedenborg[8], e G. Vale Owen (*A vida além do véu*) já tinham feito referências à existência de coletividades organizadas de espíritos em seus livros, que precederam as próprias revelações de Kardec.

Nesse contexto, a referida série *A vida no mundo espiritual* é composta de treze livros reunindo memórias do Espírito André Luiz. No célebre *Nosso Lar*, que inclusive virou uma sequência de filmes, tem-se uma ideia aproximada de como vivem os espíritos desencarnados na outra dimensão, segundo a descrição do autor espiritual. A obra descreve o além-túmulo composto, também, de várias coletividades organizadas de forma urbana, as quais reúnem-se os espíritos de acordo com sua evolução moral. A vida se separa por faixas, de acordo com a "frequência vibracional" da matéria quintenssenciada lá existente.

Quanto mais "elevada" a frequência da vibração, mais sutil será a faixa em que se situa a urbe e mais evoluídos serão os espíritos que nela se encontram. Contrariamente, quanto mais "baixa" ela for, mais reduzida será a faixa vibracional e mais atrasadas as inteligências que se conjugam nessa coletividade. Do mesmo modo, dependerá da frequência vibracional a maior ou a menor sutileza das construções existentes no plano espiritual, sempre moldadas pelo poder da mente em função da maior plasticidade dos elementos construtivos, em todos os planos supramateriais.

Já destacamos que na moderna Teoria da Cordas tudo o que existe – a multiplicidade das partículas elementares, do bóson aos quarcks – seria em última análise o resultado da peculiar forma pela qual uma corda vibra. São cordas vibrantes de dimensões infinitesimais, não detectáveis por qualquer tipo de equipamento ao alcance da tecnologia atual, o fundamento último de matéria, energia e consciência.

A matéria inorgânica, tal qual uma bolinha de borracha, e o corpo físico de um gato que com ela brinca poderiam, assim, conservar todas as suas moléculas vibrando em um eixo transversal. Por outro lado, a mônada que vivifica aquele ser vivo e lhe outorga vontade e percepção – propriedades próprias de um animal superior, sob o império do instinto – vibrariam em um eixo longitudinal. Da consciência cósmica superior, da infinita mente divina, emanariam tanto o princípio inteligente quanto o princípio material, cada um com sua peculiar forma de vibração.

Dessa forma, alterações no ritmo, frequência e na polaridade desta vibração diferenciariam a alma humana da mônada do felino, dentro da progressão a que submete o princípio inteligente. No ponto, reiteramos que matéria e espírito seriam emanações desta mesma Consciência Cósmica Suprema. A junção periódica de ambas é imprescindível para a evolução anímica nesta etapa atual em que nos encontramos, em que muito do aprendizado se dá por contraste, como bem sumariza o conhecido ideograma do *ying/yang*.

Também pelo princípio da correspondência, podemos entender que a tendência é reproduzirmos enquanto encarnados – com as dificuldades inerentes à menor plasticidade da matéria grosseira de nosso plano material – estruturas existentes nas urbes espirituais de onde os espíritos mais evoluídos provêm. Velho princípio hermético preceitua que "o que está em cima é como o que está em baixo, o que está em baixo é como o que está em cima", afirmativa que inclusive explica alguns paralelismos e verossimilhanças entre o macrocosmo e o microcosmo. Porque, por mais incrível que pareça, às vezes fotografias trazidas por telescópios são análogas às aparências microscópicas de amostras simples. Uma seção de uma galáxia pontilhada de estrelas pode ser espantosamente semelhante a uma imagem que representa a miríade de microrganismos que habitam meio mililitro de água, coletada em uma fonte termal.

Muitas moradas na casa do Pai

Fazendo eco ao princípio da correspondência, temos ainda o ensinamento antigo de Manoel Philomeno de Miranda. Para o autor baiano, as almas, quando separadas do envoltório físico, reúnem-se em "conglomerados próprios, em sociedade mais harmônica ou mais atormentada, de acordo com o grau de evolução que os reúne por automatismo da afinidade vibratória". Assim, "nas faixas mais próximas da terra, a vida se apresenta semelhante ao que se conhece" de ordinário.[9]

A alusão às colônias espirituais no *Livro dos Espíritos* é indireta e rápida, aparecendo na questão 234, acerca dos mundos transitórios:

> Há de fato, como já foi dito, mundos que servem de estações ou pontos de repouso aos Espíritos errantes? "Sim, há mundos particularmente destinados aos seres errantes, mundos que lhes podem servir de habitação temporária, espécies de bivaques, de campos onde descansem de uma longa erraticidade, estado este sempre penoso.

Convém destacar, no ponto, que mais uma vez Kardec faz uso do termo errante[10]. Em várias obras da Codificação, a referência ao estado do Espírito entre duas vidas é chamada de erraticidade. Esse termo, volto a frisar, é pouco utilizado nos livros mais atuais, dando-se preferência às expressões "plano espiritual" ou "mundo espiritual".

Por outro lado, trechos como o cap. VIII, Segunda Parte, de *O Livro dos Médiuns*, intitulado "Laboratório do Mundo Invisível", e o cap. XIV, item 3, de *A Gênese*, são apontados por aqueles que se aprofundaram na análise das principais obras da codificação como indícios de que o codificador entrevia detalhes muito mais complexos, no que diz respeito à localização dos espíritos após a morte.

Como são graduais as revelações dos Espíritos Superiores à humanidade – as entidades superiores que conformaram as obras básica não poderiam, em meados do século XIX, falar livremente de comunidades de Espíritos organizados. Seria uma espécie de tabu discorrer sobre a estrutura social dos espíritos que aguardam novas reencarnações, mantendo coesão e afinidades. E mesmo entre aquelas pessoas mais permeáveis a essa ideia, seria difícil validar a concepção de que prosseguimos no caminho evolutivo ainda quando desprovidos de corpo físico.[11]

Como resultado da evolução planetária, muitos já possuem discernimento suficiente para não só se autodeterminarem nos instantes posteriores ao desenlace carnal, mas também para auxiliar os recém-desencarnados mais necessitados, aproveitando a proximidade dada por terem partilhado as mesmas coordenadas temporais e geográficas na última encarnação vivida no plano corpóreo. O próprio André

Luiz afirma ter ficado bastante desnorteado após o seu desencarne, indicando que a situação – retratada em filmes célebres, como *O sexto Sentido* e *Os outros* – é bastante comum.

Após ser encontrado por uma equipe socorrista em área de baixa vibração por residentes de uma colônia espiritual que legou seu nome ao livro (Nosso Lar), André foi socorrido e levado para tratamento em uma instituição semelhante aos hospitais do nosso plano físico, para estabilização psíquica e reestabelecimento do equilíbrio. Já refeito, descortinou-se diante de sua consciência um mundo palpitante, pleno de vida e atividades, muito distinto de uma existência de "eterna contemplação" advogada por alguns credos mais tradicionais. Constatou que os Espíritos desencarnados procedentes da Terra, assim como ele, passam por um estágio de recuperação e educação em diversos departamentos especializados, e aferiu a existência de instituições visando ao planejamento de novas reencarnações na Terra, para que aqueles que necessitem de uma rápida junção com a matéria possam ter um melhor aproveitamento da experiência, catalisando seu progresso intelectual e moral.

Também no livro *A Doutrina Secreta*, Helena Blavatsky nomina de plano astral a morada imaterial do espírito após o desencarne, região onde a vida é mais ativa e as formas mais plásticas que no plano físico e, portanto, mais moldáveis à influência do pensamento. O mundo das ideias de Platão, conforme sistematicamente estudado a partir do seu *Mito da Caverna*, representaria, neste contexto, uma coletividade bastante evoluída, em que a Ideia primordial do Bem seria o aspecto essencial a ser por todos cultivado.

Johnson e Ord, em seu livro sobre a Interespiritualidade[12], perguntam: "se o mundo espiritual é real, então como ele é estruturado?" E dissecam a questão, assinalando que contém "os mesmos paradoxos encontrados quando indagamos como nossa mente é estruturada". Para os autores, perguntas como essas carregam todos os enigmas sobre como poderia funcionar um campo quântico ou o mundo vibratório estruturado em camadas, camada sobre camada, previsto pela Teoria das Cordas. E assinalam que "a teoria M, desenvolvida com base na Teoria das Cordas, também prevê um multiverso construído com base em onze dimensões, com universos que poderiam estar próximos a nós, inclusive no aposento em que você está lendo esse livro". Os planos não se tocariam, "por causa da maneira como as cordas são presas", forma esta que ainda estamos muito longe de descobrir em função do tamanho infinitesimal dos filamentos.

A ciência estaria "apenas no estágio inicial de entender como esse multiverso poderia funcionar".[13]

Ou seja, não avançamos muito na compreensão dessa estrutura do microcosmo, desde que Jesus ensinou que havia "várias moradas na casa do Pai". De acordo com a compilação kardecista, as "várias moradas" possuem duplo sentido, designando, de um lado, os vários planetas que servem de abrigo para serem dotados de invólucro somático, ainda que muito mais sutil do que o corpo físico humano. E, de outro, os vários planos de vibração proximais ao mundo fenomênico em que nos inserimos, para os quais somos atraídos pela questão da afinidade, após a morte física e no intervalo das reencarnações.

A assertiva dos vários planos que se tangenciam, hoje de conhecimento corrente por todos aqueles que ousam desafiar a "ditadura do acaso" trazida pelo ateísmo militante, ou as crenças tradicionais daqueles que pregam uma interpretação literal do Velho Testamento, certamente era intuída por muitos sábios de eras pretéritas, ainda que nem todos tenham tido a oportunidade ou a coragem para externalizar o seu ponto de vista. Excluído o risco da fogueira inquisitorial (Giordano Bruno), da pressão da comunidade religiosa dominante (Baruch Espinosa), do riso de escárnio dos pares (Charles Richet) e do olhar de esguelha da comunidade científica (Ian Stevenson), houve momentos em que muitos filósofos e cientistas, aproveitando intervalos mais liberais, deram vazão as suas inquietações mais profundas. O próprio Kant, em seu História Geral da Natureza e Teoria dos Céus, indagou-se com as seguintes palavras:

> Diante da duração infinita da alma imortal, através da infinidade do tempo, que nem mesmo a sepultura interrompe, deve a alma permanecer para sempre ligada a esse único ponto do mundo-espaço, nossa Terra?[14]

Talvez fosse mesmo uma pergunta retórica, uma indagação que não poderia ser analisada em seus livros, através dos raciocínios habituais. Kant também tinha uma reputação a zelar, mas na parte final de *A Religião nos Limites da Simples Razão*, afirma que a Graça é obtida apenas por intermédio da aquisição, prévia, da virtude[15], que assim o antecede. E a virtude, ao menos as virtudes cardinais, sempre pressupõe a necessidade imperiosa de considerar o outro um fim em si mesmo, jamais um meio para as finalidades e objetivos a ele alheias.

Tal pensamento sobre a sistemática de coisificação do outro, hoje tão recorrente, já estava pronto para ser revelado ao mundo em finais do século XVIII. E emprestou estofo filosófico para a formulação jurídica do princípio da dignidade da pessoa humana, na verdade um sobreprincípio que se situa na base dos sistemas jurídicos contemporâneos, em qualquer sociedade que tenha atingido um grau civilizatório mínimo.

Já no que tange à ideia da reencarnação, como fator para a concretização da justiça divina e instrumento para aquisição gradativa das virtudes que nos fazem ascender a planos vibracionais mais elevados, o século XVIII certamente era prematuro. Ainda que no Oriente a realidade das vidas sucessivas fosse bem difundida, mostrou-se necessário o aguardo da codificação Kardecista do século seguinte, e o advento da psicologia Transpessoal e da pesquisa cientifica de vidas passadas, do século XX, para que finalmente a mensagem pudesse ser repassada de forma completa.

Na atualidade, uma pesquisa sumária na internet nos leva à assertiva, pontilhada por várias escolas de pensamento, que a aquisição das virtudes e a mitigação dos vícios são um processo contínuo que se dá ao longo das várias reencarnações, em que a nossa individualidade mais íntima se insere em contextos genéticos e ambientais diferentes. Que tais contextos, dentro do princípio da causalidade, também se dão em distintas coordenadas de tempo e lugar, dando ensejo a uma série de personalidades que têm como eixo comum à nossa essência espiritual. Essência essa que se modifica ao influxo das novas experiências, propulsada pelo livre-arbítrio e inserida em um contexto que é tanto determinístico quanto probabilístico, e que propicia o aprendizado e a evolução consciencial.

O olhar interior

As informações, os dados, as estatísticas e as evidências de que somos mais do que mera atividade metabólica passageira, se perdem em meio ao redemoinho de exigências do aqui e do agora. No século em curso, marcado pela emergência das redes sociais e da possibilidade de comunicação instantânea, não estamos avançando muito na análise e na compreensão de nossa própria essência. Direta ou indiretamente, repudiamos a informação mais instigantes sobre o âmago de nosso ser pensante, ocupando-nos com o transitório e o passageiro. Com o advento das redes, *games* e aplicativos, somos levados a cada vez meditar menos sobre as questões essenciais.

É como se só tivéssemos olhos para fora, para o ambiente circundante real ou imaginado. Aquilo que coletivamente aprendemos sobre a natureza humana mais íntima, e que já não se configura mais como um conhecimento hermético acessível somente a iniciados não recebe a atenção nem mesmo daquele pequeno percentual da população mundial dotado de maior nível de educação e potencial de apreensão intelectual. Permanece como uma sabedoria assistemática, algo mística, que ao contrário do paradigma científico não cresce de forma exponencial ao longo do tempo. Uma sabedoria que vem sendo assimilada de forma muito díspar, ao longo da sucessão dos séculos: um condutor de biga romana, filosoficamente falando, poderia ter uma integralidade consciencial bastante superior a um moderno piloto de Boeing[16].

Ao contrário das ciências da natureza, em que um novo modelo substitui o outro assim que passa a contar com mais aceitação da comunidade que pesquisa aquele campo específico, várias Escolas de Pensamento convivem de forma simultânea, trazendo hipóteses distintas e potencialmente válidas para prognosticar nossa essência. Um olhar mais atento, todavia, revela que há uma aproximação maior do que podemos supor à primeira vista no núcleo mais central de todas essas religiões.[17]

Os partidários da visão puramente materialista, com pouco mais de um século e meio, asseveram que é mera questão de tempo a ciência médica estar apta a isolar nas estruturas neuronais a sede da consciência, identificando-a pontualmente. E, ao descrevê-la em seus pormenores, desenvolver uma teoria de como esta é a gerada a partir das sinapses oriundas de uma determinada região cerebral.

Há, todavia, uma concepção mais antiga. E que descarta a ideia da consciência como um mero resultado do bater do coração e do transporte de nutrientes e oxigênio através das artérias.

Para essa concepção, a sede do pensamento é a alma, o espírito encarnado. A sua gênese, bem como as suas propriedades, difere muito entre Ocidente e extremo Oriente. A grande questão é que ainda não há um convencimento, por parte da maioria da população ocidental, da realidade espiritual que nos cerca. Da circunstância de que, como diziam os antigos "o ar se encontra repleto de almas". E, por atribuir essa hipótese para o terreno movediço da religião, negam ao temo o *status* de objeto científico que desafie um maior debate na Academia

Talvez a constatação de que os Espíritos não se constituem em seres à parte na atividade criadora da Consciência Suprema guarde implicações inconvenientes. A ideia de que sejam tão só as almas dos que viveram na Terra e a ela retornarão, mais cedo ou mais tarde, seja mais inquietante do que possa parecer, à primeira vista.

Para muitos, talvez seja mais cômodo e confortável imaginar o nada seguido de algo – um leve faiscar de consciência – sucedido novamente pelo nada. Pensar no vazio absoluto, seguido de uma cadeia de pensamentos, sentimentos e ações obtidas a partir de uma atividade metabólica limitada, a que se seguirá um sono eterno. Nesse breve intervalo, bastaria apenas maximizar o prazer e reduzir a dor, abstendo-se de quaisquer outras considerações metafísicas.

Não é a atividade metabólica a fonte da consciência, todavia. A morte nada mais é do que a desagregação celular dos vários sistemas orgânicos do invólucro grosseiro, que a alma acaba por abandonar após a experiência terrena, para que em outra oportunidade possa assomar um novo corpo.[18] As almas dos homens são, assim, nada mais do que espíritos momentaneamente reencarnados, o que dá uma nova dimensão para a conhecida frase bíblica: "do pó vieste, e ao pó retornarás".

Os vivos provêm dos mortos, e a recíproca é verdadeira.

Há espíritos de todos os graus de bondade e de malícia, plenos de sabedoria ou de tudo ignorantes, com maiores e menores graus de dependência das sensações e apelos da matéria mais densa. Os que nos são proximais, e em consequência mais fáceis de serem contatados, são geralmente atrasados moral e intelectualmente, não raro levianos e zombeteiros. Nesse ponto, é necessário um especial cuidado com os nomes ilustres que, eventualmente subscrevam mensagens psicografadas por médiuns iniciantes ou descuidados.

Tudo o que foi dito justifica, de um ponto de vista racional, a proibição de evocar os mortos constante do Velho Testamento[19].Nesse ponto, não podemos deixar de referir que se fosse impossível o contato interdimensional, a troca de informações entre inteligências encarnadas e desencarnadas, não haveria a preocupação em proibi-las.

Assim, a existência da proibição é um indício importante da existência de intercâmbio com os mortos em uma dada região e em determinada época, pois se existiu a vedação é porque existia a prática. É intuitivo que uma legislação que proíba algo tende sempre a surgir *a posteriori*, e não *a priori*, ou seja, age sobre uma dinâmica social em andamento.

Também Kardec desaconselhava o intercâmbio mediúnico para fins frívolos ou meramente materialistas, esclarecendo que Espíritos superiores não se envolvem nesses assuntos, tão ao agrado de Espíritos desocupados ou mesmo malévolos, ávidos por sugerir ideias suicidas ou lesivas à coletividade: matar alguém, incendiar o paiol, envenenar o poço da comunidade – a literatura é pródiga de exemplos de criminosos que se disseram induzidos por ideias estranhas, vindas sabe-se lá de onde. Não raros são aqueles que declararam na polícia, ou mesmo em juízo, que agiram sob um impulso duma verdadeira "possessão".

Daí, a máxima bíblica: "orai e vigiai".

E, de fato, existem homens de grande malignidade, o que vem a ser confirmado através de um estudo superficial das grandes tragédias da História, perpetrados por tiranos sanguinários e por membros do seu círculo de poder. Obviamente, a morte não depura a mente, livrando-a das suas tendências mais nefastas ou, nos espíritos menos atrasados, dos impulsos autocentrantes que tornam tão difícil a prática da caridade. Assim, o simples desencarne não faz de ninguém um indivíduo melhor ou mais puro, ainda que tenha "se arrependido" ao receber a extrema unção em seu leito de morte.

Assim, da mesma forma que um assassino em série tem que ser segregado para parar de seguir fazendo vítimas, uma espirito dotado de alta malignidade e potencial lesivo tem que ser encerrado, na próxima reencarnação compulsória, em um veículo físico com várias limitações para que este não possa ser instrumento da ação mental deletéria do espírito que o anima. Assim, pelo menos parte das reencarnações em corpos desprovidos de atributos essenciais, e que demandam cuidados por toda a vida, se dão dentro desse contexto.

Reencarnações desse jaez assumem, assim, um caráter preventivo, pedagógico (tanto para o ser reencarnante como para aqueles que detêm o ônus de cuidá-lo, na condição de pais ou tutores) e retributivo, como decorrência da lei do carma. Como afirmou o filósofo neoplatônico Jâmblico, em um dos raros excertos de suas obras que chegaram até nós, enquanto

> "que o homem define a Justiça a partir das relações existentes em sua vida atual e de seu estado presente; Deus a define relativamente a nossas existências sucessivas e à universalidade de nossas vidas", de forma que "não devemos duvidar de sua justiça"[20].

A reencarnação seria, então, uma das formas pelas quais a justiça cósmica se manifesta com o propósito de dar concretude às máximas de amor, perdão e caridade vaticinadas por Cristo. Máximas essas que restaram corroboradas por todos os grandes luminares que sucessivamente percorreram este mundo, na missão de esclarecimento e auxílio em nossa ascensão espiritual.

As questões sobre a "prova" da sobrevivência da alma e sobre a "verdade" da reencarnação

Feitas essas considerações sobre a lei do carma, bem como a justiça na reencarnação, podemos passar para uma análise dos seus principais indícios, classificando-os de acordo com o seu grau de convencibilidade em provas diretas ou provas indiretas.

Antes de falar em provas, é conveniente falarmos brevemente sobre "verdade" e sua posição relativa frente ao mundo manifestado. Por que a "prova" sempre se correlaciona com a percepção da verdade e da obtenção de conhecimento em um dado momento evolutivo, conforme nos indica a sequência das fases do método cientifico tradicional.

Neste ponto, vale destacar que a palavra Ciência deriva do latim "scientia" e significa justamente "conhecimento", dividindo-se didaticamente em ciências formais, ciências da natureza e ciências humanas. As ciências da natureza são aquelas que se voltam para objetos que têm existência concreta, como a biologia, a química e a física; as formais dedicam-se a temas desprovidas de existência concreta, como a matemática e a lógica; enquanto as últimas são aquelas que estudam aspectos relacionados ao agir humano.

Como o espírito é imaterial e é o responsável último pelo pensamento racional que perfaz a característica que nos separa dos demais reinos da natureza, o estudo da reencarnação situa-se fora do eixo médico-biológico que a ciência tomou como objeto de pesquisa. Abrange situações que escapam da apreensão os órgãos sensoriais, já que visão, tato e audição são impactados de forma direta tanto pelo fenômeno da quase-morte, que passaremos a analisar em seguida, ou da morte propriamente dita.

Conforme vimos nos capítulos anteriores, durante quase um milênio, o monopólio do conhecimento ficou restrito à Igreja, que, ao ditar as suas verdades – do Pecado Original à invenção do Purgatório –, relegava tudo que não era coerente com seu pensamento à condição de anátema, o que poderia levar à tortura e à fogueira.

Sim, a ideia da reencarnação era perigosa. Afirmar que o progresso é contínuo e que uma só existência é insuficiente para combater os vícios intrínsecos ao homem era um ato de coragem. O alto clero detinha a prerrogativa de ditar as verdades sobre a morte e o morrer, e teses alternativas eram sempre consideradas subversivas.

Dessa forma, a noção de um Deus tolerante e compreensivo, que concede ao homem o tempo que este necessita para sua elevação, recompensando-o à medida que se eleva, foi considerada inadequada. Tão inadequada que, em algum momento entre o primeiro Concílio de Niceia, em 325, e os dois concílios realizados em Constantinopla (381 e 553), a reencarnação foi deixada de lado, tornando-se uma doutrina herética[21]. Formou-se o dogma de que a alma era criada no momento da concepção, ou pouco depois, cada uma para um corpo físico singular, independentemente de ele perdurar por oito ou oitenta anos. E exigiu-se que todas as bulas papais supervenientes, os textos canônicos e do discurso dos clérigos adotassem esses dogmas, sob pena de processo e condenação.

Firmou-se aí a noção medieval de que estávamos definitivamente atrelados aos acertos e erros de uma só existência. Uma existência sórdida, bruta e curta, como haveria de ser declarado por Hobbes quase um milênio depois.

A ferro e a fogo, defenestrando pensadores como Orígenes e Aro, a igreja produziu um consenso e lutava para que esse consenso se mantivesse, a qualquer custo. Mesmo organizando cruzadas contra outros cristãos (cátaros, no século XIII) ou enviando pensadores para a fogueira em pleno *"Seicento"* (Giordano Bruno, queimado vivo no campo de Fiori, em Roma, em 1600), ilações teológicas eram admitidas apenas se estivessem em estrito acordo com a opinião majoritária de um conjunto de autoridades, os doutores da Igreja. E que, em um dado momento da história do catolicismo, arriscaram a quebrar o consenso até então sólido com a introdução no cânone oficial da Igreja do instituto do Purgatório, uma ideia já controversa em si, e que de certa maneira foi a semente para o fim do poder papal absoluto.

Idealizado ao longo da Baixa Idade Média como um destino temporário para aquelas almas que não fossem "boas ou ruins" o suficiente para céu e inferno, o instituto acabou por ensejar a corrupção desenfreada da venda das indulgências. De fato, conforme os historiadores da religião, a ideia do Purgatório teria sido inserida na doutrina oficial do catolicismo tão só no século XII, ou seja, 1200 anos após a passagem de Cristo pela Palestina[22]. Não há, vale dizer, nenhuma menção a algo similar no Novo Testamento.

De acordo com Richard Holloway, "a criação do purgatório foi um ato de misericórdia que subtraiu algum medo aos moribundos, mas a Igreja era fértil em corromper inclusive as suas próprias generosidades"[23]. Assim, o novo instituto foi rapidamente cooptado para aumentar a arrecadação eclesiástica com a venda da remissão dos pecados, uma sofisticação da ideia do perdão divino. No purgatório, os pecados poderiam ser purgados, mas o tempo para tal purgação – naturalmente longo – poderia ser abreviado pelas ações dos vivos, como orações e doações de patrimônio a mosteiros e igrejas realizadas por parentes enlutados. Aceleravam-se, assim, os trâmites para que a alma que restasse purificada pudesse entrar no reino dos Céus.

Havia uma exigência de coerência das novas proposições, que, longe de produzir uma mudança de paradigma filosófico, deveriam harmonizar-se com o discurso oficial – só há uma existência terrena, e ela irá definir se a alma irá para o céu, para o inferno ou, após o século XII, para o purgatório.

Ainda que fizesse a receita eclesiástica total multiplicar-se, o advento do purgatório feriu de morte uma das teorias aceitas sobre a "verdade" – a verdade por coerência. Holloway aponta que cardeais inescrupulosos transformaram "o Purgatório numa máquina de fazer dinheiro tão ultrajante que despedaçou a Igreja Católica"[24], abrindo caminho para a cisão da unidade cristã no ocidente – em 1054, já havia ocorrido a separação da Igreja Católica Apostólica Romana da Igreja ortodoxa Bizantina. Já em 1517, Martinho Lutero pregava à porta da Igreja de Wittenberg um panfleto, redigido em latim, denunciando a venda de indulgências como uma prática anticristã e incoerente com os ensinamentos de Cristo. Nascia o movimento protestante, que hoje se ramifica, oficialmente, em 345 credos distintos, integrantes do Conselho Mundial de Igrejas, número que concretiza a fragmentação que ainda hoje caracteriza o cristianismo.

Foi-se a coerência dogmática e, na sequência, o consenso foi perdido. Pouco a pouco, percebeu-se que o discurso era coerente até certo ponto, e foi majoritário por um período determinado, até que uma verdade medida por instrumentos mais capazes ou sustentada por argumentos mais racionais emergisse, ou, para usar o linguajar de Thomas Khun, até que se estabelecesse um novo paradigma.

A verdade sobre a reencarnação, em última análise, é metafísica, pois abrange fenômenos que não podem ser mensurados diretamente pela experiência dos órgãos sensoriais, justamente porque esses órgãos são impactados de forma direta pelo fenômeno do desencarne. É claro que há sensação após o término da atividade metabólica das células corporais, como indicam os relatos das EQMs de que já iremos tratar, mas tais sensações são percebidas de uma maneira inteiramente nova para a consciência que, até então imersa na matéria, experimenta um súbito desligamento corporal.

Ainda que seja metafísica, podemos nos aproximar de sua muito provável correlação com a ideia da Justiça Divina, através de uma série de raciocínios inferenciais. A concepção da verdade como correspondência, mais indicada do que a verdade por coerência ou por consenso no que se refere ao estudo cientifico, também abaliza a doutrina reencarnacionista como a mais próxima da lógica e da racionalidade que deve permear todo o raciocínio humano.

Hoje, a epistemologia como um todo adota a concepção de que o conceito de verdade não pertence às coisas em si, mas sim ao nosso pensamento, que se expressa pela linguagem. O que podemos julgar é a correspondência entre a *afirmação* sobre as coisas e o que captamos por nossos sentidos. Como diziam os pensadores clássicos, as coisas são o que são, o que pode ser verdadeiro ou falso é o meu discurso sobre as coisas. A teorias da correspondência perfaz uma correlação entre o discurso do sujeito e o estado do objeto, subsumível à linguagem – a maça é vermelha ou é verde. O que pode ser verdadeiro ou falso é o discurso, não a coisa em si.

Vejamos, então, quais são os enunciados com grande probabilidade de serem válidos que podemos propor sobre o tema da reencarnação, e que indicam o porvir. Em outras palavras, quais são as provas de que iremos experimentar uma outra experiência reencanatória? Quais são as evidências de que é altamente provável que nossa individualidade espiritual irá vestir um novo organismo somático e desenvolver uma nova personalidade, no longo prazo, como um imperativo evolucionista?

Standards de prova e evidências indiretas

Conforme veremos, a ideia da sobrevivência da alma se assenta em um volume muito grande de provas por inferência – ou seja, a espécie de raciocínio indutivo que se contrapõe à dedução.

Filósofos da ciência concordam que a metodologia indutiva não produz certeza absoluta sobre assunto algum, razão pela qual é preciso estabelecer limites a partir dos quais pode-se aceitar uma hipótese como válida. Os chamados *standards de prova* dizem respeito ao grau de confirmação que cada evidência coletada deve obter para ser considerada relevante, ou seja, para que, a partir dela, sejam feitas afirmações sobre determinado tema.

Como *standards de prova* poderemos ter a *prova irrefutável*, como os experimentos científicos que demonstram que no nível do mar a água congela a zero grau e entra em ebulição aos cens graus centígrados, a *prova acima de qualquer dúvida razoável*, usualmente exigida para que se desenvolvam aplicações práticas das descobertas em tecnologia – geralmente envolvendo esforços de equipes e investimentos milionários das empresas de milhares de acionistas – e, ainda, *prova clara e convincente*, que diz respeito à investigação de assuntos de alta relevância metafísica, como o nosso destino a longuíssimo prazo.

Na parte final deste capítulo, concentraremos nossa atenção nas provas relevantes, ou seja, capazes de levar a um estado de relativa certeza sobre os fenômenos investigados; bem como pertinentes, referindo-se ao cerne da controvérsia que se pretende examinar. Nas provas indiretas, o foco será naquelas que conduzem a ideia da sobrevivência da alma ao colapso do corpo físico, já que sem conservação da consciência, ainda que em grau alterado, não pode haver reencarnação. Nas provas diretas, que serão desenvolvidas em capítulo à parte, traremos o trabalho científico de Ian Stevenson, autor da maior pesquisa sobre reencarnação já realizada.

Conforme veremos, o conjunto de provas levantadas é confiável, preciso e variado, dotado também de grande abrangência – apurou-se um grande número de informações relevantes que confirmam o fenômeno, de forma independente. Há, também, notável concordância prática entre as evidências indiciárias recolhidas, por todo o mundo.

Nesse ponto em especial, gostaria de referir que as provas indiciárias são bastante comuns na pesquisa da reencarnação. No estudo da Teoria da Prova, nas Faculdades de Direito, costuma-se dizer que indícios têm como objeto não o acontecimento principal que se deseja descobrir, mas situação secundária imbricada com os fatos sob investigação. Enquanto que as provas ditas "diretas" recaem sobre o próprio fato controvertido – no caso, a existência de uma lei geral do renascimento –, implicando em uma ligação instantânea com os limites e o alcance desta lei, a expressão prova indireta é utilizada para referir à prova de acontecimentos diversos daquele que se pretende investigar. Pode-se falar, por exemplo na sobrevivência da consciência apartada do cérebro orgânico – que pressupõe uma condição necessária, mas não suficiente para a comprovação da reencarnação – e que perfaz, portanto, uma evidência indireta ou mediata da hipótese das vidas sucessivas.

Independentemente das várias classificações possíveis, as provas relativas a um suposto caso de palingênese, isoladamente considerado, procuram reconstruir um evento passado em determinadas coordenadas de tempo e lugar. Como se verifica do trabalho desenvolvido por Ian Stevenson, a pesquisa da reencarnação constituirá sempre uma construção linguística que toma por fundamento vestígios, marcas e impressões pessoais deixadas pela ocorrência fenomênica que se almeja investigar. A diferença entre provas diretas e indiretas repousa no grau, uma vez que aquelas são menos indiciárias do que essas, razão pela qual o raciocínio do pesquisador ao avaliar uma prova indireta é mais complexo, demandando, também, um maior esforço argumentativo quando da descrição do resultado de sua pesquisa.

Neste contexto, é bastante comum que, nos livros sobre a reencarnação, os capítulos que tratam da prova não se refiram apenas às evidências diretas da existência de uma lei de renascimento – lembranças trazidas por adultos em sessões de hipnose, ou memórias espontâneas em crianças corroboradas por marcas de nascença ou xenoglossia, conforme veremos a seguir – mas também às provas indiretas. Dá-se destaque ao efeito sinérgico dos vários indícios coletados e à circunstância de serem concordes e pertinentes. Para fins didáticos, as evidências poderão ser sistematizadas da maneira que apresentaremos a seguir.

a. Evidências indiretas da reencarnação: "revelações" mediúnicas posteriormente confirmadas

Conforme vimos, os indícios indiretos não sinalizam a realidade da reencarnação em si, mas demonstram o seu principal pressuposto, qual seja, a sobrevivência da alma ao colapso do corpo físico. A esse título, temos as experiências de quase-morte e os relatos mediúnicos fidedignos, como aqueles provenientes de Swedenborg e Davis, já referidos.

Se, conforme estamos analisando, a consciência precede a formação do cérebro material e sobrevive ao seu colapso orgânico, quando da cessação do metabolismo que mantém hígidas as estruturas cerebrais, para onde ela vai? Será que experimentaria um deslocamento quântico, tão logo liberada das amarras da matéria densa? Seria possível, em um momento posterior, a reunião de condições propícias para a comunicação entre a consciência desencarnada com outras, ainda correlacionada a uma estrutura somática inserida na dimensão física?

Para uma parte significativa da população mundial, independentemente da resposta para as três questões acima, que variam de cultura a cultura, essa comunicação se faria possível através da intermediação de um médium. Uma pessoa com faculdades específicas de psicofonia, psicografia ou vidência, dentre outras manifestações menos frequentes.

De que qualidade de comunicação e de qual veracidade de dados estamos falando? Aí, o tipo de mensagens varia do Alfa ao Ômega. O suíço Karl E. Muller, em seu livro clássico sobre a reencarnação[25], afirma que "a maioria das pessoas tem conceitos errados sobre o mundo espiritual, imaginando que seria proporcionado a toda pessoa medianamente bondosa e inteligente que morre conhecimento sobre qualquer problema"[26], em uma espécie de sabedoria instantânea. Comentando tal situação, destaca que o caráter, a moralidade e a cultura geral do recém-desencarnado não são alterados imediatamente pelo fenômeno morte, tanto que "as comunicações demonstram ser possível encontrarmos toda a gama de desenvolvimento espiritual, desde a total ignorância até a sabedoria das almas altamente desenvolvidas".[27]

Frisa, também, que o espírito recém-desencarnado não se recorda automaticamente das reencarnações pretéritas, uma vez que as informações acerca de tais experiências não ficam automaticamente disponíveis nos escaninhos da mente imortal. "Como regra, o conhecimento sobre vidas anteriores é recobrado de acordo com o grau de desenvolvimento espiritual atingido, ou como resposta ao desejo de compreender problemas pessoais envolvendo ligações cármicas".[28]

Como as interações mediúnicas, nessas circunstâncias, poderiam trazer alguma prova indireta da reencarnação?

Muller colaciona, em seu livro, uma séria de relatos, que pesquisou em depoimentos escritos constantes em jornais e periódicos europeus, concentrados principalmente nos cento e cinquenta anos que precederam a sua morte, em 1968. Refere-se a predições de futuros nascimentos por psicofonia, envolvendo, principalmente, pais enlutados pela perda de crianças em tenra idade, bem como situações de obsessão que encerram relações cármicas, que, por vezes, perduram por várias existências. Aborda, também, revelações de vidas passadas efetivadas por médiuns de boa reputação, geralmente em sessões mediúnicas. Tais revelações de identidades passadas, com fartos detalhes que permitem pesquisas com intuito comprobatório, geralmente são acompanhadas de divulgação de outros fatos íntimos, ou ao menos submetidos a um certo grau de confidencialidade. Por vezes, o levantamento do véu sobre um segredo antigo denota uma conexão com a existência atual, que era de desconhecimento do médium e dos participantes de uma dada sessão.

Alguns casos de predições de futuros nascimentos envolvem mães profundamente enlutadas, que recebem a informação de que o espírito que animava o filho morto retornará por meio de uma gravidez futura, ou mesmo já em curso. Neste particular, Muller cita o caso de Blanche Batista, falecida na cidade de Veneza, em 1902, e que avisou sua mãe que retornaria para o seio familiar em breve. Comovida, ela resolveu chamar o bebê que teve pouco depois também de Blanche, que logo passou a demonstrar conhecimentos e memórias da irmã falecida, inclusive canções cantadas por uma babá, em Veneza. Trazia, também, lembranças de gôndolas e canais, apesar da família ter se mudado de Veneza para Nápoles, antes de seu nascimento.[29]

Poucas situações causam tanto desespero no contexto de uma família do que a morte de uma criança. É a inversão da ordem natural da vida, aquela em que se cria a expectativa de que a partida de bisavós preceda a dos avós, a morte destes a dos pais, e assim sucessivamente. Neste ponto, a crença reencarnacionista não irá ser suficiente para extrair a dor, que precisará ser experimentada, mas poderá atenuar o desespero, mediante a noção de que a vida não cessa, o que cessa é a duração de um determinado sistema físico, atingido por doença, senilidade ou acidente.

Na questão 199 do *Livro dos Espíritos*, Allan Kardec aborda o tema, indagando por que, frequentemente, a vida se interrompe na infância.

Em meados do século XIX, quando a Codificação foi trazida a lume, a mortalidade infantil era incomensuravelmente maior do que a atual, mesmo na Europa ou na América do Norte. O progresso tecnológico, o controle das doenças infecciosas, o saneamento básico e as campanhas de vacinação em massa diminuíram muito o percentual de mortes na primeira infância, o que vem ao encontro da *Lei do Progresso*, a que nos referiremos mais adiante.

Crianças continuam morrendo em nosso tecnológico século XXI, como resultado de acidentes, violência e doenças ainda não controladas. Quando sobrevém o falecimento, a inconsolável família se vê sem qualquer tipo de sustento emocional. Os espíritos superiores que se fizeram presentes na confecção da obra básica do espiritismo kardecista, todavia, foram taxativos ao afirmar que "a curta duração da vida da *criança* pode representar, para o Espírito que a animava, o complemento *de* existência precedentemente interrompida antes do momento em que *de*veria terminar". Ademais, a morte em tenra idade, muitas vezes, pode constituir provação ou expiação para os pais, etapa pela qual eles, necessariamente, devem passar como um imperativo de suas próprias evoluções espirituais.

Por vezes, um planejamento cármico é interrompido por hábitos e vícios,[30] que terminam por consumir o corpo físico antes que o propósito reencanarnatório seja atingido, e é preciso um novo e breve mergulho orgânico para que o interregno necessário se complete. Nesses casos, o falecimento precoce também poderá resgatar um carma negativo dos membros do grupo familiar.

Haverá raras ocasiões em que a inesperada chegada de um bebê, como no caso de Branche, venha a fixar um recomeço tanto para o espírito que retorna quanto para a família que o acolhe pela segunda vez. Há, nesses episódios, uma frequente superação do desequilíbrio cármico preexistente, ou ao menos a mitigação dos seus efeitos mais deletérios, quando tal desequilíbrio está inserido em uma relação mais complexa, por vezes, se desenrolando ao longo de sucessivas reencarnações.

Questões bastante intricadas também emergem de sessões de desobsessão, deliberadas ou fortuitas. Situações de sujeição espiritual que encerram relações cármicas são bastante frequentes. Afirma Muller que, quando a causa da obsessão é o ódio, sua origem comumente remonta a alguma vida pretérita. Em suas palavras:

> O obsessor nesse caso declara que está se vingando ou ajustando contas de tribulações que lhe foram impostas na encarnação prévia. A cura de tais casos, pelos métodos espíritas, comprova a veracidade destes relatos, constituindo evidência da reencarnação.[31]

Muller afirma, também, que a obsessão por razões cármicas pode ocorrer em outras situações, não motivadas pelo ódio. Inácio Ferreira, que foi médico atuante em Minas Gerais, assinala, em seu livro, *A Psiquiatria em Face da Reencarnação* (publicado em 1955), que um grande número de casos em que o paciente estava obsediado não havia a intenção do obsessor em causar danos. Nas chamadas obsessões passivas, Ferreira narra que a entidade espiritual pode "mesmo desejar oferecer proteção, porém, devido a sua ignorância, apega-se à aura ou corpo fluídico da vítima".[32]

Revelações de vidas passadas trazidas a lume por médiuns de boa reputação também constituem indícios robustos do reingresso do espírito em um corpo orgânico, após a intromissão. Não raro, pessoas a que foram reveladas passagens de existências pretéritas, por médiuns do quilate de um Chico Xavier ou de um Divaldo Franco, acabam encontrando no seu próprio psiquismo elementos que confirmam a revelação.

O próprio codificador do moderno espiritismo, nascido Hippolyte Léon Denizard Rivail, teve revelada uma reencarnação significativa de sua trajetória por meio de uma sessão mediúnica, na casa das irmãs Baudin. O espírito Zéfiro, que se manifestava regularmente na família desde que esta residia na ilha de Reunião, na costa africana, já havia advertido seu chefe Émile-Charles Baudin de que haveria uma missão a cumprir, e que ele precisava estar em Paris para reencontrar seu velho amigo Rivail.

Com o declínio do comércio de café e açúcar entre a possessão africana e a França, Émile acabou retornando à capital, em 1855, local em que deu continuidade às sessões espíritas. Em uma delas, em que Rivail se fez presente, Zéfiro afirmou que ambos teriam sido contemporâneos na Gália, quase dois mil anos antes, durante a invasão de Júlio César naquele território. Rivail, naquela existência, fora um sacerdote druida de bastante prestígio, e nesta qualidade já acreditava tanto na existência de um Deus único quanto na reencarnação. Conforme consta do livro de Marcel Souto Maior, "naqueles tempos de dedicação ao ensino e à filosofia na sociedade celta, este era o nome de Rivail: Allan Kardec".[33]

Rivail adotou esse nome, pretendendo demarcar duas fases distintas de sua vida: a de educador laico, "autor de obras adotadas em escolas e universidades"[34] de seu país, e a de divulgador dos ensinamentos divulgados por espíritos de elevado saber, por meio de dezenas de médiuns de várias procedências. As mensagens que recebeu ao longo dos anos seguintes foram sendo compiladas, trabalhadas e analisadas com extremo empenho.

Também Léon Denis (1846-1927), espiritualista francês, afirmava ter recebido informações acerca de suas existências prévias através de vários médiuns, desconhecidos entre si. E salientou que, ao longo de sua trajetória, foram bastante frequentes as ocupações militares e religiosas, geralmente na forma de monge que se isolava para se dedicar à leitura e ao estudo de obras canônicas.

Por vezes, informações desse tipo são corroboradas em vários locais distintos e por pessoas diferentes, ao longo de décadas. Alguém a que foram reveladas situações muito peculiares durante os anos vinte, em uma sessão espírita na Inglaterra, recebe a confirmação daqueles dados na Austrália, ao final dos anos 50, para onde se retirara após a aposentadoria. Claro que é preciso confiança no próprio depoente, bem como no seu julgamento acerca da absoluta independência entre aqueles que participaram da primeira revelação e aqueles que a confirmaram, por vezes, em mais de uma oportunidade.

Não obstante, é preciso bastante cautela com afirmações do tipo "duas reencarnações passadas sua alma estava encarnada naquele que veio a ser conhecido por Henrique VIII". Ou, ainda, "você foi, nada mais nada menos, do que Ana Bolena em sua última experiência no mundo físico, e essas marcas de nascença ao redor do seu pescoço são reminiscências do corte feito pela espada do carrasco".

Ora, é preciso ser muito ingênuo para aceitar essas informações como genuínas, antes de uma profunda e sistemática investigação, em que é imprescindível a consulta a várias fontes idôneas.

É necessário desconfiar, sempre, de revelações advindas de sessões mediúnicas desprovidas de maior seriedade, pois o intercâmbio com o mundo espiritual não se presta à satisfação de mera curiosidade, para o elogio de si próprio, ou para a psicografia de mensagens frívolas. Ademais, a divulgação de tais "descobertas" como se verdades fossem, em um ambiente despojado de finalidades elevadas, acaba por contribuir para o próprio descrédito do fenômeno da reencarnação.

Na sessão mediúnica, a transmissão da mensagem entre os planos vibracionais se dá mediante a interconexão do perispírito do médium com o perispírito da entidade comunicante, o que permite a captação de pensamento e estados emotivos. A escolha das palavras para traduzi-los cabe ao médium, que, para tanto, faz uso de seu léxico e de seu acervo cultural. Ainda que o médium tenha boas intenções, pode ser alvo de alguma entidade espiritual zombeteira ou brincalhona, ou com interesse direto em sabotar o trabalho que se pretenda correto, inflando despropositadamente o ego de integrantes de um dado grupo mediúnico. Provavelmente, todos nós já tivemos existências como caçadores-coletores e agricultores, cuidadores de crianças, idosos ou enfermos; escravos e servos; soldados, artesões e outras ocupações simples, enfrentando a carestia, a violência e as intempéries sem nenhum tipo de protagonismo.

A história pregressa da humanidade é pródiga no relato de peste, fome endêmica, guerras generalizadas e cataclismos de todo tipo. Convulsões próprias de um planeta ainda primitivo, o que lega para a esmagadora maioria da população dos séculos precedentes tão somente a luta diária pela sobrevivência.

A ausência de *glamour*, portanto, é a tônica. Que ninguém se deixe enganar pela afirmação de que seria a encarnação atual de rainha, paxá, sultão, imperador ou duquesa, pois é enorme a probabilidade de que tenha experimentado, ao longo de sua inteira trajetória, uma sucessão de existências bem mais modestas.

b. Experiências de quase-morte

A expressão "experiência de quase-morte" (EQM), por sua vez, está associada a um conjunto de visões e sensações que acometeriam uma pessoa em situação de morte iminente. Refere-se, comumente, "a um evento no qual alguém é declarado clinicamente morto, mas é ressuscitado". Como regra geral, "a pessoa não apresenta pulsação e deixa de respirar por uma média de dez a quinze minutos, mas o estado pode durar até uma hora".[35]

Trazidos de volta à vida, os sobreviventes da experiência conseguem descrever com exatidão o que ocorreu quando estavam clinicamente mortos. Seus relatos costumam abranger tanto a "experiência do túnel", em que o depoente afirma ter atravessado estrutura comprida e luminosa, até uma projeção da consciência capaz de ser sintetizada como uma visita panorâmica a outro plano de vibração da matéria. Tais fenômenos são comumente relatados após a convalescença e a alta hospitalar, depois de o indivíduo ter sido declarado morto, mas reagir ao agente infeccioso ou à intercorrência que lhe levou a estado crítico, vindo daí a denominação EQM.

A neurociência tradicional defende que as EQMs reúnem características de alucinações surgidas durante o estado de coma ou perda de consciência profunda, em função da ausência de oxigenação no cérebro e dos elevados estresses físico e neurológico que acompanham o agravamento das funções orgânicas. Na última década, algumas pesquisas indicaram que o estímulo direto dos lobos temporais poderia ser capaz de induzir a sensação de uma presença mística. Foi apresentado até mesmo um aparato que recebeu a alcunha de "capacete de Deus", pois, de acordo com o seu criador, Michael Persinger, seria capaz de induzir experiências "espirituais" na grande maioria das pessoas que o experimentassem, bem como a sensação de sair do corpo e atravessar um túnel de luz.

Seja como for, as EQMs não são novidades de nossa civilização tecnológica e secular, pois relatos do tipo sempre acompanharam a evolução humana. Um dos seus registros mais antigos está contido no capítulo X do multicitado *A República*, de Platão, e refere o relato do guerreiro armênio *Er* sobre o plano extrafísico. Ele teria entrado no que hoje chamamos de "estado de coma", em decorrência dos ferimentos recebidos em combate, mas recobrou a consciência e o relato de suas memórias daquele limbo entre a vida e a "não vida" chegou até nós.

Também a tela "Ascensão dos abençoados", pintada em 1490 por Hieronymus Bosch – vale a pena uma rápida consulta à internet para observá-la – é associada por pesquisadores de experiências de quase morte a alguns aspectos recorrentes em EQM. O encontro com seres espirituais, uma visão de 360 graus maravilhosamente projetada pelo artista e a sensação de atravessar um túnel projetando uma luz intensa em sua extremidade reverbera os relatos clássicos coletados na atualidade.

A partir dos anos 60, aproveitando a brecha da abertura de pensamento trazida pela disseminação da filosofia oriental na Europa e nos Estados Unidos, realizou-se uma série de pesquisas pelos médicos Elizabeth Kubler-Ross (1967) e Raymond Moody (1975), resultando em livros de grande sucesso editorial, tais como *Sobre a Morte e o Morrer*, e, principalmente, *Vida depois da Vida*.

Neste livro, *Moody* afirma que "apesar da grande variação nas circunstâncias que rodeiam a proximidade da morte e no tipo de pessoas que passaram por ela", existiria "uma notável semelhança entre os vários relatos", de forma que se poderia "separar cerca de quinze elementos que reaparecem repetidamente na massa de narrativas" por ele coletadas.[36]

O tema continua a atrair atenção, de forma que, dos anos setenta até o momento em que este livro é publicado, foi feita uma série de pesquisas, entrevistas e tabulação de dados, nos Estados Unidos e na Europa. O livro *Evidência da vida após a morte*, que se concentra na análise das EQMs, sumariza seus resultados e elenca doze características que geralmente estão associadas a experiências desse tipo, a saber:

1. Sentimento de separação da consciência do corpo físico;
2. Sentidos aguçados;
3. Emoções intensas e quase sempre positivas;
4. Passagem através de um túnel;
5. Encontro com uma luz intensa ou um clarão;
6. Encontro com pessoas receptivas ou parentes e amigos já falecidos;
7. Sensação de alterações de tempo e espaço;
8. Recapitulação de vida;
9. Encontro de planos sobrenaturais;
10. Descoberta ou aprendizado de um conhecimento especial;

11. Encontro de um limite ou uma barreira;
12. Retorno ao corpo, de forma voluntária ou involuntária.[37]

Não é propósito deste livro aprofundar a análise da EQM, pois aqui a apresentamos tão só como indício que corrobora a preservação da consciência, após o colapso da estrutura orgânica. EQMs se referem ao fenômeno da desencarnação em si, que naturalmente é um pressuposto para a reencarnação, após um interregno em dimensão paralela, chamado período de intercessão.

Não obstante, é importante destacar que, na atualidade – a pesquisa dos Drs. Raymond Moody e Elisabeth Kubler-Ross foi realizada há cerca de cinquenta anos –, cientistas como o físico Roger Penrose e o anestesiologista Stuart Hameroff têm defendido que na EQM a alma e toda as informações quânticas que carregam se libertam da estrutura molecular orgânica e reingressam no cosmos. Segundo Hameroff,

> é possível que a informação quântica que constitui a consciência possa mudar para planos mais profundos e continue a existir puramente na geometria do espaço-tempo, fora do cérebro, distribuída não-localmente.[38]

Reitero que a EQM, por si só, não indica que a consciência apartada de um cérebro minimamente funcional irá, em um momento futuro, associar-se a um novo corpo físico. E isso porque o que a caracteriza são, justamente, o retorno ao corpo a que estava correlacionada e a renovação do acoplamento da consciência à mesma estrutura orgânica, que acaba por se reestabelecer. Não obstante, um estudo publicado na *Revista de Associação Psicológica Americana*, intitulado "Crenças Reencarnacionistas entre experenciadores de EQMs (tradução livre do original "Reincarnation beliefs among near-death experiencers") concluiu que a crença na reencarnação entre aqueles que viveram as EQMs parece estar relacionada a um conhecimento direto da reencarnação obtido diretamente da própria experiência, a partir de uma espécie de despertar para a dimensão não material da existência, bem como à exploração de percepções alternativas da realidade que se seguiram à experiência de saída do corpo.[39]

Após centenas e centenas de relatos, bem como o acompanhamento mais

minudenciado de casos verificados nas últimas décadas, a parte mais progressista da ciência vem admitindo que há algo inexplicável nessas experiências. E, embora timidamente, um número crescente de pesquisadores tem apontado que a nossa consciência existe independentemente do cérebro; que o tecido cerebral, em si, parece não reunir todos os predicados para justificar a consciência humana. Uma pequena fração de pesquisadores ousa avançar um pouco mais, sugerindo que o cérebro é tão só o veículo físico que a expressa quando estamos inseridos no mundo material, em um emaranhamento quântico com a matéria orgânica e suas cadeias de interação e retenção, ainda desconhecidas.

c. Genialidade precoce e crianças-prodígio

Paralelamente às EQMs, um indício indireto bastante robusto é a presença de genialidade precoce em crianças de tenra idade. Mais especificamente, a existência de crianças-prodígio com surpreendentes capacidades nas ciências exatas, no domínio abrangente de idiomas ou nas artes.

Em neurologia, atribui-se a designação "gênio" para aquelas pessoas que deram contribuições originais e de grande valor à humanidade em diversas áreas de atuação, da música à matemática, da linguística aplicada à arte figurativa, demonstrando criatividade e conhecimento incomuns. Podemos citar como gênios da área das ciências exatas Isaac Newton e Albert Einstein, citados neste livro em diversas passagens, enquanto que nas artes as personagens de Mozart e de Leonardo da Vinci são sempre lembradas como "pontos fora da curva".

Muitos gênios consagrados em suas áreas de atuação foram, também, espantosamente precoces ao demonstrar os seus dons. Assim, o termo "criança-prodígio" é utilizado para designar aqueles que apresentam um alto desempenho em alguma área cognitiva em particular, desafiando as concepções pedagógicas tradicionais. A precocidade, dessa maneira, seria o desenvolvimento de algumas faculdades e capacidades de maneira indubitavelmente prematura, em comparação a parâmetros estabelecidos no âmbito de um dado saber ou arte.

Como explicar esse fenômeno que, desde os primórdios da Humanidade, vem maravilhando pessoas de todos os continentes e de todos os estamentos sociais? Qual seria a razão pela qual, de tempos em tempos, surge um gênio infantil dotado de faculdades tão extraordinárias quanto inexplicáveis? Exemplos não faltam, contemporâneos ou passados, em todas as áreas científicas e culturais.

Para ficar com um caso da atualidade, tomemos os divinos dons musicais da inglesinha Alma Deutscher. Compositora de sonatas para piano e violino e peças para quarteto de cordas, ela já tocava maravilhosamente estes instrumentos em 2014, aos nove anos. Apelidada de *Little Miss Mozart* pela imprensa britânica, Alma cita como suas fontes de inspiração Mozart e Schubert, eles próprios gênios precoces.

De fato, Mozart já executava melodias ao piano aos três anos de idade, e suas primeiras composições foram elaboradas um ano depois. Sua primeira peça publicada foi escrita em 1761, quando contava com cinco anos. Aos doze, já havia composto dez sinfonias e se apresentava em várias capitais da Europa. Morreu de forma prematura, em 1791, e é considerado por muitos como o mais prolífico e influente compositor do período Clássico.

Schubert, por sua vez, começou a compor com sofisticação e refinamento na pré-adolescência. Quando morreu, aos 31 anos, havia produzido duas das mais vistosas composições da música orquestral do século XIX – as sinfonias *Inacabada* e *Grande em Dó Maior* – diversas peças para quartetos e quintetos de cordas e um impactante conjunto de mais de seiscentas canções.

Voltemos para o século XXI, aproveitando a oportunidade para abordarmos gênios musicais da atualidade, cuja atuação pode ser acompanhada no *YouTube*. Ao revelar o seu processo criativo, Alma declarou que com frequência as composições lhe chegam prontas, inteiras. "Mesmo quando tento fazer outra coisa, quando as pessoas estão falando comigo sobre algo totalmente diferente, ouço essas lindas melodias tocando dentro da minha cabeça", disse ela. "Às vezes pode ser uma voz cantando, ou um piano, às vezes um violino".[40]

Alma conta que, quando tinha nove anos, surgiu-lhe, em plena madrugada, uma série completa de variações para o piano em *Mi* bemol, que se posiciona um semitom acima da nota musical *ré* e uma abaixo de *mi*. "Acordei e não queria perder as melodias, então peguei meu caderno e escrevi tudo" – o que teria demorado mais de três horas. Meus pais não entenderam por que eu estava tão cansada de manhã e não queria me levantar!"[41]

Já na área das exatas, é bastante conhecido o caso de Blaise Pascal. Nascido na França, em 1623, foi filósofo e cientista célebre, apresentando genialidade precoce no trato com os números. Aprendeu geometria sozinho, antes dos dez anos, e aos doze escreveu um livro sobre sons e acústica. Aos 17, alcançou sucesso sem precedentes entre os matemáticos com o lançamento de sua obra *Essai pour les coniques*, atuando também como um pioneiro na área das probabilidades, noção fundamental para o entendimento da moderna física quântica.

Foi justamente com base em um argumento probabilístico que o filósofo Pascal concluiu que seria mais acertado apostar na existência de Deus, seja qual fosse a sua natureza, do que assumir uma postura que o negasse por completo. Sua tese é universalmente conhecida como "A aposta de Pascal", e pode ser facilmente acessada em ferramentas de busca na rede.

O irlandês William Rowan Hamilton (1805-1865), por sua vez, começou a falar hebreu aos quatro anos, e já o dominava inteiramente aos sete. Aos doze, falava também grego, latim, persa, árabe, sânscrito, siríaco, malaio, francês e italiano, ainda que tenha decidido estudar matemática em profundidade após perder uma competição de aritmética para outra menino-prodígio, Zerah Colburn, ainda em 1813. Em 1823, já era considerado o maior matemático da Grã-Bretanha, tendo desenvolvido trabalhos em mecânica analítica que se tornaram imprescindíveis para o estudo da mecânica quântica e a teoria quântica dos campos.

Diante desses casos de genialidade precoce em vários ramos da arte, ciência e cultura, a reencarnação surge como a hipótese mais plausível para justificar o acúmulo de tantos conhecimentos em um cérebro tão jovem. No caso, as células cerebrais atuam como receptores materiais da consciência, veiculando o pensamento emanado da mente imortal, essa sim detentora de dados e informações, a princípio esparsas, que vão se consolidando e sistematizando à medida em que a estrutura neuronal do cérebro amadurece. Na proporção em que a criança cresce, ultrapassando a primeira e a segunda infâncias, a puberdade e adentrando na adolescência, aprimora-se a interface das estruturas cerebrais com arquivos perispirituais por meio dos quais a genialidade emerge. Como bem afirmado por Hans TenDam, "o corpo, sistema nervoso e cérebro são andaimes incrivelmente complexos ao redor da autoconsciência em desenvolvimento".[42]

O mesmo autor, no segundo volume de seu *Panorama sobre a Reencarnação*, assevera que "as pessoas podem levar os seus talentos de uma vida para outra",[43] destacando que uma retenção de habilidade bastante incomum é a glossolalia, a aptidão para falar uma língua desconhecida de uma existência anterior, por vezes em processo acelerado de extinção.

Ian Stevenson escreveu um livro sobre tema similar, Xenoglossia, descrevendo dois casos em que uma personalidade intrusiva, inserida no inconsciente profundo da pessoa examinada, era trazida à tona por hipnose ou outro método assemelhado, comunicando-se em uma língua totalmente desconhecida por todo o grupo familiar.

O tema foge um pouco do objetivo deste tópico, que não poderia terminar sem uma pergunta estrondosa. Por que esses luminares não olvidam esses talentos, essas habilidades, esses conhecimentos profundos de composição musical, matemática e linguística em geral?

Podemos começar a responder a questão destacando que o esquecimento, por vezes, não é total. Em algumas circunstâncias, a missão de vida de individualidades que já lograram alcançar certos patamares evolutivos atravessa várias reencarnações, e lhes é dada a oportunidade de retomar seus temas aqui na Terra do ponto em que pararam, sem uma solução de continuidade.

E por que esquecemos?

Na Antiguidade Clássica, falava-se sobre o *Lethe*, um rio do Hades cujas águas teriam o efeito de provocar na mente de quem as ingeria o olvido das vidas passadas. Facilitava-se, assim, a encarnação futura, possibilitando a coexistência de desafetos de outrora em um ambiente próximo, quem sabe a mesma *polis*, ou a mesma família ampliada.

Por vezes, na intimidade do núcleo familiar mais restrito.

É preciso que espíritos próximos possam voltar a conviver. A convivência possibilita a superação do trauma, o perdão mútuo, a regeneração. Nossos ofensores precisam reparar seus erros para conosco, e nós precisamos corrigir os nossos equívocos com aqueles a quem, eventualmente, prejudicamos. Na posição de algozes, necessitamos resgatar os nossos débitos cármicos, e a melhor maneira de fazê-lo é remitindo-os pela moeda do amor.

Endereçando a um espirito afim ou a algum antigo desafeto a atenção material, a escuta empática e o auxílio a que nos furtamos doar em algum momento pretérito de nossas trajetórias em comum, restabelecemos o equilíbrio rompido e nos credenciamos a dar um passo adiante.

Assim, o transitório esquecimento dos conflitos que se sucederam em situação passada possibilita a convivência com os adversários das vidas anteriores, sem que a lembrança vívida de palavras ferinas, condutas condenáveis e agressões sistêmicas envenene em demasia a relação, tornando-a insuportável. Conforme salienta Hermínio Correa Miranda, "em cada existência que se inicia as memórias mergulham nas sombras do inconsciente, de onde só emergem muito raramente e quase sempre fragmentariamente, para que antigas dores não venham se misturar às novas"[44]. Dessa forma, aquilo que se manifesta em uma vida em curso, como uma antipatia gratuita por alguém, imotivada, pode ser tão só a parte emersa de um gigantesco *iceberg* de ressentimento e mágoa.

Graças ao véu do esquecimento, o conhecimento pormenorizado dos detalhes de uma relação conflituosa, ao longo do tempo, permanece inserido no inconsciente profundo, viabilizando a convivência minimamente aceitável com os demais integrantes de nosso grupo espiritual. Da convivência contínua, poderão emanar o acolhimento mútuo e o perdão recíproco, ainda que em casos mais graves a reaproximação venha a se dar ao longo de várias reencarnações compartilhadas.

Estabelece-se, assim, uma espécie de justiça restaurativa cármica, mediante uma construção coletiva de soluções para o equacionamento dos traumas e das perdas mutuamente infringidas, na trajetória comum de espíritos que se envolveram em um conflito de grandes proporções.

O esquecimento, todavia, pode ser mais ou menos intenso, mais ou menos seletivo. Os conhecimentos que conquistamos em existências pretéritas, por exemplo, ecoam na existência em curso, na forma de tendências e aptidões e, muitas vezes, se manifestam pela via da intuição. É ela, a intuição – uma espécie de inteligência do instinto – um fenômeno que só será adequadamente compreendido quando colocado em cotejo com o fenômeno reencarnatório.

Conforme vimos, por vezes, o domínio de uma dada área do conhecimento humano é tão intenso que acaba por irromper de uma forma irresistível, encontrando ressonância no cérebro em formação[45]. Não tarda para que a notícia dos feitos da criança-prodígio circule, carreando visibilidade para o espirito em sua nova encarnação.

Freud e a psicanálise demonstraram, ainda no início do século passado, que sempre há algo do passado repercutindo em nosso presente. Assim, espíritos que milenarmente se dedicam à música, as ciências exatas e à linguística aplicada encontram-se tão repletos dessas informações e tão psicologicamente envolvidos em seus meandros, que mesmo um pequeno estímulo pode fazer eclodir toda a sabedoria acumulada naquele nicho cultural específico.

Neste ponto, pode-se afirmar que não há evidências de que se possa herdar cultura musical de sua ascendência, geneticamente falando. A circunstância de se ter pais, avós ou um tio com conhecimentos básicos na área de excelência do espírito reencarnante funciona, no mais das vezes, como uma espécie de "gatilho" que faz os fenômenos e as revelações se sucederem, geralmente em um interregno curto.

E, não obstante o mapeamento do genoma humano, não foi isolado qualquer gene responsável pela genialidade. Também não foi indicada uma molécula de DNA que possa conferir características claras, no que diz respeito à inteligência inexplicável, à virtuose em si. A eclosão dessas manifestações de genialidade, por outro lado, funciona como catalisador para o aprimoramento geral da coletividade, principalmente na época em que as grandes descobertas eram realizadas individualmente, e não por meio de equipes altamente conectadas, como hoje.

Pesquisas históricas demonstram que vários sábios ilustres foram gerados de pais simplórios, sem quaisquer luzes intelectuais. O célebre enciclopedista francês D´Alembert foi recolhido na roda dos enjeitados de uma Igreja e criado por uma mulher simples, casada com um vidreiro. Também o estudo dos descendentes de grandes gênios nos leva à constatação de que raríssimos seguiram a senda de seus genitores, apesar das facilidades que poderiam obter a partir de um sobrenome festejado. Alguns, ao contrário, demonstraram um nível de imbecilidade de tal ordem, que chegaram a enfraquecer a imagem intelectual de seus pais.

A genialidade precoce seria, assim, a resultante de conhecimentos e experiências passadas solidamente consolidadas em diversas vidas sucessivas, em que se estudou, trabalhou ou pesquisou em determinada área das ciências ou das artes. Essa lenta e trabalhosa aquisição de habilidades, técnica e conhecimento também enseja uma sensibilidade profunda capaz de, sob condições especiais, tornar esse espirito agora reencarnado muito mais acessível às influências espirituais elevadas. Ao patrimônio cultural já obtido, erige-se uma espécie de “antena” para captar as contribuições que provêm de esferas vibratórias mais altas. Obtém-se, assim, um grande efeito sinérgico da soma daquilo que é de conhecimento próprio, já assimilado, ao que se encontra numa espécie de “nuvem” – os registros akáshicos inadmitidos à grande maioria, cujo acesso é apenas concedido em virtude do mérito e do esforço acumulados.

Naturalmente, gênios dessa natureza catalisam os aprimoramentos intelectual e artístico de todos os que os circundam. Pela *internet*, hoje o alcance é global. Você, caro leitor, pode consultar agora mesmo o canal no *YouTu*be de Alma Deutscher e maravilhar-se com as suas últimas criações musicais.

E por que os espíritos recém-encarnados não se esquecem dessas habilidades? É razoável fazermos algumas suposições. Poderá, por hipótese, o espírito possuir uma missão específica a cumprir naquela área, e o conhecimento latente que permanece disponível facilitará que as incumbências recebidas cheguem a bom termo. Se estivermos cogitando o encargo genérico de contribuir com a melhoria geral do planeta, pensemos naqueles reencarnantes que, além de trazerem as suas habilidades intelectuais na íntegra, possuam também uma elevação ética que lhe seja proporcional.

Quem sabe, nesses tempos em que há poucos fenômenos físicos realmente assombrosos – tais como mesas girantes da segunda metade do século XIX, materializações assemelhadas à do espírito Kate King frente ao pesquisador Croockes e, ainda, médiuns psicofônicos que se comuniquem em idiomas mortos com precisão e eloquência – esses gênios notáveis estejam a serviço da publicização do pensamento ampliado e da interespiritualidade, chamando a atenção das mentes mais materialistas para a dimensão anímica do ser humano. Dimensão cujo tempo não rói, que desafia Cronos e a própria entropia – entendida na Física como a tendência, verificada em um dado sistema, para a desordem e para a desconstituição.

Um exemplo vivo que nos leva a pensar "fora da caixa" é a trajetória de Greg Smith, uma virtuose com múltiplas habilidades.

Com menos de seis meses de vida, começou a falar. Ainda com um ano e dois meses, já era capaz de nomear toda a classificação e tipologia dos dinossauros, bem como resolver problemas simples de álgebra. Aos 2 anos, já lia e, por vezes, corrigia a gramática de adultos. Pouco tempo depois, decidiu não mais consumir os sanduíches da famosa rede McDonald's, como era costume de sua família, decidindo tornar-se vegetariano. Não obstante todo o *marketing* direcionado às crianças pelas redes de *fast food*, Greg tomou a sua soberana decisão aos cinco anos.

Ideias inatas? A persistência de uma decisão já tomada em reencarnação anterior?

Aos seis, era capaz de recitar trechos de livros de memória (tinha na cabeça a coleção inteira de Júlio Verne) e discorria com eloquência sobre diversos assuntos de várias áreas do conhecimento humano. A partir daí, no período de doze meses, o menino cumpriu sete séries escolares (da segunda à oitava), entrando para o Ensino Médio aos sete anos, no Orange Park High School, na Flórida, e decidindo dedicar-se às ciências exatas.

Aos treze, recebeu seu diploma de graduação *summa cum laude* em Matemática, na Randolph-Macon College, em Ashland, Virginia. Mestre em Matemática aos 16 anos pela Universidade de Virginia[46], obteve um PHD em biologia computacional e, em 2020, desenvolvia tratamentos individualizados para o câncer, como um pesquisador da Escola de Medicina Monte Sinai, em Israel. Também foi indicado para o Nobel da Paz, em função de suas iniciativas em prol da conciliação entre as superpotências.

A ciência tradicional não tem uma explicação para a genialidade precoce, principalmente quando tal genialidade se espraia por um espectro amplo de conhecimentos, tal qual o caso de Greg. É reconfortante, todavia, verificar que esse menino – hoje um homem de 30 anos –, não tenha direcionado seu espantoso QI de 186 pontos para o mercado financeiro, campo em que poderia tornar-se milionário em poucos anos, operando derivativos complexos. Ao contrário, Greg investiu na solidariedade, colocando seus múltiplos talentos no enfrentamento de uma das doenças mais letais para a humanidade.

Ainda as evidências indiretas: ideias inatas e o déjà-vu

Apesar do *marketing* agressivo direcionado às crianças pelas empresas de alimentação, Greg tomou a decisão de não mais consumir sanduíches da rede McDonalds aos cinco anos – cinco anos! – mantendo-a desde então.

A postura adotada bem demonstra a intensidade com que algumas ideias inatas se instalam em nosso psiquismo, o que no caso dos gênios precoces já modela a vontade, desde os primeiros anos de vida.

No diálogo *Mênon*, Platão já dizia ser necessário um acoplamento periódico da alma com o envoltório físico. Ainda que o texto não detalhe as razões, o desenvolvimento posterior da filosofia reencarnacionista sinaliza que tal conexão mente-matéria é imprescindível para que seja propiciada uma evolução sistêmica, levando em conta os vários planos que se interpenetram. O espírito, nas tantas vezes em que se vincula a um determinado corpo, recebe as informações e os desafios do mundo sensível; e nas diversas oportunidades em que está em intercessão, no mundo espiritual, experimenta a oportunidade de contemplar as coisas em si. Naturalmente, fará essa contemplação com mais ou menos sabedoria, levando em conta o tipo de vida que viveu e a espécie de frequência energética que sintoniza.

Já no *Fédon*, Platão avança em suas proposições. Sustenta que, devido ao ciclo morte e renascimento, muito do conhecimento disponível no mundo sensível e no mundo inteligível já foi assimilado por um espírito mediano, de forma que aprender seria, na verdade, uma espécie de recordação – uma reminiscência de certos valores e de várias espécies de conhecimento contemplados por nossa alma antes da encarnação atual.

Nesse diálogo famoso, Platão coloca Cebes e Símias como interlocutores de Sócrates, que espera o momento de execução da sentença capital com esperança e serenidade. Ele lhes diz: "As almas existiam antes de assumir a forma humana, independentemente dos corpos e eram dotadas de inteligência"[47]. Em alguns casos, elas podem reter o conhecimento, ainda que este não fique disponível em um nível consciente. Nesse diálogo, Platão, através da personagem Sócrates, intui a descoberta do Inconsciente, só descrito cientificamente no início do século XX, ao indagar que

> se adquirimos este conhecimento antes do nascimento e o perdemos por ocasião do nascimento, para posteriormente, graças aos nossos sentidos, recuperar o conhecimento de que tínhamos posse anteriormente, não seria aquilo que chamamos de aprendizado a sua recuperação gradativa?[48]

Viver seria, assim, uma espécie de aprendizado pela repetição de experiências semelhantes, ainda que embrulhadas em circunstâncias e coordenadas espaço-temporais diferentes, o que ensejaria uma assimilação melhor das lições. Assim, posturas que revelam um amadurecimento precoce de valores (como o vegetarianismo manifestado por Greg) podem revelar, por vezes, a persistência de certas resoluções adotadas em vidas anteriores, a que o espírito já reencarnado permanece fiel.

Essas reminiscências, todavia, nem sempre se traduzem em conhecimento útil, mas também em padrões de pensamento mais ou menos rígidos, a depender de quão estava arraigada uma crença ou doutrina no psiquismo do reencarnante. Não raro, um jeito de falar ou de caminhar, o uso de expressões inusitadas, ou até mesmo a exteriorização de preconceitos ou receios anacrônicos poderá parecer um *déjà-vu* aos membros mais velhos da família que acolhe o reencarnante, que nele percebem ecos do passado: os meneios, o linguajar e as idiossincrasias de um ancestral há muito falecido.

Já salientamos ser relativamente comum que algumas reencarnações se deem no seio do mesmo grupo familiar, para resgates e aprimoramentos coletivos que permitam a todos os envolvidos retomar a senda da evolução. Já vimos que um dos principais motivos do esquecimento momentâneo das vidas passadas é a viabilização do convívio estreito entre dois ou mais seres espirituais que precisam se perdoar, eliminando – ou ao menos atenuando – um desequilíbrio gerado a partir de uma série de encontros conturbados.

De acordo com os espíritos superiores que participaram da codificação[49], as ideias inatas são vagas lembranças de conhecimentos adquiridos em outras existências. Podemos dizer que não apenas reminiscências de conhecimentos antigos, mais ou menos nítidas, podem estar abrigadas nessa expressão, mas também padrões de comportamento há muito sedimentados. Hábitos inexplicáveis, às vezes anacrônicos, também entram pela porta larga do inatismo.

Por outro lado, por vezes, traços da personalidade antiga afloram na nova. Dessa forma, alguém que teve a sua infância marcada por um episódio protagonizado pelo avô, e, muitas décadas depois, ao tornar-se também avô, vivencia situação idêntica protagonizada por um neto, pode perceber aí um padrão de conduta muito sutil. Aguçando a sua percepção, passa a somar aquela situação a outras, vistas ou relatadas por outros parentes, e a tirar conclusões. Conclusões que, certas ou erradas, ao serem publicizadas, trazem inquietação e, por vezes, contribuem para abalar crenças religiosas mais tradicionais.

Também aqueles que percebem nos descendentes traços, tiques e padrões análogos àqueles de cinquenta ou sessenta anos atrás, que marcaram familiar há muito falecido, talvez venha a perceber que dita "coincidência" dificilmente pode ser creditada, de forma exclusiva, à genética familiar.

São mais comuns do que se pensa constatações como as que colacionou a seguir, travados na intimidade familiar:

> Fulano tem um jeito de falar igualzinho ao do meu tio-avô, morto há 40 anos. Usa as mesmas expressões, faz as mesmas caretas, imprime a mesma ênfase em algumas palavras. Exatamente nas mesmas palavras. Como é que sendo tão novinho, fulano usa essas expressões? "Carro-de-praça" ao invés de táxi ou Uber, "reclame" no lugar de propaganda, "brim-coringa" por jeans, e por aí vai... donde um menino de cinco anos, que só convive com jovens e crianças de sua idade, tirou isso?

O inatismo também se revela nos padrões mentais que se repetem, bons ou maus, e que são detectados pelas pessoas mais velhas da família do reencarnante, que tiveram contato com a personalidade que, pretensamente, foi a sua encarnação anterior. Em casos mais raros, todavia, pode se manifestar através do domínio de uma informação específica, única, que sequer o seu detentor consegue estabelecer de onde provém.

É digno de nota o breve caso relatado por Atkinson, em que um bibliófilo, visitando pela primeira vez uma livraria estrangeira, dirige-se a sessão de livros antigos, e comunica ao encarregado que deseja verificar se o estabelecimento ainda dispõe de uma obra rara e muito antiga, de certo autor menos conhecido. E passa a descrever o estado do volume, com uma mancha avermelhada na contracapa, um rasgão na folha de rosto, e uma dedicatória bastante esmaecida para uma dama cujo nome agora lhe escapa. Informa, inclusive, em qual estante e em qual canto se encontraria a obra, entre centenas de prateleiras abarrotadas de livros.

Transcrevemos as palavras de Atkinson, salientando que esse caso consta de livro escrito há mais de cem anos, em que, naturalmente, a sua localização em bibliotecas e livrarias constavam de fichas catalográficas privadas, que não entravam no domínio público.

> Procurou-se no lugar indicado, sem encontrar esse volume, o qual foi encontrado em outro lugar, na mesma livraria; mas um velho assistente afirmou que, muitos anos antes, o dito livro estivera colocado no lugar indicado pelo visitante, donde depois foi mudado para o lugar onde atualmente se achava. Um exame do volume demonstrou uma perfeita correspondência, em todos os pormenores, com a descrição feita pelo visitante estrangeiro[50]

Identificar em uma descendente uma característica particular, pessoalíssima, ostentada por sua avó ou bisavó várias décadas antes poderá parecer um *déjà-vu* – literalmente "eu já vi" – em um observador mais atento. Já o *déjà-vu* clássico possui um escopo mais abrangente, e teve um papel importante como evidência indireta da reencarnação no passado. Atkinson, em seu livro escrito em 1908, indaga:

> quem não viu cenas novas que lhe pareceram velhas, muito velhas? Quem não encontrou pela primeira vez pessoas, cuja presença despertou lembranças de um passado que está em algum século remoto?[51]

O viajante do início do século passado deveria experimentar uma grande impressão ao chegar a uma pequena cidade medieval, nunca visitada, cujos prédios parecessem-lhe estranhamente familiares, a ponto de que o recém-chegado, estupefato, pudesse adivinhar os contornos arquitetônicos da rua que se descortinava à frente, antes mesmo de dobrar a esquina. Também encontros com desconhecidos em que presente uma misteriosa e instantânea simbiose, a ponto de parecer ser possível até mesmo a leitura do pensamento, ocupavam os relatos de livros entre meados do século XIX e o período pré-internet de finais do século XX.

Essas experiências eram muito mais presentes do que se imagina, e estão assentadas nas páginas de grandes nomes da literatura – de *Dickens*, narrando seu (re)encontro com uma ponte romana, a *Maupassant*, depondo acerca de instantâneas simpatias ou antipatias com desconhecidos. Todos esses monumentos, objetos e pessoas lhes pareceram estranhamente próximos – para o bem e para o mal.

Por vezes, experiências de *déjà-vu* levavam à descoberta de peças nunca vistas até mesmo por moradores antigos de um prédio multissecular, o que envolvia corredores escondidos, portas cimentadas ou túneis secretos que conduziam a riquezas enterradas. Não raro, a algum esqueleto emparedado, no melhor estilo de Poe.

Livros antigos sobre o tema da reencarnação são pródigos em histórias desse tipo, com maior ou menor grau de confiabilidade. O fato, todavia, é que nossa civilização da imagem, em que abundam descrições e fotografias dos mais variados ângulos de tudo, potencialmente apta a atrair interesse, acabou por relativizar o valor dessas evidências na atualidade.

Com a profusão e o detalhamento de imagens e vídeos existentes nas redes sociais, permitindo uma antevisão do objeto ou da pessoa com quem ainda não se travou o contato, as experiências de déjà-vu perderam relevância. Permanecem, no entanto, fascinantes quando encontradas em escritos antigos, principalmente quando a estatura moral dos autores deixa pouca margem para insinuações de ingenuidade, mistificação ou fraude.

CINCO

Lembranças de vidas passadas

"Penso que alcançamos uma era de transição em nossa sociedade. É preciso ter a coragem de abrir novas portas e admitir que nossos instrumentos científicos atuais são inadequados para muitas destas novas investigações."

Elisabeth Kubler-Ross, em prefácio ao livro Vida depois da Vida, de Raymond Moody Jr.

Apresentados os sinais indiretos da reencarnação, estamos aptos a analisar, agora, aquelas evidências mais imediatas. Evidências que, como veremos, exigem um maior esforço argumentativo dos céticos para descartá-las.

Aqui, a ciência experimental poderia fazer bom progresso, caso se interessasse por um campo de pesquisa desafiante e inovador. Memórias espontâneas em crianças, por exemplo, foram o objeto de trabalho de uma vida para o cientista Ian Stevenson, e regressão hipnótica para fins terapêuticos é um tema sempre presente em conferências e encontros da psiquiatria. Ambos os fenômenos podem ser catalogados como indícios imediatos ou diretos da hipótese da reencarnação.

Em algumas situações, a investigação das causas de fobias ou de disfunções nos relacionamentos passa pela análise de fatos ocorridos na primeira infância, mediante o uso de técnicas de hipnose. Com o desenvolvimento dessas técnicas e a popularização do método, verificou-se que, por vezes, o paciente regredia à fase fetal, e para além dela. As possibilidades daí decorrentes acabaram por descortinar um vasto campo de pesquisa, ainda indevassado.

Mas há, ainda, outro indício mais inquietante.

Por vezes, memórias inexplicáveis assomam crianças de tenra idade. De forma repentina, elas começam a referir experiências incompatíveis com o seu cotidiano atual, a mencionar nomes de pessoas e de cidades que pesquisas posteriores confirmam realmente existir, e até a entoar canções inéditas e antigas, estranhas ao grupo familiar e ausentes da programação de TVs e canais de *streaming*. Mais assombroso – por vezes, tentam estabelecer comunicação com recursos linguísticos sofisticados, em um idioma desconhecido pela família.

Quando essas memórias são acompanhadas de marcas de nascença compatíveis com as lesões referidas pela criança como causa da sua morte na encarnação anterior, a verossimilhança das afirmações fortalece-se. Atento à soma sinérgica dessas evidências, o psiquiatra canadense e professor da Universidade de Virgínia, Ian Stevenson, tornou-se o mais renomado cientista a se debruçar sobre o tema das recordações infantis.

Em busca de respostas que pudessem ser cientificamente comprováveis, dedicou quase cinquenta anos de estudos ao tema da reencarnação, das memórias espontâneas de crianças à xenoglossia, de técnicas de tabulação de dados obtidos em entrevistas familiares a marcas físicas de nascença. Apenas um de seus livros, *Crianças que se lembram de vidas passadas*, reúne informações de mais de dois mil casos de recordações espontâneas de existências pretéritas na primeira infância. Tabulando e cotejando os dados como etapa preparatória de uma análise meticulosa, à semelhança do que já havia realizado em seu clássico *Vinte casos que sugerem a reencarnação*, Stevenson aponta consideráveis semelhanças entre essas narrativas e os dados verificados junto à suposta família da vida passada – permitindo uma didática sistematização dos pontos em comum.

Ao realizar a sua pesquisa, o Professor faz uso de uma metodologia usada há séculos para a apuração da verdade dos fatos: o sistema inquisitivo. Realizou, pessoalmente, um sem-número de diligências com testemunhas das declarações e parentes do reencarnante, para averiguar a veracidade dos dados que chegaram até o seu conhecimento. Agiu como um verdadeiro inquisidor, questionando cada evidência e promovendo até mesmo acareações entre depoentes que divergiam acerca dos detalhes dos acontecimentos investigados.

Obteve, assim, um documento detalhado sobre todos os elementos existentes em cada um dos vinte casos, sujeitando-o a qualquer reelaboração posterior; ou seja, qualquer um que duvidasse da correção do procedimento poderia refazê-lo, seguindo os passos que precederam a conclusão pela veracidade da experiência.

Em *Crianças que se lembram de vidas passadas*, o cientista não só descreve as características únicas e peculiares de quatorze casos que pesquisou em detalhes, mas também levanta conexões entre eles e seus estudos pregressos. Estudos que abrangem a quase totalidade do tema investigado, definindo as áreas geográficas de maior incidência das memórias e realizando a identificação de comportamentos-padrão da criança e a resposta usual do grupo familiar.

Eventualmente, a pesquisa aponta uma correlação entre a descrição da morte na vida anterior e as marcas de nascença trazidas pelo corpo físico que se apresenta na existência orgânica atual.

Pergunta-se, aqui: essa forma de pesquisa, semelhante ao inquérito policial presente em grande parte dos países modernos, não é uma forma consagrada de apurar dados e informações? Não vem sendo uma forma, inclusive, de aplicação de penas privativas de liberdade, podendo em casos extremos ensejar até mesmo uma pena capital? Não é à toa, portanto, que uma pesquisa séria e honesta acerca de todas as circunstâncias de uma experiência, tais quais as coletadas por Stevenson, pode ser considerada um indício direto da realidade da reencarnação, mormente quando o fenômeno se dá no Ocidente, nos países tradicionalmente mais refratários a essa hipótese.

Isso porque, nas tradições culturais da Índia e do sudeste asiático, o ambiente é mais propício para que crianças pequenas sejam estimuladas a dar vazão às suas memórias mais expressivas. No Ocidente, costuma ocorrer o contrário, e mesmo casos significativos, por vezes, são abafados pela família.

Não é difícil adivinhar as razões. A divulgação de relatos inexplicáveis resta obstaculizada por uma moral religiosa judaico-cristã com pouca abertura para o novo, ou por circunstâncias particulares dos pais e avós da criança portadora de memórias instigantes ou perturbadoras. Também poderá haver preconceitos velados – ou mesmo explícitos – contra uma crença que até pouco tempo entendia-se ser predominantemente "asiática", com toda a carga pejorativa que o termo trazia na primeira metade do século passado. Ou, ainda, o receio de que a família possa ser acusada, pela opinião pública, de oportunismo e falsidade, e que objetivaria tão só o ganho financeiro propiciado pela súbita fama, com a publicação de livros e a participação em *talk shows*.

Vejamos, brevemente, algumas ocorrências pesquisadas por Stevenson, no campo das memórias espontâneas em crianças.

Memórias infantis: três casos catalogados por Ian Stevenson

1. As irmãs Pollock

Apesar das maiores dificuldades de levantamento de dados no Ocidente, Stevenson e sua equipe mapearam vários casos na Europa e nos Estados Unidos. Um dos casos mais emblemáticos é o das gêmeas inglesas Pollock[1], que viviam na pequena localidade de Whitley Bay, às margens do Oceano Atlântico. Em um domingo de 1957, Joanna, onze anos, e Jacqueline, seis, dirigiam-se à Igreja pouco antes de seus pais para garantir assentos perto do púlpito. Ao dobrarem uma esquina, uma carruagem com cavalos desenfreados as atropelou, matando-as instantaneamente.

Não obstante o pesar e o luto, seus pais esforçaram-se para repovoar o lar, e as gêmeas Gillian e Jennifer nasceram em 4 de outubro de 1958. Aos três anos, quando finalmente começaram a falar, a família notou acontecimentos muito estranhos: elas eram capazes de lembrar eventos passados da vida de suas irmãs mais velhas, falecidas ano e meio antes.

Reconheciam as pessoas da pequena cidade, chamando-as pelo nome. Embora fossem gêmeas, Gillian se comportava como mais velha e adotava um comportamento protetor em relação a Jennifer, que aceitava o papel de irmã menor. De fato, Gillian recordava detalhes da existência de sua irmã Joanna, morta aos 11 anos, enquanto Jennifer lembrava da trajetória de Jacqueline, falecida aos seis. Colocavam nas bonecas e bichos de pelúcia existentes na casa os mesmos nomes dados pelas falecidas, sem saber da coincidência. Também possuíam uma espécie de fobia a estar em lugares abertos quando veículos estavam próximos, e, por mais de uma vez, seus pais as escutaram comentar o acidente, descrevendo a dor e o desespero das golfadas de sangue projetando-se de suas bocas.

Havia, também, especificidades que eram coincidentes nas falecidas e nas gêmeas. Joanna era bastante esguia, como Gillian; enquanto que a constituição mais atarracada de Jennifer combinava com a de Jacqueline. As diferenças eram aparentes, apesar de Stevenson ter apontado que as gêmeas eram monozigóticas e, portanto, quase idênticas do ponto de vista genético.

Apenas Jennifer possuía marcas de nascença: Stevenson apontou em sua pesquisa que havia uma mancha arredondada de coloração marrom-escura no lado esquerdo da cintura de Jennifer, mesmo local em que havia marca semelhante no corpo de Jacqueline, referente a um pequeno acidente doméstico.[2] A investigação também apontou que ninguém mais na família Pollock possuía marcas de nascença semelhantes.

Como acontece na maioria esmagadora dos casos, à medida que as gêmeas cresciam, passaram a reduzir as menções às irmãs mais velhas, até o eco dessas memórias cessar inteiramente. Quando Stevenson as conheceu na Inglaterra, já na casa dos vinte anos, as gêmeas disseram que não se lembravam de nada sobre os fatos que causaram tanto alarde em sua infância. Afirmaram ter aceito a crença de seus pais de que eram suas irmãs mais velhas reencarnadas, e não pensaram mais no assunto.

2. Um caso emblemático no Rio Grande do Sul

Outro caso interessante pesquisado por Stevenson, que integra a coletânea de que trata a sua mais célebre obra, *Reencarnação – Vinte Casos*, ocorreu no interior do Rio Grande do Sul, mais especificamente na pequena localidade de Dom Feliciano[3]. Envolveu uma moça da comunidade local chamada Maria Januário de Oliveira, conhecida como Sinhazinha.

Corria o ano de 1917, e a moça padecia de intensa solidão na fazenda em que morava com a família. Por duas vezes, interessou-se por rapazes que seu pai não aprovou, e um dos seus pretendentes chegou a suicidar-se. Para distrair-se, visitava periodicamente a Vila de Dom Feliciano, onde usufruía da amizade de Ida Lorenz, esposa de Francisco V. Lorenz, homem culto, professor do distrito.

A tristeza tornou-se depressão, e Sinhá passou a definhar com rapidez. Assustada, a família franqueou-lhe uma viagem à cidade de Pelotas, onde passou o Carnaval. Descuidada, saía na chuva e expunha-se à umidade, vindo a contrair grave infecção nos pulmões.

Acamada, confessou a Ida Lorenz que queria morrer, e que buscou voluntariamente contrair uma pneumonia. Mas disse à amiga que gostaria de retornar como sua filha. Faleceu em outubro daquele ano, aos 28 anos.

Onze meses depois, em 14 de agosto de 1918, Ida Lorenz deu à luz uma menina, Marta. Quando a criança contava com 2 anos e meio, começou a falar sobre fatos da vida de Sinhá com uma riqueza de detalhes impressionante, o que levou Francisco a registrá-los por escrito. Falava muito na fazenda, manifestando intenso desejo de visitá-la, mas seu pai só a levou na propriedade de Oliveira quando ela completou 12 anos, ocasião em que já tinha deixado de falar sobre a vida de Sinhá.

Stevenson entrevistou Marta em 1962, quando esteve em Porto Alegre. Ela ainda mantinha lembranças vívidas de acontecimentos sucedidos com Sinhá, em especial os últimos episódios de sua vida, naquele outubro de 1917, e a crise respiratória que culminou na sua morte.

De ampla utilização para a pesquisa foram as anotações deixadas pelo pai de Marta, falecido anos antes. Francisco registrou que quando a menina Marta contava episódios da vida de Sinhá, começava o relato com um "quando eu era Sinhá...". Costumava dizer, também, "quando eu era grande...".

Para fazer o cotejo dos dados, Stevenson entrevistou outras nove pessoas em sua visita ao Rio Grande do Sul, inclusive irmãos de Marta e uma irmã ainda viva de Sinhazinha, Dona Moça Antonieta de Oliveiro Costa, nascida em 1893. As dificuldades que enfrentou para fazer as entrevistas, que ensejaram deslocamento e estadias em Taquara e Dom Feliciano, ainda no início dos anos sessenta, bem demonstram a seriedade que o psiquiatra sempre imprimiu à sua pesquisa. Seu trabalho obedecia a um ritmo metódico e contínuo, com as informações sendo permanentemente checadas e confirmadas, o que, por vezes, levava à necessidade de uma verdadeira acareação entre as testemunhas, na busca do esclarecimento de alguma circunstância que lhe parecesse relevante.

Stevenson anota, de sua conversa com o irmão mais velho W. Lorenz, que tanto Sinhá quanto Marta possuíam uma aversão doentia a sangue, o que era de se estranhar no interior rural do Rio Grande do Sul do século passado, com suas tradições no abate e no consumo da carne bovina. A fobia manifestada por Marta, segundo seu irmão, era sem igual na família Lorenz. Por outro lado, pessoas entrevistadas em Dom Feliciano, que conheceram Sinhá, diziam que a moça, ao ver qualquer cena em que houvesse sangue, ficava sensibilizada em excesso.

Há, portanto, o caso em que duas irmãs que morreram de forma simultânea teriam reencarnado em gêmeas, pouco depois da tragédia, e a narrativa de uma jovem melancólica que – prevendo sua morte iminente –, pôde predizer seu renascimento na intimidade de uma família próxima a que muito estimava.

Para finalizar este tópico, separamos um relato, também objeto da pesquisa de Stevenson, de nascimento com cicatrizes correlacionadas à morte violenta, causa do término da existência imediatamente anterior.

3. Marcas de nascença e *causa mortis*: o caso de Ravi Shankar

Da Índia, da cidadezinha de Uttar Pradesh, perto de Kampur, Stevenson colheu o relato da reencarnação de Ravi Shankar[4]. O pesquisador relata que, em janeiro de 1951, um menino conhecido em família como Munna, com seis anos, teve a sua cabeça decepada por parentes distantes, que pretendiam herdar propriedades do pai do garoto, um homem chamado Sri Jageshwar Prasad. Os suspeitos foram presos. Embora um deles tenha confessado o crime para a polícia, houve retratação da confissão no âmbito judicial, e os homens foram soltos em semanas.

Alguns anos depois, o pai de Munna teve notícias do nascimento de um menino, em uma localidade próxima, o qual desde que começara a se expressar declarava, estranhamente, ser filho de Sri Jageshwar, do distrito de Chhipatti. O inusitado dessa situação é que a criança dava numerosos detalhes de sua morte, citando, inclusive, os nomes dos assassinos, o local da decapitação e outras minudências da vida e da morte de Munna, às quais não teria acesso na já superpopulosa Índia do final dos anos cinquenta.

O menino morto, em sua nova reencarnação, chamava-se Ravi Shankar, filho de Sri Babu Ram Gupta, e sempre pedia aos pais diversos brinquedos que ele afirmava possuir em sua casa da vida anterior. O fenômeno, pela abundância de detalhes e pela proximidade das localidades das vidas passada e atual, foi muito debatido por habitantes de ambas as cidades, de modo que um professor de Ravi Shankar, Sri Shi-ram Mishra, investigou o assunto com mais profundidade. Afirmou ter escutado do menino uma versão completa acerca de sua própria morte, aos 6 anos.

Quando o pai do Munna assassinado teve notícias da pesquisa do professor, entrevistou-se com ele e dirigiu-se à residência de Sri Babu Ram Gupta, para colher mais informações, principalmente detalhes que pudessem levar à prisão definitiva dos assassinos. O pai de Ravi Shankar, todavia, manteve-se refratário a qualquer contato, temendo que o filho fosse levado para Chhipatti, mesmo porque o menino falava constantemente de recuperar seus objetos da vida anterior.

Não obstante, a mãe de Ravi Shankar cedeu aos apelos de Sri Jageshwar, e permitiu o encontro do homem, ainda enlutado, com aquele tido como seu Munna reencarnado. O menino pôde, então, reconhecê-lo como seu pai da vida anterior, e também relatou fatos interessantes e confirmatórios da vida de Munna, inclusive revelando-lhe o nome dos seus matadores. Forneceu pormenores do seu assassinato, que confirmavam parte do que havia sido levantado no inquérito policial e corroborava os detalhes constantes da confissão de um dos matadores.

O menino não tinha como ter tido acesso às minúcias da investigação do local do crime, perto de um rio que sequer conhecera, e das circunstâncias em que foi localizada a cabeça decepada.

O que é singular, nesse caso, é que Ravi Shankar possuía, acompanhando a circunferência do pescoço, uma marca contínua similar à que se originaria de um corte profundo com arma branca. O sinal congênito já havia chamado a atenção de todos por ocasião do nascimento, dadas as suas características pouco usuais. Por mais estranho que possa parecer, quando Ravi Shankar falava sobre a referida cicatriz, espontaneamente dizia que foi originada dos ferimentos praticados pelos seus assassinos da sua vida anterior.

Não há como aprofundar as minúcias dessa história no espaço deste livro, que não se destina a uma exposição detalhada de cada caso de reencarnação. O que se pode dizer é que, mesmo em um país culturalmente permeável a essa hipótese, o pai de Munna não conseguiu a condenação dos assassinos, ainda que o caso tenha sido reaberto. Por outro lado, a busca pelas palavras "Ravi Shankar "e "reencarnation" na *internet* levará o leitor interessado ao detalhamento da ocorrência, que ainda repercute motivada pela ampla documentação realizada por Stevenson.

A postura pessoal de Stevenson e de seu sucessor Jim Tucker

Conforme já referido, tanto esse caso como o ocorrido no interior gaúcho integram a mais conhecida obra de Stevenson. Não podemos deixar de apontar o raciocínio cientifico que permeia o livro já na escolha do título original em inglês, *Vinte casos que sugerem a reencarnação* (*Twenty Cases Suggestive of Reincarnation,* no original). As situações estudadas, apesar de sua contundência, aparecem como sugestivas da possibilidade de reencarnação, vale dizer, como evidências de um fenômeno provável, mas não comprovado de forma peremptória. Não há, aqui, a assertividade de quem almeja construir um *best seller* lucrativo, ou a convicção própria dos credos religiosos que apresentam seus preceitos como se dogmas fossem, sem qualquer possibilidade de debate. O tom adotado por Stevenson em todas as suas obras revela a pesquisa científica séria que o médico canadense imprimiu em sua atividade – bem como uma metodologia apropriada ao seu objeto e um controle efetivo das variáveis envolvidas – naquela fronteira entre ciências formais e factuais em que o método experimental clássico encontra os seus limites.

Ainda que pessoalmente tenha se convencido da veracidade do fenômeno da palingênese – as entrevistas que deu no final de sua vida são claras nesse sentido – Stevenson adota uma postura investigatória ao propor uma hipótese científica, mediante o estudo pormenorizado de várias centenas de casos ao redor do globo, além dos vinte que selecionou para a sua obra mais conhecida. Pelo que se depreende da parte introdutória, as duas dezenas que restaram eleitas o foram não só em função de suas peculiaridades, mas também por possuírem fontes mais propensas à checagem por aqueles que desejassem conferir a veracidade da pesquisa, refazendo as suas etapas.

A investigação de Stevenson, falecido em 2007, vem tendo continuidade no trabalho de outros cientistas, dentre os quais se destaca Jim Tucker, professor de Psiquiatria e Ciências Neurocomportamentais na mesma Universidade de Virgínia. Segundo Tucker[5], 70% das crianças que apresentam alguma provável lembrança de vida anterior trazem a memória de uma morte violenta, e tais memórias afloram entre dois e seis anos. Tendem a desvanecer-se em períodos posteriores, quando passa a existir também uma maior resistência em relação à abordagem do assunto.

Pensamos que tais resistências podem ser justificadas pelo próprio esmorecimento da lembrança causada pelo advento da consolidação da reencarnação atual, que se dá por volta dos sete anos. Também a pressão social do meio em que inserida a criança assume um papel de grande importância: a ideia da reencarnação, apesar de ser multimilenária, ainda não é aceita sem reservas no Ocidente, e chega a ser hostilizada em certos meios culturais. Assim, ultrapassada a primeira infância, eventuais memórias remanescentes podem ser até mesmo bloqueadas, para fins de aceitação de seu portador na escola, em entidades esportivas e em diferentes contextos sociais.

Tucker tem dado continuidade à pesquisa de Stevenson, focando-se mais nos casos ocorridos na América do Norte. Destaca que as crianças investigadas conseguem, usualmente, fornecer detalhes suficientes a permitir que seja identificada a personalidade assumida na existência anterior. Raramente famosa, e na esmagadora maioria dos casos totalmente desconhecida pela família atual, a personalidade anterior segue o padrão habitual: pessoas comuns, existências ordinárias, sem *glamour* ou fama. Também relata que, em aproximadamente vinte por cento dos casos que vem investigando, as crianças carregam marcas de nascença ou deformidades que se ajustam às descrições do local do ferimento da morte. Em entrevista à *UVA Magazine*, concedida em 2015, Tucker afirmou:

> Eu entendo o salto que é preciso ser dado para concluir que há algo que transcende o mundo físico visível e tangível. Mas há evidências que precisam ser levadas em conta, e quando nós olhamos para esses casos com cuidado procurando explicações, a existência de algum tipo de transferência de memórias costuma ser a resposta mais razoável.[6]

Nessa entrevista, Tucker afirma que a física quântica vem indicando que o mundo físico que nos rodeia pode, de certa forma, emanar da nossa consciência. Salienta que essa visão não é só sua, mas também de um grande número de físicos teóricos modernos que, não obstante suas suspeitas, não se sentem confortáveis para fazer declarações públicas, uma vez que a proposição não é passível de ser confirmada com os instrumentos à disposição da metodologia científica tradicional. Ainda que se tenha popularizado a associação da física quântica a uma espécie de bazar místico que tente a englobar muita pseudociência – por vezes, fraudes descaradas –, Tucker afirma que esse ramo da Física pode proporcionar pistas para que a reencarnação seja mais bem compreendida.

Em seu livro *Retorno à Vida*, lançado em 2015, ele formula uma hipótese que envolve os preceitos da física quântica e a mecânica da junção cérebro-mente, e que pode ser sumarizada em quatro pontos principais:

1. A física quântica já apontou que, nos mais elementares níveis constitutivos do universo, eventos que envolvem nanopartículas ocorrem de maneira diversa da que ocorreriam quando inseridas em contexto de observação pelos pesquisadores, ou seja, na presença de alguma consciência humana;
2. Tal situação estaria sugerindo que as transformações da matéria derivam da consciência, e não o contrário, uma ideia antiga que vem ressurgindo entre os cientistas. Ideia que era aceita pelo próprio Max Planck, um dos precursores da Física moderna;

3. Se a consciência molda o mundo material, não é dele dependente para existir. Consequentemente, não depende integralmente de um cérebro funcional, tal qual estudado na neurologia clássica, para atuar no universo;
4. Assim, é possível supor que a consciência não só subsiste ao colapso celular do cérebro, como também preexiste a um novo cérebro que irá ser formado para subsequente conexão física, possibilitando novas experiências e aprendizado progressivo. Tal aprendizado se dá em diversas coordenadas temporais e geográficas, seguindo a estrutura cíclica tão comum no Universo observável.

A grande dificuldade, Tucker admite, é a comprovação dessa hipótese por meio do método cientifico aplicado as ciências da Natureza. O cânone tradicional pressupõe a passagem por etapas escalonadas e sequenciais: observação, problematização, formulação da hipótese, experimentação, análise dos resultados e sistematização da teoria.

Os obstáculos já aparecem na fase da observação, e são praticamente intransponíveis na etapa da experimentação. Para ficarmos tão só com a observação, podemos destacar que a esmagadora maioria da população não possui, em absoluto, memória espontânea de encarnação anterior que possa dar a ignição para as fases posteriores. E é justamente aí que reside, para os críticos, um argumento forte contra a hipótese reencarnatória.

Se já vivemos neste planeta antes, por que não nos recordamos dos acontecimentos mais marcantes dessa vida, assim como nos lembramos vividamente de nossa formatura, casamento e nascimento dos filhos? E essa indagação leva a uma outra, ainda mais contundente: "Por que deveríamos experimentar agora as consequências de atos ocorridos em outras vidas, se deles não temos sequer a mais tênue lembrança?

Tal questão vem sendo debatida nos capítulos anteriores, e será retomada com mais elementos no capítulo seis. Por ora, cabe encerrar a casuística das vidas passadas, mediante a análise de um caso atual, que deu ensejo a um livro – *A Volta* – de bastante repercussão em todo o mundo.

James Leininger e a morte no Pacífico

A Volta é o relato da infância incomum de James Leininger, menino americano que aos dois anos começou a sofrer com pesadelos recorrentes. Gradativamente, tornaram-se mais intensos e frequentes, em uma quase violência. James debatia-se e gritava, acordando os pais, Bruce e Andrea Leininger, quase todas as noites. Pouco a pouco, o casal passou a observar melhor o comportamento do filho e a registrar o que ele verbalizava durante os pesadelos.

Eram frases como *"o avião está pegando fogo! O rapaz não consegue sair de lá!"*, tudo em meio a um vívido e intenso sofrimento, como se a criança estivesse, ela própria, dentro da cabine em chamas.[7]

À medida que crescia e aprendia a se expressar melhor, James passou a transmitir informações detalhadas e sistemáticas daquela estranha experiência, e os pesadelos tornaram-se menos recorrentes. Demostrava um conhecimento incomum sobre aviões antigos, em especial sobre o *Corsair*. Não havia nenhuma razão plausível, o tema da aviação militar era indiferente aos pais e aos parentes próximos. Chegava ao ponto de conhecer denominações, modelos e especificidades da motorização de vários modelos do início dos anos quarenta.

Em um dado momento, o estranhamento da família aumentou: James passou a batizar os bonecos articulados que ia ganhando de presente com nomes que, descobriu-se mais tarde, serem de pessoas reais. Mais especificamente, passou a enunciar nomes e sobrenomes de marinheiros e pilotos que uma pesquisa posterior revelou que combateram os japoneses entre 1941 e 1945.

Aos três anos, o menino conseguiu fornecer a identificação exata de um navio, Natoma Bay. Pesquisando na Internet, seu pai constatou ser um pequeno porta-aviões que operou no teatro do Pacífico, durante a Segunda Guerra Mundial.

O mais inusitado de tudo é que ele citava insistentemente um nome em especial, o do piloto James Huston Jr., como se falasse de si próprio. Assinava seus desenhos como James III e, indagado sobre por que fazia isso, explicou que a razão não era o fato de ter 3 anos, como se suspeitava, mas sim porque era o "terceiro" James. Mais tarde, a família ficou sabendo da existência de James McCready, pai do piloto James Huston Jr., e que frequentara reuniões de veteranos da guerra do pacífico até a sua morte, em 1973. Buscava sempre informações sobre o que ocorrera com o filho, no último ano da 2ª Guerra Mundial.

De forma sistemática, Andrea começou a perguntar ao filho os nomes completos de amigos de Huston, e James acabou por citar de forma clara o nome "Jack Larsen", que revelou-se ser também um veterano da campanha contra os japoneses. Depois de pesquisas em arquivos militares e contatos com diversas instituições de ex-combatentes, Bruce e Andrea descobriram que Larson era realmente amigo próximo de James Huston, e que ainda vivia, no Estado americano do Arkansas.

Os Leininger contataram o veterano, que após um momento inicial de hesitação confirmou uma série de dados, relatando, inclusive, que Huston Jr. fora o único piloto do porta-aviões Natoma Bay a ser abatido em Iwo Jima e que ele, Jack, estivera voando na mesma missão. Pouco tempo depois, os Leininger receberam uma carta de Anne Huston Barron, então com 84 anos, irmã da personalidade que o menino recobrava com tantos detalhes. Disse que as informações trazidas pelo pequeno James sobre o núcleo familiar eram convincentes e verossímeis, e que muitas informações diziam respeito à vida privada de seu irmão, morto em 1945.

A partir daí, houve contatos com vários veteranos da Segunda Guerra, ainda vivos no começo do século XXI, de forma que as últimas horas de vida de James Huston Jr., atingido por fogo antiaéreo no porto de Futami-Ko, em Chichi-Jima, puderam ser reconstituídas. A história, pela riqueza de seus detalhes, ganhou repercussão mundial e James chegou a visitar o Japão, em 2006, convidado por uma produtora de televisão local.

De Tóquio, viajou mais mil quilômetros até o arquipélago de Ogasawara, em que se situa a ilha de Chichi-Jima. Juntamente com seus pais, participou de uma cerimônia de homenagem ao piloto perto da Welcome Rock, "grande pedra na entrada do porto, na qual a aeronave de James Huston teria batido quando foi atingida e caiu"[8]. O impressionante é que a descrição que o menino fazia do local, ainda remoto ao tempo da visita, era bastante similar às memórias dos veteranos que serviram no Natoma Bay.

No porto de Futamiko, a família prestou suas homenagens em um ponto em que as testemunhas nos aviões que acompanhavam Huston disseram que ele havia afundado. James, então com 8 anos, chorou bastante, sentindo que era chegado o momento de se despedir de sua personalidade anterior, seguindo a sua trajetória na vida presente. Recentemente, uma entrevista na Fox News que pode ser pesquisada no YouTube, mostrava que James estava se apresentando como voluntário ingressando para o serviço militar na Marinha dos Estados Unidos.

Se nas crianças as lembranças são, comumente, espontâneas, nos adultos, a situação altera-se radicalmente. As memórias costumam ser induzidas, em sessões específicas no âmbito de terapia psíquica visando, principalmente, ao tratamento de fobias e outros distúrbios psicológicos. Estamos no campo da psicologia transpessoal e, mais especificamente, da *Past Life Therapy*.

Psicologia Transpessoal e TVP

A psicologia transpessoal vem sendo considerada por muitos como a "quarta força da psicologia", ao lado da psicanálise, da psicologia comportamental e da psicologia humanista. Idealizada por Abraham Maslow (1908-1970), para quem o ser humano necessitava transcender seu psiquismo individual, conectando-se a outras realidades mais abrangentes (realidades transpessoais), alcançou grande repercussão no Brasil, a partir dos anos 90.

Assenta-se na análise sistêmica dos campos de energia física, emocional, mental e espiritual do paciente, constituindo-se "no ramo da psicologia especializada no estudo dos estados de consciência", em especial "com a experiência cósmica, ou os estados ditos superiores ou ampliados de consciência"[9]. Ainda que não esteja necessariamente relacionada a religiões, dá grande importância à espiritualidade, a partir de uma perspectiva de conexão com o Todo. Preconiza um certo sincretismo teórico, ao abarcar de forma sistemática conteúdos de diversas escolas psicológicas, de Carl Jung a Viktor Frankl (logoterapia), de Carl Rogers (abordagem centrada na pessoa) a Stanislav Grof, passando pela psicologia integral de Ken Wilber. O idealizador Maslow costumava dizer que a psicanálise era excessivamente centrada nos aspectos sexuais e patológicos da natureza humana, fazendo-se necessária uma nova abordagem que levasse em conta a abertura consciencial trazida pelo movimento da contracultura dos anos sessenta.

Assim, a psicologia transpessoal tem por objeto o estudo da consciência e de seus diversos estados, congregando diversos recursos técnicos, tais como a hipnose, o relaxamento e a meditação, mantendo uma posição de abertura para os estados místicos de tradições xamânicas. Procura construir um diálogo com as inovações trazidas pela Física Quântica, na busca da compreensão dos fenômenos que ultrapassam conceitos da psicoterapia freudiana clássica e da neurologia mais tradicionais.

Neste âmbito abrangente, enquadra-se a Terapia de Vidas Passadas – TVP, ou *Past Life Therapy*, expressão cunhada por Morris Netherton, em fins dos anos sessenta, ao desenvolver um método próprio de hipnose que designou como Hipnose Ativa. Em um estado alterado de consciência, o paciente instigado pelo terapeuta conseguiria expandi-la a ponto de retornar a um passado aquém do limiar da vida atual. Nele, encontrar-se-ia um reservatório mnemônico a que o pesquisador Hemandra Banerjee denominou de "memória extracerebral".

Procura-se, em um primeiro momento, localizar os traumas que estão gerando o sofrimento ou as dificuldades atuais (físicas ou emocionais), para, na sequência, efetuar a regressão hipnótica, na tentativa de compreender as causas mais profundas dessas dificuldades. Finalmente, o terapeuta atua para que o paciente possa realizar uma reprogramação mental de sua vida que o habilite a equacionar, ou ao menos mitigar, as dores ou traumas que causam desiquilíbrio psíquico, com a consequente melhoria do bem-estar.

A técnica tornou-se bastante aceita no Brasil, a ponto de o pesquisador Júlio Peres – neurocientista da USP – efetuar um mapeamento das ondas cerebrais em pacientes com regressão de memória para identificar quais áreas do cérebro estariam mais ativas no momento em que o estado hipnótico projetava seus efeitos. Submetidos à tomografia com emissão de radiofármaco (método *spect*), pacientes cujos exames foram analisados por especialistas em estados modificados de consciência da Universidade da Pensilvânia demonstraram requisitar, prioritariamente, o lóbulo médio temporal e o lóbulo pré-frontal esquerdo, áreas do cérebro que respondem pela memória. A imaginação e a fantasia, de acordo com as mais recentes conclusões da neurologia, estariam dispersas em uma ampla rede neural, e não focalizada em uma área cerebral delimitada, tal qual a memória.

Segundo os partidários da TVP, ao atingir o núcleo do trauma, o inconsciente de quem está submetido à hipnose regressiva libera o material psíquico retido, através do que Freud chamou de "catarse". Para o austríaco, a partir do momento em que a pessoa se confronta com um trauma muito forte, ela se torna apta a realizá-la, obtendo a cessação ou a mitigação dos sintomas. Ideólogos da TVP defendem que o paciente pode se ver como ator ou observador das cenas rememoradas no consultório, mas sempre acabará por vivenciar intensamente as emoções do momento recordado. Através da catarse, a energia psíquica é liberada, com um alívio significativo em seus sintomas, propiciando estados mentais progressivamente melhores. De forma gradativa, o processo acaba por conduzir a uma redução de sofrimento psicológico, ou mesmo a alívios ou curas físicas nas numerosas situações em que o desiquilíbrio psíquico acaba desencadeando um processo de somatização.

Além de Morris Netherton, é considerado um dos precursores dessa corrente terapêutica o holandês Hans TenDam, autor de um livro sobre reencarnação bastante citado ao longo desta obra. Todavia, o mais midiático autor sobre o assunto é Brian L. Weiss, graduado pela Columbia University e Yale Medical School, titular da cadeira de Psiquiatria no Mount Sinai Medical Center, de Miami, com várias obras traduzidas em diversos idiomas.

Weiss afirma que tanto a hipnose quanto a meditação abrem acesso ao subconsciente, parte da mente que, ficando encoberta pela consciência comum, encontra-se a salvo "do constante bombardeio de pensamentos, sensações e estímulos externos. No subconsciente, "os processos mentais ocorrem sem que notemos", de forma que é bastante comum a analogia com a parte submersa de um *iceberg*. Para Weiss, ela não se encontra limitada "por nossas rígidas fronteiras de lógica, espaço e tempo", de forma que por seu intermédio podemos vivenciar "momentos de intuição, sabedoria e criatividade", quando influxos de nossos bastidores mais profundos emergem, cintilando em nossa percepção consciente.[10]

Para os três autores citados, a TVP pode ser particularmente útil no tratamento de fobias e pânicos injustificados, disfunções de alimentação, distúrbios sexuais e problemas de relacionamento em geral. Seu foco é a tentativa de identificação de padrões negativos de pensamento, que, por sua vez, determinam formas de ser e de agir equivocadas, em traumas do passado que, alojados na memória extracerebral, continuam a nos influenciar, sem que possamos perceber.

Dessa forma, uma situação de pânico perante a multidão pode estar associada a um linchamento em vida pretérita; a claustrofobia, a um desmoronamento causado por terremoto ou outro desastre. Hans TenDam afirma ser "frequente que os sintomas físicos (somatização) aflorem nas regressões, especialmente quando se revivem intensas experiências emocionais e corporais". E refere que em alguns casos especiais tais somatizações são tão intensas, que alguém revivendo um espancamento pode apresentar "marcas vermelhas nas costas ou na face". Mesmo quando não se ultrapassa o limiar de outra vida, buscando-se situações vividas na gestação que podem ter afetado o nascituro "a respiração torna-se difícil e o sujeito assume a posição fetal".[11]

A afirmação do holandês TenDam é corroborada por Hermínio C Miranda, em seu estudo da obra de outro holandês, o psicanalista junguiano Erlo van Waveren, que mantinha consultório em Nova Iorque. Em *As Sete Vidas de Félenon*, Miranda faz uma análise minuciosa do texto de *Peregrinação ao Passado*, um livro-depoimento que relata as tocantes experiências pessoais do psicanalista com a reencarnação, examinadas com o prisma do conhecimento psicanalítico dos anos 50 e com a assistência do próprio Jung, de quem van Waveren era próximo.

De *As Sete Vidas de Félenon*, extraio o seguinte trecho:

> Uma das marcantes (e intrigantes) características da regressão de memória consiste em que o paciente ou sensitivo pode encontrar-se, em estado alterado de consciência – espontâneo ou provocado – apenas se recordando dos episódios que narra, ou projetar-se como "se estivesse lá", naquela intersecção de tempo e espaço a qual foi regredido. Quando apenas se recorda, busca na memória os fatos, as datas, os nomes, e nem sempre os encontra (...).[12]

É o que acontece de ordinário com todos nós, principalmente de quem tem mais passado do que futuro, categoria em que me incluo (já me aproximo dos 60 anos). Falta-nos, às vezes, informações cruciais de um filme visto ou episódio vivido, ainda que as imagens em si sejam nítidas. Nessas circunstâncias, assim como no caso de narradores regredidos, usamos verbos no passado.

> Quando, porém, a regressão é mais profunda e o paciente viaja no tempo, vamos encontra-lo lá, no seu passado, em algum ponto de convergência de tempo e espaço que nos é ainda – pelo menos para mim – racionalmente inapreensível. (...) Nesse momento, sua linguagem reverte ao tempo presente: estou, vejo, digo, etc. Ali está o ambiente, ali estão as pessoas que participaram do evento ou o testemunharam, ali o regredido encontra os fatos que busca. E mais que tudo isso, ali estão suas emoções, fator de autenticação daquilo que narra.[13]

Fronteiras do conhecimento científico: xenoglossia

Particularmente interessantes, ainda que raros na terapêutica da TVP, são os casos de xenoglossia, em que o paciente passa a se comunicar em idiomas estrangeiros não aprendidos de maneira consciente – o conhecimento linguístico parece assomar de forma inata. Hans TenDam cita o caso de uma parisiense que é levada a retroceder em sua vida ano a ano, "e aos cinco anos fala em gascão, e não mais em francês"[14]. O mais surpreendente é que a sua família não tinha nenhuma ligação com a Gasconha, região situada no sudoeste da França em que o dialeto ainda remanesce, praticado por uma reduzida minoria.

Ian Stevenson escreveu um livro especifico sobre o tema, *Xenoglossia – Novos estudos científicos*, em que, com o rigor formal que o caracteriza, pesquisou casos na Índia e nos Estados Unidos. Particularmente interessante é a narrativa do "caso Gretchen"[15], personalidade que se manifestava em alemão quando uma americana com nenhuma raiz familiar germânica, chamada Dolores Jay, era submetida a sessões de hipnose. Oriunda de uma família operária e casada com um pastor metodista, Dolores habitava um contexto cultural muito distante da Alemanha.

Conversando com falantes do idioma, Gretchen revelou seu sobrenome, Gotlieb, e que morava em uma pequena cidade chamada Eberswalde, em que seu pai, viúvo, trabalhava na administração municipal. Católica, relatou conflitos de sua família com protestantes, citou diversas vezes o papa Leão (Leão XIII, que assumiu o pontificado em 1878) e referiu ter morrido em consequência desses conflitos[16], aos 16 anos: teria adquirido uma doença na prisão, que a vitimou em poucos meses.

A personalidade que se manifestava não conseguiu precisar o intervalo desta existência, mas as pesquisas de Stevenson a situaram no último quartil do século XIX, época em que o chanceler Otto von Bismarck preconizava que as mulheres alemãs deveriam se interessar tão só por *"kinder, küche und kirche"* (crianças, cozinha e igreja). De fato, o horizonte cultural de Gretchen era bastante limitado, e mesmo o seu alemão apresentava imperfeições gramaticais notadas pelos falantes da língua que tiveram contato com Dolores Jay sob hipnose.

Por mais de cem páginas, Stevenson se debruça sobre a suposta reencarnação da adolescente alemã Gretchen, morta por volta de 1880, na americana Dolores Jay, nascida em 1922, nos Estados Unidos. Fez pesquisas detalhadas no lugarejo de nascimento de Dolores, procurando mapear eventual aprendizado – ainda que involuntário – do idioma alemão. Obteve informações sobre Eberswalde por meio de colaboradores daquela nacionalidade, uma vez que, à época da pesquisa (1972-1975), auge da chamada Guerra Fria, o levantamento de quaisquer dados no território da então Alemanha Oriental era extremamente difícil. Em suas conclusões, afasta qualquer possibilidade de fraude ou de autoengano.

Também referindo-se à habilidade inexplicável de comunicação em língua estrangeira na primeira infância, temos um caso muito bem documentado por Hernani Guimarães Andrade. Em seu livro *Reencarnação no Brasil*, em que detalha oito casos que sugerem renascimento, estudados no âmbito da pesquisa do IBPP – Instituto Brasileiro de Pesquisas Psicobiofísicas, Hernani aborda o caso das personalidades Simone (nascida no Brasil, em 1963) e Angelina (nascida na Itália, na década de trinta, e morta em Roma, em 1944 ou 1945), sua provável encarnação anterior.

A análise pormenorizada das evidências estende-se por mais de setenta páginas da referida obra[17]. Interessa-nos, aqui, destacar que o caso cumula a existência de marcas de nascença – Angelina morreu em decorrência da explosão de uma bomba, nos meses finais da Segunda Guerra Mundial, e o crânio da criança apresentava uma malformação irregular compatível com ferimentos decorrentes de traumatismo desse tipo, que passou a regredir com o crescimento – e da expressiva habilidade de Simone em comunicar-se em italiano. Não havia laços familiares que a conduzissem à cultura italiana, e tanto os pais quanto a avó da criança não dominavam sequer os rudimentos do idioma.

Em suma, Hernani aponta que, desde os dois anos de idade, ela começou a pronunciar palavras do idioma italiano, com a pronúncia correta (quando falava que estava feliz, dizia *felice* da forma usual romana, "felitche") e, por vezes, recorria a expressões bastante difíceis para uma criança que recém-aprendia a falar em português – usava a palavra *roccanini* para designar o nosso conhecido *capeletti*, talvez em função do dialeto dominante em sua família anterior, e valia-se de expressões difíceis, como *sparpagliata* (espalhar-se, desordenar-se) e *lusca* (estrábico).

A família anterior de Simone, morta na infância em meio ao caos da Guerra, não pôde ser identificada pelos pesquisadores do IBPP, para que as informações de sua hipotética personalidade atual fossem checadas. Não obstante, chamou a atenção a forma como Angelina teria morrido. Na colina do *Campidoglio, "veio um menino correndo com uma canetinha na mão, mas não era canetinha, era uma bomba que estourou".*[18]

Fiquei bastante curioso acerca da existência de uma caneta-bomba, pois apesar de ler bastante sobre o drama humano representado pela Segunda Guerra mundial, não tinha ainda tomado conhecimento acerca dessa dimensão do conflito. Possuo vários livros sobre o assunto, e qualquer tema correlato costuma despertar interesse no aprofundamento. Assim, usando as ferramentas de pesquisa ao alcance de um clique no *mouse*, pus-me a pesquisar o tema das armadilhas explosivas, referidas ligeiramente por Hernani em seu texto publicado ainda nos anos setenta (primeira edição).

Localizei uma dissertação de mestrado acerca das memórias dos combatentes brasileiros na campanha da Itália, em 1944-1945. Dele, extraio o seguinte trecho:

> Havia ainda outro tipo de artefato explosivo que oferecia perigo aos soldados, trazendo menos baixas do que as minas: *boob-traps*. Estes dispositivos eram armadilhas que detonavam explosivos. Canetas, caixas de música, armas e até corpos poderiam estar ligados a fios que detonavam espoletas.[19]

O lado maligno do ser humano está sempre à espreita. Derrotados na guerra, aqueles que saíam de cena legavam aos libertadores o medo e a insegurança do terrorismo, pouco se importando com os efeitos dos explosivos sobre a própria população.

Seja como for, aos leitores que tiverem interesse em aprofundar-se na análise da xenoglossia, recomendamos a leitura da obra homônima, cuidadosamente elaborada pelo Dr. Ian Stevenson, ou o pormenorizado relato do caso *Simone x Angelina*, investigado por Hernani Andrade.

Os dois tipos de reencarnação

Paralelamente à reencarnação, que está sendo apresentada em seus aspectos filosóficos e científicos nesta obra, há uma outra que atua diuturnamente, e é admitida pela unanimidade da comunidade científica. A carne pode ser fraca, como reconhece conhecida passagem bíblica (Mateus, 26:41), mas a sua eventual fraqueza não advém de falta de reposição ou renovação.

De fato, nosso invólucro carnal é substituído, de forma contínua, pela ação construtora dos nutrientes e do oxigênio carregado pelas artérias. Toda essa energia enseja as mitoses celulares que garantem a regeneração dos tecidos orgânicos. Sob essa perspectiva, é certo que o ser humano reencarna no curso de uma vida corpórea, tomada de forma isolada, na medida em que "a carne" que nos constitui – pele, músculos e tecidos moles – renovam-se periodicamente, em um processo que em muito supera a mera regeneração da cobertura dérmica. A totalidade das células do corpo estão continuamente sendo repostas, as mais antigas substituídas pelas recentes, de acordo com critérios que variam de acordo com a tipologia e a funcionalidade do tecido orgânico de que fazem parte.

Ao longo de uma existência física de, digamos, oitenta anos, quantas vezes passamos por uma regeneração da totalidade das células hepáticas? E não se poderia dizer que, a cada trimestre, experimentamos uma total renovação da epiderme? Estudos recentes demonstram que até neurônios possuem certa capacidade de reestruturação, principalmente aqueles que se situam no hipocampo cerebral.

Reencarnamos, literalmente.

A pergunta recorrente, nessa área, é o que nos faz continuar a ser nós mesmos, depois das vastas transformações celulares a que nos encontramos sujeitos.

A especulação filosófica é grande, mas a resposta mais frequente refere a estabilidade da estrutura cerebral, uma vez que a única exceção a esta intensa mutabilidade celular seriam os neurônios. Eles seguem critérios distintos das demais células, e a sua tônica é a substituição de funções, e não o reposicionamento da unidade moribunda. Para um ponto além da neurologia tradicional, pode-se afirmar mais: devido a sua estreita correlação com as formas quintessenciadas imanentes à consciência que anima o corpo físico, o tecido cerebral humano serve como interface entre a consciência e o organismo somático que temporariamente a acolhe. Tendo em vista a sua especialíssima função de transmitir a vontade individual – vontade essa sempre proveniente de nossa mente imortal[20] – os neurônios são infensos a uma substituição automática e, no que tange à renovação e à regeneração, obedecem a critérios distintos daqueles que regem outras estruturas celulares do corpo humano.

O que dá identidade a um dado ser humano, para além da estrutura física dos neurônios, é a singularidade de sua consciência. É o timbre de sua alma.

Embora a nossa percepção de mundo – e a nossa própria autopercepção – altere-se ao longo das décadas, como resultado da evolução de nossa personalidade, somos e não somos os mesmos de há vinte anos. Nossa identidade única é alterada no curso de uma personalidade que assumimos ao longo da existência: assim como hoje não sou o mesmo de duas décadas atrás, também o suceder das personalidades que tive no decorrer de minhas dez ultimas reencarnações, cujas coordenadas de tempo e espaço ignoro, também contribuíram em graus diferentes para a estrutura moral e intelectual que minha individualidade apresenta hoje.

Nossa personalidade muda ao longo da vida, e o suceder das personalidades assumidas em cada reencarnação altera profundamente a individualidade integral que lhes é comum, ou seja, impactam a alma e tendem a impulsioná-la na senda evolutiva. O que é muito positivo, pois, conforme já cantou Raul Seixas, é melhor ser "uma metamorfose ambulante do que ter aquela velha opinião formada sobre tudo".

Se fôssemos imutáveis, o propósito progressista da reencarnação estaria descartado. Não haveria razão alguma para que passássemos pelas "dores do crescimento" – que obviamente perpassam a infância e a adolescência –, pois um crescimento sustentado, em última análise, se faria impossível.

Somos modeláveis, o que abrange tanto os órgãos corporais quanto à estrutura de pensamentos que enseja as nossas particulares cosmovisões. Não obstante a exceção pertinente aos neurônios – e cabe aqui referir que o cérebro humano é o órgão menos conhecido pelos cientistas, permanecendo como uma das mais extensas fronteiras da Medicina – a tônica do corpo somático é a regeneração de suas partes constituintes, mediante a substituição das células disfuncionais. Há, portanto, uma permanência na mudança, no que tange ao nosso corpo físico, que não passa de um veículo para que a alma imortal experimente situações imprescindíveis para o seu progresso.

O corpo físico de um adulto aos sessenta anos será substancialmente distinto do corpo físico que se apresentava aos vinte anos, ainda que a individualidade seja a mesma. E esperável – e salutar – que a sua percepção de mundo, da ideia de justiça e dos valores mais nobres a serem salvaguardados também se altere com o suceder das décadas.

Conforme consta do Bhagavad Gita:

> Assim como a alma, vestindo este corpo material, passa pelos estados de infância, mocidade, virilidade e velhice; assim, no tempo devido, ela passará a um outro corpo, e em outras encarnações, viverá outra vez. (2:13).
> Estes corpos caducos, que servem como envoltórios para as almas que os ocupam, são coisas finitas, coisas do momento, e não são o verdadeiro homem real. (2:18).
> Como a gente tira do corpo as roupas usadas e as substitui por novas e melhores, assim também o habitante do corpo (que é o espírito),

tendo abandonado a velha morada mortal, entre em outra, nova e recém-preparada para ele. (2:22).[21]

A metáfora que compara o corpo orgânico como uma indumentária muito peculiar, uma espécie de "traje de trabalho", é, portanto, multissecular. Tanto que o termo "vestes carnais" foi apropriado por diversas tradições religiosas e filosóficas. Daí, a costumeira analogia entre o que reveste temporariamente a mente imortal, servindo como um veículo para a sua ação em um mundo, e as roupas que usamos diariamente.

Fazendo uso de nosso veículo corporal, nossa mente (o espírito das religiões abrâmicas, o *self* junguiano, o foco consciencial eterno) atua como artífice do nosso destino, sujeito à lei da causa e efeito, da ação-reação, da lei do carma, conforme vaticinado pelas antigas tradições do Oriente. Através do pensamento consciente e vigilante, podemos criar o nosso ambiente mental a cada dia, mesmo quando estivermos sentindo dor, medo ou dúvida. O pensamento correto induz a decisão, a palavra, a ação e o comportamento adequados diante de uma dada circunstância, por mais grave que seja[22]. O caminho é ladrilhado à medida que caminhamos, com o ritmo e a intensidade que nos impomos.

Compreendendo o processo: a metáfora do trem em movimento

Uma imagem ilustra bem a convergência entre o livre-arbítrio, de um lado, e os mecanismos da lei de ação e reação, de outro. Em vez de iniciar uma caminhada tal qual a referida no parágrafo anterior, vamos supor que estejamos em uma via férrea. Imaginemos uma estação ferroviária em algum lugar histórico do interior de Minas Gerais, quem sabe Tiradentes ou Mariana.

Se a vida terrena pudesse ser comparada a uma viagem de trem, haveria pontos predeterminados infensos à ação de nossa vontade. A estação de partida, os pontos de parada no meio do caminho, a estação de chegada e a duração estimada da travessia estão ligados à nossa missão e aos efeitos de nossas ações entabuladas em ciclos reencarnatórios passados. A família que nos receberá em uma nova experiência na carne – nossos pais e irmão mais velhos – corresponde à estação de partida, enquanto que a educação continuamente buscada ou recebida[23], a profissão que escolheremos, os filhos que nos serão confiados – a que muitas vezes já estamos espiritualmente vinculadas por conexões pretéritas – podem ser comparadas às estações intermediárias às quais a malha férrea inevitavelmente nos conduz.

Também as grandes decisões nas encruzilhadas da vida podem ser comparadas às estações intermediárias existentes ao longo da rota, e o fato de as alternativas de viagem serem autoexcludentes aumenta a responsabilidade por escolhas acertadas, resultado de ampla reflexão, que devem vir ao encontro do nosso *dharma*.

A viagem termina na estação de destino, a morte física após um período predeterminado, que, por sua vez, poderá ser alongado ou abreviado conforme o estilo de vida que adotarmos ao longo da travessia. Há certos estilos de vida[24] que conduzem a uma espécie de suicídio involuntário, epílogo pelo qual responderemos em uma reencarnação futura, nos termos da lei do carma.

Dentro do vagão, antes que o trem se ponha em marcha, estamos como que cochilando; uma vez que na primeira infância, o nosso livre-arbítrio é bastante limitado. À medida que a viagem transcorre, ou seja, quando passamos pela adolescência e chegamos à mocidade, vamos nos colocando no pleno domínio da nossa vontade. As lições aprendidas ainda na estação de partida, e que serão mais vivazes conforme o maior ou menor esforço de nossos pais e tutores, adquirem um relevo importante. Também a bagagem que já trazemos de experiências terrenas anteriores poderá impactar a nossa intuição e propiciar alguns *déjà-vu*, que poderão parecer como luzes piscantes, advertindo-nos para algumas más escolhas. Em situações extremas, estarão aptos a assumir o papel de freios de emergência.

Nossa conduta dentro do vagão que nos acolhe, todavia, é praticamente desimpedida. Podemos confraternizar com os demais passageiros, em um ambiente de solidariedade e respeito, ou nos juntarmos aos viajantes mais execráveis para importunarmos a todos, com todas as espécies de atitudes danosas, vis e grosseiras.

Nesse contexto de liberdade, até mesmo o ato extremo, que seria interromper a viagem de inopino, jogando-se nos trilhos, afigura-se viável. Evitam-se as estações intermediárias ainda não percorridas: a viagem não se completa.

O suicídio, todavia, é uma péssima alternativa: ela terá que ser concluída em outra oportunidade, e provavelmente o vagão que nos será destinado para a sua retomada estará em condições bem piores.

Por outro lado, o livre-arbítrio exercido durante toda a extensão da travessia implica na assunção de compromissos. O outro lado da moeda da liberdade é a responsabilidade. Nossa conduta com os demais passageiros poderá implicar em dívidas que, se não saldadas na viagem presente, certamente serão cobradas nas viagens futuras. O carma negativo deverá ser resgatado. A conquista de um plano vibracional superior pressupõe a superação das negatividades, já que os vagões só ascendem às estações superiores – muito mais prazerosas – quando livres dos escolhos que retardam a marcha.

Somos corresponsáveis pelo bem-estar do nosso grupo mais próximo, aqueles que nos acompanham em cada carro da composição. Com o alcance atual dos meios de comunicação, a possibilidade de auxiliarmos ou prejudicarmos alguém a milhares de quilômetros usando os recursos da internet, pode-se dizer que o tamanho de cada vagão não somente aumentou, mas também se tornou mais cosmopolita, global e multifacetada. É chegado o tempo da tolerância, precursora da aceitação plena e da solidariedade.

A evolução é coletiva, temos todos um grupo referente, uma família espiritual ampliada. Todos se auxiliam para que a viagem, coletivamente, possa ser ascensional, como um percurso férreo montanha acima, as estações se sucedendo a altitudes crescentes.

Desdobra-se à nossa frente, portanto, um admirável mundo novo, que é simultaneamente determinístico em sua dimensão macro (as estações de passagem, o ponto de partida e o ponto de chegada) e não determinável em suas variáveis de menor expressão (pensamentos e sentimentos que nos perpassam, milissegundo a milissegundo, dentro do vagão do trem, determinando a conduta que adotaremos durante a viagem).

Esse *"brave new world"*, para usar as palavras exatas de Shakespeare, em *A Tempestade*, foi intuído por uma série de cientistas, ainda que a maioria evitasse explicitar suas convicções mais íntimas sobre o porvir nos meios acadêmicos, receosos da crítica de seus pares ou de eventual perda de credibilidade. Um dos pesquisadores mais arrojados – e infensos a tais receios – foi o físico Max Planck, que antecipou em 100 anos o paradigma que agora se consolida, no sentido de que é a consciência que modela a matéria. Outro foi um microbiologista mundialmente famoso, protagonista de uma ocorrência em fins do século XIX, de que me valho para encerrar nossa metáfora ferroviária e também o presente capítulo.

Um senhor de seus setenta anos lia em um vagão, tendo ao seu lado um jovem universitário que estudava um compêndio de Física. Um solavanco permitiu que o estudante entrevisse a leitura de seu companheiro de viagem: o Novo Testamento, mais especificamente o evangelho de Marcos.

– O senhor, nessa idade, ainda acredita nesse livro cheio de fábulas e crendices? – interrompeu o jovem, de repente.

– Não é um livro de crendices, é a trajetória de Jesus. Ou eu estaria equivocado?

– Parece-me que está! Talvez o senhor devesse estudar a História Universal. Veria que a queda da Bastilha e a Revolução que a seguiu, ocorrida há mais de cem anos, mostrou a miopia da religião. Somente pessoas sem cultura ainda creem em uma divindade transcendente, e menos ainda no emissário que teria vindo nos "salvar". O senhor deveria conhecer um pouco mais sobre o que os nossos cientistas pensam e dizem sobre tudo isso.

– É mesmo? – ele replicou – O que pensam e dizem os nossos cientistas sobre o Novo Testamento?

– É uma conversa longa – respondeu o universitário – e como vou descer na próxima estação, deixe-me o seu cartão que lhe enviarei pelo correio o material de um livro que estou escrevendo. O senhor parece ser um homem distinto, irá apreciar.

O idoso então, cuidadosamente, abriu o bolso interno do paletó e deu o seu cartão ao universitário.

Quando o jovem leu o que estava escrito, despediu-se em um fio de voz e tratou de sair do vagão o mais rápido que pode.

No cartão estava escrito: Professor Doutor *Louis Pasteur*, Diretor-Geral do Instituto de Pesquisas Científicas da Universidade Nacional da França. E um pouco mais abaixo, grafado em letras góticas e em negrito:

"Um pouco de ciência nos afasta de Deus. Muito, nos aproxima".

SEIS

Pontes e catedrais

> A ciência não é somente compatível com a espiritualidade; ela é uma fonte profunda de espiritualidade.
>
> **Carl Sagan**

Liev Tolstói iniciou sua obra *Ana Karenina* com uma afirmação que se tornou célebre: "Todas as famílias felizes se parecem, mas cada família infeliz é infeliz à sua maneira".

Valho-me dessa abertura magistral para salientar aquilo que parece-me ser, com o perdão da petulância, um antídoto contra a infelicidade: enxergar a vida como uma oportunidade rara de evolução consciencial, um atalho para existências em orbes mais harmoniosos e menos suscetíveis às forças telúricas, ou a ação daninha do ser humano ao lado.

O ambiente para que tal evolução se dê tem progressivamente melhorado a partir do século XVIII, intitulado nos livros escolares como o "século das luzes". O crepitar das fogueiras e o retinir das lâminas mortais ficou no passado, e, graças ao avanço civilizatório, as objeções a determinada teoria vigente, na atualidade, são respondidas por argumentos, em um processo dialético em que a tese inovadora e a sua antítese produzem sínteses que fazem avançar a filosofia e a ciência.

Ecoando esse novo momento, analisaremos, neste penúltimo capítulo, as principais objeções à teoria reencarnatória, bem como as réplicas comumente trazidas por teosofistas, espíritas e adeptos das religiões de tradição oriental. A questão, tão frequente, da utilidade de experiências passadas que não estão disponíveis ao nosso consciente, tem sido abordada com profundidade nos últimos dez anos. Ainda durante o iluminismo, o poeta Gotthold Lessing comprazia-se em ter-se esquecido de suas vidas pretéritas, já que "a lembrança de minhas condições anteriores só me permitiria usar mal as que tenho agora".[1] Da mesma forma que, se estivéssemos "em constante contato telepático com os outros seríamos ininterruptamente inundados por uma torrente de impressões confusas, de desejos, ódio e inveja". Seria demais para um psiquismo sadio suportar "as onipresentes impressões de antigos lugares, relacionamentos e circunstâncias de vida que pouco tem a ver com a nossa existência física aqui e agora"[2].

A cada etapa de nosso longo percurso evolutivo, bastam seus desafios. Conforme já referiu Goethe, "as lembranças desagradáveis mancham tudo aquilo em que tocam", havendo um lado bom na morte e em morrer "só para poder apagar as impressões e retornar limpo"[3]

Por ora, basta procurarmos a construção de mais pontes e menos muros. Mais catedrais dotadas de vitrais luminosos que nos inspirem o pensamento, menos fortificações com as suas seteiras soturnas, que sufocam e aprisionam o espírito.

Pontes nos aproximam de quem se encontra na outra margem, uma poderosa metáfora para o diálogo e a superação das diferenças. Catedrais se elevam ao céu com coragem e contundência, uma inspiração para esses tempos turbulentos. Há que se buscar uma certa unidade nesta cacofonia caótica que se tornou o mundo – pois tal unidade poderá aumentar os níveis gerais de felicidade, mediante a mitigação do impulso egóico.

E esta é a maneira pela qual indivíduos e famílias tornam-se felizes: mantendo certa unidade, ainda que em meio a diversas formas de pensar e agir. Unidade não implica na extinção da individualidade, mas ao contrário, um afinamento de atitudes mentais com outras consciências que também já atingiram certo nível evolutivo.

Veja-se que há muito mais diversidade na base de uma pirâmide – vasta – do que no seu ápice. O caminho para o cume é uma jornada de mérito – somos nós os obreiros de nosso próprio destino. Mas a pirâmide não é isolada, ela integra uma outra maior, e assim sucessivamente, em uma projeção que tende ao infinito, de maneira que o progresso é incessante.

Para tanto, temos que pensar menos em competição e mais em cooperação. Porque a ascensão de um não exclui a ascensão do outro; há lugar para todos nos planos vibracionais mais elevados.

O Universo é hierárquico, mas o percurso das posições menos favorecidas para aquelas de maior importância é feito através do mérito genuíno de cada consciência, em sua jornada de autoaprimoramento. É o filósofo da ciência Karl Popper que apresenta uma posição refletida sobre o funcionamento íntimo do universo, afirmando que uma hipótese científica sobre tal funcionamento jamais pode ser comprovada satisfatoriamente. E isso pela simples razão de que não havia, na época em que filosofava – Popper morreu em 1994 –, como não existe até hoje, nenhum experimento capaz de provar definitivamente as hipóteses atualmente em voga sobre Cosmologia Quântica, Energia Escura, Antigravidade, Supersimetrias e Multiverso[4]: a possibilidade de a Física desenvolver, nas próximas décadas, uma Teoria de Tudo que se amolde satisfatoriamente ao cânone cientifico, ainda é bastante remota.

Nesse ponto, a hipótese da existência de uma Consciência Suprema que responda em última instância aos desígnios cósmicos – um ponto para o qual toda a evolução convirja – não pode ser falseada experimentalmente e, portanto, não pertence à Ciência. É algo exterior ao objeto cientifico tal qual hoje entendido, impossível de se provar ou refutar. Popper chega, assim, por outras vias, à mesma conclusão de Kant sobre a inviabilidade da discussão acerca da presença de Deus no Universo.

Isso não nos impede, todavia, de analisar o princípio da causa e efeito sobre um prisma ainda não experimentado neste livro, nem de abordar com o pensamento do século XXI o argumento mais precioso de materialistas intransigentes – ainda que seja um argumento formulado na Grécia Clássica, quando o Olimpo era povoado de deuses.

A trajetória da ciência e a superação de paradigmas

O Caibalion[5] refere o princípio da causa e efeito como um dos princípios conformadores do Cosmos. Nada de relevante acontece por acaso, sendo o *acaso*[6] um termo cunhado para indicar uma causa que, embora existente, ainda não foi reconhecida, sistematizada ou percebida. Tal concepção é ínsita a todas as ideias científicas – antigas e modernas – e as grandes questões da física quântica ainda em aberto apenas reforçam a percepção de que a causalidade existente naquele âmbito ainda não foi suficientemente estudada e compreendida, talvez por se colocar um ponto adiante de nossos limites tecnológicos e conscienciais.

Conforme destaca Fareed Zakaria,

> tendemos a pensar que a ciência fornece uma resposta única, definitiva, mas não é assim que funciona. A ciência é, sobretudo, um método de investigação, um processo de propor questões e testar rigorosamente essas hipóteses. Com novos e melhores dados, chegaremos a novas e melhores conclusões[7].

De fato, a maioria das pessoas pensa em Ciência levando em conta seus objetivos finais – avanços e invenções –, como a cura para o câncer ou um supermicroscópio para distinguir as subpartículas do núcleo atômico, mas ela é, na realidade, "um processo de aprendizado e descoberta, com muitas falhas e decepções"[8]

Nesse processo, ela mudou continuamente, de paradigma em paradigma, em suas diversas ramificações. O finalista do prêmio Politzer 2010, Robert Wright, entende que "esta contínua adaptação está levando a ciência a se aproximar mais da verdade"[9], algo similar ao que está acontecendo com as Escolas de Pensamento mais progressistas, ou mesmo a mentes mais arejadas nos credos convencionais.

Em uma tríplice fronteira difusa com a Filosofia e a Religião, são necessárias boas doses de intuição, matemática teórica, raciocínio indutivo e embasamento cultural para fazer ciência, mormente quando hipóteses e cálculos esbarram nas próprias limitações de nossos aparelhos de medição e métodos experimentais. Neste conjunto, a intuição desempenha um papel fundamental, servindo como uma espécie de "instinto" da inteligência em si. Equivaleria a uma iluminação do espírito, aparecendo de forma esporádica, como uma fulguração. Mal comparando, seria como uma lâmpada quase apagada que emite luz de forma descontínua, quando em um dado instante seus filamentos iluminam-se.

Os desenvolvimentos filosófico e científico da civilização favoreceram mais o raciocínio lógico-abstrato do que a intuição, talvez por força da especialização em várias áreas de conhecimento que, por vezes, atuam de forma estanque. No entanto, continuam intuitivas as respostas às grandes questões filosóficas, e uma grande descoberta científica não raro inicia-se a partir de uma fulguração de uma mente iluminada. Seja como for, Leibniz foi tremendamente intuído quando, no início do iluminismo, construiu a sua Monadologia.

Pelo princípio da causa e efeito, as mônadas, embora individualizadas no estágio em que animam o *homo sapiens,* não estão desconectadas entre si. Embora já tenham ultrapassado a fase da alma-grupo que norteia os movimentos de um bando de pássaros no céu, ou a atividade em uma colmeia, tendem a unir-se novamente – mas de uma forma totalmente distinta – à medida que evoluem. É como subir até o topo de uma pirâmide: ainda que a elevação se dê por diferentes faces daquela construção, à medida que chegam ao topo todos se aproximam entre si.

E, de fato, estamos todos intimamente conectados por relações que em muito se sobrepõem às questões cármicas mais elementares.

A separatividade, como dizem os orientais, é uma grande ilusão. Daí o imperativo de substituirmos a competição pela cooperação, entre indivíduos e nações.

Amit Goswami, em seu livro *A Física da Alma,* refere que os avanços científicos dos últimos cinquenta anos têm substituído o paradigma da causação ascendente – pela qual a cadeia de causa e efeito iria das partículas elementares (átomos formam moléculas, que por sua vez integram as células, dentre as quais os neurônios, cuja atividade formaria o cérebro do qual emana o pensamento) até a consciência – para um novo modelo que preconiza uma causação descendente, com a consciência, que Goswami denomina "mônada quântica", desempenhando um papel central.[10] Essa teria uma prerrogativa, crescente na medida de seu progresso, "de criar a realidade manifestada por meio da livre escolha dentre as possibilidades oferecidas". Dessa forma, a consciência não seria mais vista como "epifenômeno do cérebro", mas como elemento central da existência, na qual "todas as possibilidades materiais, inclusive o cérebro, estão incrustradas".[11]

Já vimos que as mônadas são espelhos vivos, imagens do universo mental em que estamos inseridos, e quando adquirem autoconsciência plena, na fase hominal, trazem uma imagem do autor em si de toda a criação, um fac-símile da inteligência suprema do Universo. Daí termos todos uma natureza divina, criadora, uma centelha de beatitude que devemos impulsionar e nutrir[12]. Até que a fagulha em nosso íntimo se torne labaredas de luz, que irradiem benevolência e sabedoria para onde quer que possamos nos manifestar.

"Quando morremos", esclarece Goswami, "a mônada, com a sua memória quântica, com seus componentes condicionados vital e mental, permanece disponível como um conglomerado de possibilidades", constituindo "um modelo viável daquilo que o Livro Tibetano dos Mortos e outras tradições espirituais identificam como a alma sobrevivente".[13]

Ligação de essências

A mônada quântica, mais um sinônimo para alma ou espírito, passa a situar-se em local em que as vibrações do ambiente circundante lhe são afins. Rememorando aqui a Teoria das Cordas, pode-se inferir que a sua oscilação cria matéria mais ou menos densa, e abre a possibilidade de uma explicação racional para a existência de regiões espirituais paralelas ao nosso mundo físico. Cidadelas tal como a comunidade de regeneração Nosso Lar, descrito no conhecido livro psicografado por Chico Xavier a partir da experiência pós-túmulo do médico André Luiz. Muito antes da publicação dessas obras, visionários como o sueco Swedenborg (autor de *O Mundo dos Espíritos*) e o britânico Owen (*A vida além do véu*) já haviam relatado a existência de comunidades espirituais em planos próximos à Terra.

Modernas teorias da Física poderiam dar um enfoque menos fantasioso para a presença de tais coletividades em interpenetração com o nosso mundo físico. Quanto menor a frequência, mais solidez apresenta a matéria. Sua massa e demais propriedades físicas existem de forma distinta do mundo natural captado pelos nossos cinco sentidos: a gradação específica, ditada pela oscilação particularmente dada por suas menores partes constituintes, acaba por obstar a percepção quando, encarnados, estamos em nosso estado usual de vigília.

Em palavras mais simples, essa dimensão nos afigura invisível, pois suas partes constituintes encontram-se em uma outra frequência, diversa daquela com que interagimos quando estamos em um estado normal de consciência. Nesses mundos espirituais mais ou menos elevados, há uma referência à massa menos densa como "matéria quintessenciada".

Já vimos que coube a um inglês, Edward Whiten, a unificação das diversas Teorias das Cordas, criando a teoria M, a teoria das membranas, pela qual admite-se a existência de diversas dimensões que se interpenetram. Esses espaços multidimensionais em justaposição em um todo ainda mais abrangente, ou *Branas*, teriam diversas formas de vibrar, mediante a alteração de variáveis tais como frequência, cumprimento de onda, *spin* e outros fatores ainda em elaboração. Não é difícil especular a presença de cordas perpassando-as, tal qual linhas levadas por agulhas que perfurassem vários retalhos de pano, unindo-os. De forma similar ao *sutratma* oriental, que perpassa várias consciências, fagulhando no íntimo de todas e perfazendo nossa centelha divina interior que nos aproxima do próximo, esses filamentos infinitesimais atravessariam dimensões justapostas, algumas das quais por nós frequentadas em estados alterados de consciência.

Neste ponto, Física e Filosofia tangenciam-se, e o Mito Platônico da caverna adquire um novo significado, transmudando-se para um pequeno pedaço de tecido escuro e áspero. O subterrâneo repleto de sombras em que os prisioneiros estão acorrentados pode ser entendido com uma metáfora para esse nosso mundo tridimensional, perpassado apenas pela linearidade do tempo, que flui e que nos dissolve. Os prisioneiros não têm olhos para as demais *Branas*. O Mundo das Ideias, de Platão, o mentalismo de Hermes Trismegisto, ou o mundo numênico de

Kant, não frequentam nosso acanhado espaço psíquico, sempre denso e sensualizado. Tais prisioneiros, mais do que meramente inseridos na matéria como um imperativo evolutivo, estão por ela escravizados. E nessa condição, têm o seu progresso espiritual obstado, pairando em círculos que nunca se elevam em torno de um centro compacto, denso, egóico e esvaziado de criatividade. Avessa a qualquer impulso vertical, a alma apenas circula em uma trajetória esvoaçante, sem ganhar altura ou leveza: é a *samsara* das tradições orientais.

Nesse contexto, da mesma forma que o homem encarnado desprovido de uma mediunidade ativa não vê ou ouve os espíritos, almas mais grosseiras não têm acesso a mundos superiores pela mesma questão da afinidade a que nos referíamos antes: sequer percebem os espíritos mais evoluídos. Estes só se revelam quando, por vontade própria, baixam sua frequência para fazerem-se sentir por entidades mais densas.

Uma afinidade natural se dá entre espíritos de níveis conscienciais equivalentes. Adentramos aí no campo da transcendência, da comunhão das essências. Zenão de Eleia já dizia que a relação entre os seres humanos é uma ligação de essências, em que o âmago espiritual de cada um afasta ou repele outras inteligências, assim como um corpo metálico energizado. O fato de a vinculação se dar através de vibrações dos elementos constitutivos mais sutis, que formam cada individualidade, conduz a esta correlação entre as essências: o aspecto vibratório espiritualiza a vida material. E o âmago de cada um, como não poderia deixar de ser, reside no padrão vibratório de sua alma.

Essa noção é antiga, mas restrita a escolas iniciáticas, cujos membros eram periodicamente perseguidos e dispersos. Em consequência, jamais experimentou uma grande divulgação.

Mais tradicional era a ideia do universo como uma máquina, e de Deus como um grande relojoeiro, responsável por um Cosmos de determinações absolutas. Essa descrição não mais subsiste neste início de século, em que pululam noções como a não localidade – que permite trocas instantâneas de informações –, o emaranhamento quântico, a intervenção do observador e o grau consciencial das partículas.

Claro que esta última constatação – o grau consciencial das partículas – não é, ainda, prevalente no *mainstream* cientifico. Pela inaplicabilidade do método dedutivo-experimental clássico a quase tudo o que estamos tratando neste capítulo, a Ciência institucionalizada opta por refutar as implicações mais sutis do paradigma quântico-relativístico que substituiu o modelo mecanicista, permeável a certezas mais confortáveis.

É certo que muitos cientistas, já avessos à grande abstração da Teoria das Cordas, torcem o nariz para a possibilidade dos vários planos que se interconectam, recusando-se a, ao menos, examiná-la com isenção e rigor científico. Para eles, tudo não passa de misticismo, pseudociência ou charlatanismo puro e simples.

Neste ponto, a história nos mostra que certas ideias surgem um pouco adiante de seu tempo, e só vêm a ser internalizadas adequadamente quando da mudança completa do *mindset* científico, para usar um termo contemporâneo. Os Buracos Negros também eram previsões pouco críveis em fins dos anos cinquenta, perfazendo uma teoria considerada por muitos extravagante, ou mesmo esotérica. Em 2024, são uma realidade abalizada por dez entre cada dez físicos, e objeto de centenas de estudos e teses acadêmicas publicadas nas mais renomadas revistas científicas do mundo.

É neste momento que propomos um retorno aos evangelhos de São Lucas e São Mateus, à ideia de que há "muitas moradas na casa do meu pai". Correspondem às moradas não só os diversos mundos planetários – os exoplanetas que vêm sendo catalogados pela astronomia – mas também os muitos planos de vibração de matéria que se justapõem e interpenetram. Grande parcela da população mundial, todavia, não se abriu para essa possibilidade. Continuam presos a uma superfície cavernosa repleta de sombras, confundindo-a com a realidade última da vida e da morte – que consideram a cessação definitiva da consciência, o sono eterno decretado pelo término da atividade cerebral.

Não estamos muito longe do momento em que os diversos planos vibracionais serão reconhecidos como "muito prováveis" pela Física. Crescerão sensivelmente as possibilidades de convergência da filosofia da mente, de antigos credos do Oriente e de alguns ramos de conhecimento que se situam nas fronteiras indefiníveis da física quântica.

Tomemos, para começar, o aspecto científico. A comprovação da existência de vidas sucessivas mediante a junção periódica e gradativa de uma entidade inteligente, etérea e individualizada – a alma – a um embrião humano em desenvolvimento, segundo os parâmetros rígidos da ciência experimental precisaria passar, primeiramente, pela aceitação do tema como objeto de pesquisa.

De fato, todo conjunto de ideias, antes de ingressar no chamado cânone científico de uma época, foi fruto da inspiração de um indivíduo ou de uma equipe de pesquisadores, em uma primeira etapa, e da lógica e do raciocínio, em uma segunda. Apenas após a experimentação reiterada, bem como o aporte de outras provas vinculadas ao objeto em estudo, é "que a ciência dá o veredito, incluindo em seu terreno a hipótese sob a forma de lei".[14]

A pesquisa científica da reencarnação na atualidade

A pesquisa cientifica da reencarnação, todavia, tem se mostrado um terreno pantanoso, a ponto de um número considerável de neurologistas e psiquiatras considerar os estudos sobre o tema inconclusivos sob o enfoque científico, enquanto que uma pequena fração a intitula como "pseudociência". Embora o já referido médico canadense-americano Ian Stevenson, professor da Universidade da Virgínia, tenha desenvolvido um método apropriado ao seu objeto e estudado diversos casos de reencarnação com técnicas investigatórias e entrevistas extremamente rigorosas, vencendo resistências na Academia, o fato de que o método dedutivo experimental clássico utilizado para as ciências da natureza não se aplica à palingênese, outro termo utilizado para o fenômeno reencarnatório.

Isso porque as ciências naturais se encarregam de estudar os fatos e fenômenos que ocorrem no mundo material acessível aos nossos cinco sentidos, com base na observação e na experimentação. O fenômeno reencarnatório, todavia, se insere na complexidade dinâmica e mutável da jornada humana em suas múltiplas dimensões e, portanto, não se encontra abrangido pelo escopo restrito do método cientifico, idealizado por Francis Bacon, no século XVI. Ainda que tal método venha se aperfeiçoando ao longo dos séculos, e tenha se tornado mais flexível ao se deparar com o enigma quântico, não se aplica comodamente aos domínios de uma investigação *mezzo* natural, *mezzo* metafísica, em que a própria abrangência de seu objeto transcenderia a vida biológica, como vem sendo pesquisada atualmente. Se a biologia sequer definiu, com precisão, o que é vida, o que dirá extrapolar esse conceito para o que é extracorpóreo e imaterial?

Há outro aspecto, também. Talvez o método científico ortodoxo, responsável por tantas realizações ao longo do século XIX, tenha maior aplicabilidade conceitual à zona das dimensões médias onde se desenrola a nossa vida cotidiana. No descomunalmente grande, ou no infinitamente pequeno, o conceito de objetos sólidos foi desconstituído. A visão mecânica do mundo da física era baseada na noção de corpos compactos movendo-se em trajetórias previsíveis. Os átomos, todavia, não são estruturas sólidas e indestrutíveis como preceituava Demócrito. Pelo contrário, equivalem a vastas regiões de espaço vazio no qual subpartículas infinitamente pequenas se movem, e por vezes desaparecem em saltos quânticos vertiginosos.

Todos os átomos de nossos corpos, além do hidrogênio e do hélio, foram forjados em núcleos estelares. Quando uma estrela colapsa, uma infinidade de átomos se espalha pela galáxia, infunde a nova geração de nuvens de gás e poeira que no futuro se condensará formando sistemas estelares juvenis, como o foram nosso Sol e seus 8 planetas (9 com Plutão, cujo *status* é discutível), bilhões de anos atrás. Pode-se dizer, assim, que não estamos sós no Universo, pois o Universo está em nós.

Nas vastidões siderais e no interior dos átomos, ou seja, fora da zona das dimensões médias familiares ao nosso dia a dia, a apreensão dos fenômenos pelos nossos sentidos é muito mais problemática. Há o problema da captação, pois observar deixa de ser o procedimento de receber passivamente dados sensoriais para tornar-se um processo muito mais complexo de receber, selecionar e hierarquizar informações. Talvez tenhamos que pensar em um método mais maleável e menos escalonado para testar hipóteses no infinitamente pequeno ou naquilo que se situa num horizonte temporal muito distante.

Enfim, a Ciência não é uma escada rolante movida exclusivamente pela observação e pela razão, gradualmente projetando-se com destino a um acúmulo de verdades provadas e certas, advindas exclusivamente da observação empírica. Paradigmas se transformam, ou mesmo mudam radicalmente ao longo das gerações de estudiosos que – ao alterar o ambiente intelectual de cada época – permitem (ou proíbem) a reinterpretação dos dados existentes. Os fatos não existem sem um observador, o que significa que os seus interesses e cosmovisão são cruciais para o que constitui a ciência atual.

Os paradigmas cosmológicos que tangenciamos ao longo desta obra, por exemplo, já foram ptolemaicos, copernicanos e newtonianos, e no presente momento são einstenianos. Como afirma Thomas Kuhn, um "novo paradigma emerge de repente, às vezes no meio da noite, na mente de um homem profundamente imerso em crise" e acaba por nos fornecer, quando as resistências são vencidas, uma nova lente para enxergar ao nosso redor. Como Planck, citado por Kuhn afirmou certa feita, "uma nova verdade científica não triunfa ao convencer seus adversários e fazê-los ver a luz, mas sim porque seus oponentes um dia morrem, e uma nova geração mais familiarizada com ela surge".[15]

Enquanto um novo paradigma não substitui o modelo materialista de ciência[16], pesquisadores mais ortodoxos em neurologia, cuidados paliativos, cosmologia e física quântica, ao se depararem com possibilidades que transcendem as explicações convencionais, refutam as críticas com tenacidade. Acabam por adotar o mesmo comportamento das religiões tradicionais ao se defender das contestações na época do Iluminismo: os argumentos que questionam seus pontos de vista simplesmente não merecem crédito.

Não obstante, experimentos com percepção extrassensorial, fenômenos de entrelaçamento quântico e de não localidade, bem como as modalidades alternativas de medicina vêm questionando os conceitos básicos do *mainstream* cientifico e merecem ser discutidos com mais profundidade. Neste contexto amplo, já vimos que a reencarnação é estudada por meio de vários indícios, dentre as quais se sobressaem a psicologia transpessoal, a EQM (experiência de quase morte), a genialidade precoce e as lembranças espontâneas de acontecimentos que, por suas circunstâncias especialíssimas, teriam ocorrido em vidas passadas.

Apesar de tudo, afirmar o caráter cientifico da tese reencarnacionista seria precipitado, uma vez que seus limites não se amoldam ao método experimental da tradição da pesquisa das ciências da natureza. Esse método se baseia em um paradigma prestes a ser ultrapassado, pelo qual existiria apenas o chamado "estado normal de consciência", produto direto do metabolismo corporal. A questão é que

> existe, além da realidade cotidiana percebida através dos nossos cinco sentidos e limitada pelo conceito tridimensional de tempo e de espaço, uma realidade mais ampla fora da dimensão do tempo-espaço, dentro da unidade universal.[17]

Cada vez mais, percebe-se a existência de outros sentidos além dos cinco clássicos, na maior parte da população mundial "subdesenvolvidos em razão direta da hipertrofia dos cinco outros causada por uma educação distorcida".[18] Em níveis não usuais de consciência, vibrações energéticas distintas podem ser captadas, a intuição se amplia e a mente processa as informações do entorno de uma forma totalmente distinta. Quando os cinco sentidos tradicionais estão inoperantes, tal qual em uma experiência de quase morte (EQM), receptores distintos em nosso psiquismo mais amplo "dão acesso a outros aspectos da realidade, quando não à realidade total", em um contexto de aproximação entre as conclusões de algumas correntes da física quântica e as descrições feitas quando do retorno a vigília, pela pessoa que vivenciou a experiência.

Mas deixemos um pouco de lado esse debate para nos concentrarmos em outro aspecto essencial da cultura desse século XXI, a concepção da justiça: Se, em última análise, o propósito da reencarnação é a convergência para o Divino, como um Deus onipotente, onisciente e benigno toleraria todo o mal que existe no mundo?

Questionando a justiça da reencarnação: a questão do Mal moral

Retomando a questão do item anterior: esse Ser supremo e justo tolera o mal por qual motivo? Se Deus é realmente supremo, é consciente do mal que há no mundo e, caso seja efetivamente justo, porque não o bane de uma vez? Por que não o elimina de todos os rincões do planeta, catapultando a felicidade e o bem-estar de toda a humanidade?

É este tema – o paradoxo do mal – que passaremos a enfrentar.

Tal objeção é robusta, é preciso reconhecer, fortalecendo o Caos em detrimento do Cosmos. Constitui-se, na verdade, em um trilema, assim sumarizado: 1) se a divindade suprema fosse mesmo onisciente, como afirmam os devotos, saberia que o mal existe; 2) assim, através de sua onipotência, poderia extirpá-lo, caso desejasse; 3) como pode extirpar o mal, cortando-o pela raiz e não o faz, a deidade a quem cristãos e judeus louvam não pode ser amorosa, o que contraria um dos seus atributos principais.

Sua formulação é atribuída a Epicuro (341 a.C.-271 a.C.), filósofo grego nascido na ilha de Samos, que teria desenvolvido a estrutura lógica acima composta de três afirmativas, em que a veracidade de duas delas ensejaria a exclusão da terceira. A indagação que se faz é justamente como explicar que os alegados atributos de Deus não são incompatíveis com o fato, inegável, de que persiste o Mal no mundo.

Os críticos ao teísmo são incisivos: diante da persistência do sofrimento em suas mais variadas manifestações, afirmam que ou Ele desejou impedir o mal e não pôde, ou pôde e não quis. Se assim desejou e não pôde, não é Deus, mas algo de menor valia, incapaz de fazer valer a sua vontade; se podia e não quis, então não é amoroso. Por fim, se Ele quer e efetivamente pode impedir a crueldade e a injustiça, então porque atos cruéis e situações injustas persistem? E mais, porque em determinados momentos e lugares, parecem mesmo se intensificar?

Santo Agostinho elaborou uma resposta a essa crítica, preconizando que o Mal em si mesmo, como força autopropulsora de condutas malignas, ou mesmo entidade apartada que se contrapõe a Deus

– Satanás, um Belzebu, o próprio Diabo – simplesmente não existe. Tanto que Satanás, em hebraico, e *Diabolos*, em grego, significam "o adversário". Cada vez que eu contrario a lei universal, eu acabo sintonizando-me a correntes de energia densa, do mesmo padrão vibratório. O mal, dessa forma, não se encontra personalizado em um ente, porquanto o "adversário" está dentro de nós mesmos, como uma maior disposição para sintonizar com outras entidades perturbadas. Assim como temos Deus em nós, também podemos ter o diabo em nosso interior, como adversário íntimo ou inimigo "na trincheira", se não vigiarmos nossos pensamentos e ações.

O mal é, em essência, a falta eloquente do Bem. Quando tal carência extrema é interior, temos o inferno dentro de nós mesmos

Seria também ignorância, como veremos a seguir, uma ausência de beatitude manifestada em pensamentos de baixa extração, que acabam por gerar más ações coordenadas e desembocam em padrões de comportamento, que passam do individual ao coletivo de forma quase viral. Os totalitarismos do século XX, com seus milhões de vítimas, escancararam que o mal não só existe, mas também é contagiante.

Neste ponto, é preciso aprofundar um pouco a reflexão, para indagar-se o que significa "existir". Isso porque nem toda existência é ontologicamente positiva, isto é, nem toda existência é substancial, material, tangível. Há, também, espécies de pseudoexistências, designando não algo em si, mas justamente a falta de algo. Tais expressões são formuladas intencionalmente, para facilitar a comunicação, ou por um descuido semântico, em que não se percebe que o destaque linguístico é dirigido para a ausência de algo.

Um exemplo irá esclarecer o ponto. A referência mais simplória a uma existência ontologicamente negativa, ou pseudoexistência, seria um buraco. Ele não existe como substância que preenche uma cavidade positiva, ele designa a ausência parcial de determinada matéria. Um buraco no asfalto de uma rodovia designa a falta de asfalto; se meu cachorro Bidu escava o pátio com as patas, o buraco resultante expressará a falta de areia em um local que antes era plano.

De forma análoga, Santo Agostinho concluiu que o Mal é a designação ontologicamente negativa do Bem, isto é, o Mal é a ausência do Bem, o "não bem". No plano moral da vida coletiva, é o resultado da ação corrompida de alguém que, dotado de livre-arbítrio, renuncia a uma conduta boa e envereda por uma ação nociva, para si e para os outros[19]. Esse raciocínio, apresentado de forma bastante simplificada neste tópico, pode ser lido com mais sofisticação ao longo do capítulo 12 do livro VII de seu livro *Confissões*.

Assim, tal qual a escuridão é a ausência de luz, e o frio a falta de calor, para Agostinho, o Mal seria a ausência de Bem, e resultaria da opção de seres conscientes de optar pelo "não bem", em várias circunstâncias da vida em comunidade.

Avançando um pouco mais, ele sustentou que o mal se concretiza no mundo em função do uso errôneo do livre-arbítrio, que pode ser rastreado até o pecado original de Adão e Eva. Seria, portanto, o resultado da corrupção da vontade que foi concedida aos seres humanos por Deus, tornando o sofrimento uma sanção justificável pela quebra de confiança e pela falta incorrida. Toda a Humanidade teria herdado o pecado do primeiro casal, que passou a ser designado na teologia cristã como o "pecado original".

Aristóteles, que viveu uma geração antes de Epicuro, idealizou a Consciência Suprema como o "primeiro motor do universo", vale dizer, a consciência imutável e perene que induz ao movimento tudo o mais que existe. "Movimento", na concepção aristotélica, é aquilo que induz a passagem da potência ao ato, e o motor seria o indutor dessa passagem. Essa consciência suprema, presente em cada um de nós como centelha divina, nos induz a desenvolver nossas potencialidades, de forma que possamos preencher as nossas lacunas com justiça, serenidade e amor. Daí a identificação de algo ontologicamente negativo, como um buraco ou uma lacuna, ser tão representativa.

Se, de forma gradativa, começarmos a preencher o buraco de nossa ignorância com ponderação e alguma compaixão, o mal será gradualmente remediado pela aquisição de patrimônios intelectual e moral, até o ponto em que estaremos aptos a dar plena passagem aos impulsos desta centelha divina, capacitando-nos a uma ascensão fulgurante rumo aos planos celestes.

Podemos, então, avançar ou retardar, enredados nos impulsos autocentrantes do ego. Evoluir ou estagnar constitui uma escolha de cada individualidade, de cada espírito em evolução. Quanto mais nos retardarmos, maior será o número de reencarnações expiatórias, dolorosas, que deveremos experimentar nesse processo de aprendizagem, de preenchimento, de integralização do ser com as virtudes existentes em potência no nosso íntimo. Nesse ponto, não podemos deixar de reiterar que o movimento induz a vibração, é a particular forma como vibra cada espírito que revela a sua condição espiritual, o progresso moral e intelectual já alcançado.

Em última instância, o grau de sua elevação.

Quem estudou a reencarnação a fundo costuma convencer-se de que ela é, mais do que qualquer outro *constructo* teológico ou filosófico, o grande instrumento da justiça de Deus, permitindo a conciliação da liberdade e do livre-arbítrio com a necessidade de evolução consciencial. O mal é, em essência, ignorância. Muitas vezes, uma ignorância orgulhosa, senhora de si. Nestas condições, requer um interregno longo – muito superior a uma existência humana de setenta ou oitenta anos – para que um processo gradativo de aquisição de conhecimento e sabedoria possa se estabelecer.

Não há, assim, castigos propriamente ditos, mas no mais das vezes consequências.

> Deus as permite para que haja aprendizados individuais e coletivos. Daí o sentido de justiça das pluralidades de existência. Vivemos o que construímos para nós mesmos e estaremos construindo o que encontraremos amanhã, e tudo isso se soma aos estágios necessários de aprendizado.[20]

Processos, todos eles, são demorados, mormente quando tendem a ser rejeitados por seus beneficiários. E rejeitados pelos mais diversos motivos, da preguiça ao hábito do prazer grosseiro – prejudicial a si e aos outros –, da inércia à manutenção da zona de conforto e de um padrão mental a que já estamos acostumados.

Essa é a razão pela qual a reencarnação é considerada, nos sistemas filosóficos mais evoluídos, um processo educativo.[21] É ela que possibilita, de forma concomitante, tanto a reconciliação plena do ser humano com os outros, através da benção do esquecimento momentâneo dos acontecimentos passados, quanto o reencontro de cada um consigo mesmo, atenuando a pressão deletéria da culpa – que mortifica e paralisa – sobre o espírito que toma um organismo físico para uma nova experiência.

A questão da ausência de instrumentos de medição e análise: a busca de uma metodologia própria para a pesquisa sistematizada da reencarnação

A reencarnação é, portanto, o fenômeno que ilumina a justiça divina e atenua a permanência do mal neste pequeno planeta entre trilhões de outros, ainda que o Universo integral reflita a presença de um Deus bondoso, onipotente e onisciente. A lição que vem sendo soprada desde os Vedas é clara: O *tao*, o caminho evolutivo, processa-se tanto no plano espiritual a que seremos trasladados pela particular maneira de fazermos vibrar nossos oito octilhões de átomos, quanto no plano material, para o qual somos atraídos, de tempos em tempos, tal qual a Terra atrai a Lua segundo os modelos de gravitação expostos por Newton.

Somos todos espíritos que momentaneamente fazem uso de um veículo físico como instrumento evolutivo. O plano material é transitório e fluido como o rio de Heráclito[22], nossa consciência precede a matéria e sobrevive ao colapso do organismo.

Não obstante, e para horror dos experimentalistas, essa sobrevivência não pode ser comprovada pelo aparato tecnológico atual, mantendo-se as variáveis sobre controle e renovando-se a experimentação tantas vezes quanto necessário.

Digo mais: não será a geração atual de cientistas que decifrará, experimentalmente, a textura do espaço, a natureza do Cosmos ou o funcionamento de nossa própria consciência. Também não serão os filósofos contemporâneos às novas teologias inseridas neste mundo quântico que inaugurarão escolas de pensamento inovadoras. Tampouco teremos, no curto prazo, uma religião universal que possa unificar corações e mentes ao longo do Globo, relativizando as diferenças entre os credos e concentrando-se em seus pontos benéficos comuns.

Não há nada de novo sob o sol. Na verdade, as respostas que nos são inteligíveis já vêm sendo assopradas há muito. Como a humanidade sempre as esquece, é preciso constantemente repeti-las, com as roupagens adequadas à cada época.

Ainda assim, e não obstante todas as evidências colacionadas ao longo dos capítulos anteriores, é difícil que no curto ou médio prazos o *mainstream* científico venha a aceitar a reencarnação como uma hipótese de trabalho viável, justamente em função das grandes dificuldades trazidas para a sua testagem através da metodologia científica tradicional. A centenária afirmação do austríaco Ernst Mach, na época em que Freud e Einstein poderiam se esbarrar em um passeio pelas ruas de Viena, ainda produz um retumbante eco neste início de milênio: “a ciência deve apenas descrever os dados dos sentidos da maneira mais eficaz possível”[23]

Os “dados dos sentidos” são aqueles provenientes de audição, paladar, tato, olfato e visão. Fatores claramente insuficientes para tratar dos desafios da mecânica quântica atual, que exigem intuição e abertura mental para o tratamento crítico das singularidades que se apresentam.

De acordo com o cânone científico vigente, "uma teoria deve, antes de tudo, fazer previsões que sejam testáveis, com resultados que possam ser expostos objetivamente"[24]. Todavia, na seara da reencarnação não há objetos a serem estudados, mas sujeitos – uma inteligência que, tendo animado um corpo humano no passado, teria retornado após seu perecimento para associar-se a novos gametas, dando impulso à embriogênese. A primeira mudança de paradigma portanto é esta: o sujeito a ser estudado é a integralidade do ser consciente, o que projeta dificuldade para o corte a fim de se delimitar as fronteiras da pesquisa.

Ainda que ultrapassado esse obstáculo, o problema adicional é que os equipamentos e métodos científicos atuais não conseguem avançar na investigação de fenômenos quânticos ou astrofísicos mais evidentes, dadas as dimensões infinitesimais envolvidas no interior dos átomos, infensas a processos mais acurados de testagens e medição, bem como nas incomensuráveis distâncias do universo conhecido. Neste contexto, o que poderá ser dito acerca da pesquisa da interação mente-cérebro por meio de processos não convencionais?

Há uma dificuldade, aqui, não só do ponto de vista da ciência factual, mas também no que concerne à ciência formal, relacionada aos métodos de obtenção e catalogação dos dados. A distinção entre essas duas categorias de ciência é efetuada mediante os objetos de estudo. Segundo essa abordagem, as ciências formais abrangeriam o estudo das ideias, enquanto que as ciências factuais direcionam-se para o estudo dos fatos e fenômenos naturais em si, o que abarca inclusive a estrutura somática humana a que nos referimos no início deste tópico.

As ciências formais tratam, assim, de enunciados e raciocínios sistematizados abarcando as relações entre símbolos (Matemática, Linguística, Sociologia, Psicologia, Política etc.) –, enquanto as ciências factuais se ocupam de objetos empíricos; tendo por alvo fenômenos ou processos que se classificam nas também chamadas ciências da natureza (tais como Geologia, Física, Química e Biologia). Nessa classificação dual, enquanto as ciências formais centram-se na argumentação lógica, as ciências factuais necessitam do experimento, de forma que um sistema de ideias preestabelecido é necessário, mas não suficiente: torna-se mandatório que se realize um experimento para que o enunciado possa ser tido como "provavelmente adequado".

Não obstante as diferenças entre os objetos de estudo, os limites entre ciências formais e factuais não são rígidos e não se apresentam estritamente definidas. A rigor, nem mesmo essa bipartição simples entre duas categorias é unanimemente aceita entre os estudiosos da filosofia da ciência, havendo diversas classificações alternativas.

De qualquer maneira, se e quando a hipótese da reencarnação vier a ser entendida como tema científico válido – e mais especificamente, um campo prevalente e prioritário para a investigação científica de amplo espectro –, deverá assumir uma posição bivalente nesta classificação dual. No estudo sério da reencarnação, cumula-se a necessidade de argumentação lógica – tal qual a que estamos realizando ao longo desta obra – com experimentos pontuais que possam ir avançando, de aspectos periféricos da reencarnação (como as EQMs) até os temas centrais, à medida que a própria tecnologia se aprimora. É preciso o levantamento de casos sugeridos de reencarnação com o maior detalhamento possível, seguindo-se os passos de Ian Stevenson em seu rigor sistemático no tratamento dos dados.

Em última análise, talvez seja necessária a construção de uma metodologia científica particular, levando em conta a singularidade do fenômeno a ser analisado. Um dos pioneiros do estudo sistematizado da reencarnação, Hemendra Nath Banerjee, Diretor do Departamento de Parapsicologia da Universidade de Rajasthan, Índia, e autor de um livro relatando vinte e cinco anos de pesquisas na área da reencarnação, foi bastante franco ao admitir que "ninguém descobriu ainda um procedimento pelo qual a reencarnação possa ser provada num laboratório ou em tubo de ensaio",[25] e referiu que se valia do método inquisitivo, depois adotado por Ian Stevenson: "não é incomum para mim entrevistar mais de cem pessoas em relação a um único caso"[26]. No livro *Vida Pretérita e Futura*, descreve suas conclusões advindas de centenas de casos estudados em vários países, da Índia à França, e da Turquia aos Estados Unidos, onde relata ter percebido bastante aversão ao tema, principalmente por parte do meio científico nos anos sessenta. A partir de seu trabalho, o assunto começou a despertar o interesse de outros pesquisadores ocidentais, angariando a atenção do multicitado Prof. Ian Stevenson.

Entra em cena a *"navalha de Ockham"*

A interação com crenças de origem asiática e o próprio sentimento religioso de boa parte da população ocidental são elementos complicadores na tentativa de equacionar adequadamente a hipótese reencarnatória. Isso porque a tradição judaico-cristã dominante não limita a sua influência à espiritualidade em geral, mas permeia-se por todas as áreas, inclusive agindo como limitador da abrangência da pesquisa científica. As universidades europeias mais antigas foram criações eclesiásticas[27], e ainda que tenham se proposto ao estudo de temas diversos - universais - sempre tiveram o seu DNA vinculado ao cânone religioso da Baixa Idade Média. Seus balizamentos intelectuais, as obras fundamentais estudadas e os eixos programáticos das disciplinas - da gramática à dialética, da filosofia natural à astrologia, e da música à geometria - integravam a própria estrutura da Igreja Católica, donde eram oriundos boa parte dos professores.

Nosso meio cientifico oficial teve a sua gênese aí, e o cenário acadêmico só experimentou mudanças significativas a partir do iluminismo, principalmente no Norte da Europa. Essa origem permeia de tal forma o inconsciente coletivo dos potenciais pesquisadores que a palingênese é rechaçada como objeto de pesquisa legítimo, ainda que sejam múltiplas as potenciais interações do fenômeno reencarnatório tanto com as ciências formais (no que tange ao psiquismo mais íntimo do ser consciencial, resultado de suas diversas experiências corpóreas) quanto com as ciências factuais (no que concerne aos aspectos quânticos já referidos ao longo dos capítulos anteriores, que abrange desde a ligação mais profunda entre cérebro transitório-mente imortal, até a coexistência entre os diversos planos vibracionais). Tais interações desafiam uma investigação multidisciplinar e sistêmica do tema, bem como uma abertura mental elevada por parte dos pesquisadores, que já vêm ampliando-se na expectativa da transição planetária que se avizinha.

Seja como for, a intensidade da tarefa assusta e intimida. Há, entre a comunidade científica, um silêncio comedido acerca do assunto. Por mais rigorosos que tenham sido os inquéritos presididos por Ian Stevenson na seleção de seus casos, e ainda que seu sucessor Tucker tenha limitado seu escopo de pesquisa da reencarnação às hipóteses de renascimento ocorridas em território norte-americano, o tema é considerado movediço para uma pesquisa aprofundada, pouco atraente para o levantamento de fundos financeiros que o possam custear e - o que se fala à boca pequena - um rolo-compressor para reputações acadêmicas. Nesse contexto desfavorável, a pesquisa de Stevenson-Tucker não provocou na comunidade acadêmica ocidental a repercussão que seria merecida.

Um dos poucos cientistas dispostos a abordar publicamente o tema, Michael Levin, diretor do Centro para Regeneração e Biologia Desenvolvimentista da Tufts University - escreveu uma resenha sobre os achados de Tucker. Nele, reconhece a falta de um modelo científico que seja adequado para a checagem e eventual confirmação da pesquisa sobre reencarnação. Em suas exatas palavras (a tradução encontra-se na respectiva nota de rodapé):

> *When you fish with a net with a certain size of holes, you will never catch any fish smaller than those holes,", so "what you find is limited by how you are searching for it. Our current methods and concepts have no way of dealing with these data.*[28]

É claro que essa momentânea carência de instrumentos pode ser minimizada por avanços em outras áreas do conhecimento, correlatas ou não. Recentemente, foi criado um sistema de lógica difusa que prevê um *continuum* entre o verdadeiro (que equivaleria ao valor 1) e o falso (valor zero), de forma que algo que fosse uma verdade provável, ainda que não comprovada, poderia ser categorizada pelo número de indícios que a posicionam, digamos, na grandeza 0,8; enquanto que uma suposição sem muita base empírica, experimental ou lógico-dedutiva seria ranqueada em 0,1 ou 0,2.

A esta altura da exposição, não é preciso um grande esforço argumentativo para valer-se dessa escala e sugerir o seguinte: o conjunto de doutrinas que dão suporte à tese reencarnatória, sua persistência multimilenária em tradições e culturas de diversas partes do Globo, sua adequação em compatibilizar a crença em uma Consciência Suprema benevolente e justa com a intensidade do Mal que ainda persiste no mundo, bem como o conjunto de evidências colacionadas em diversas obras de fôlego, numerosas e concordes entre si, indicam que a suposição tratada neste livro pode ser ranqueada em um patamar superior a 0,5.

Para corroborar essa afirmação, lançamos mão do antigo princípio de investigação escolástico denominado "*navalha de Ockham*", cuja lâmina "cortaria" todas as suposições desnecessárias. De fato, quando há três ou quatro explicações plausíveis para algum fenômeno, a explicação mais simples tem maior probabilidade de estar certa. Sob este prisma, não há justificativa para que a neurologia tradicional coloque tanta ênfase na concepção de que a consciência é um mero subproduto do corpo, resultado de um metabolismo precário, se há tantas evidências em sentido contrário.

Assim como também não há razão para que as religiões ditas "reveladas" insistam no dogma de criação da alma no exato instante da concepção, refutando a teologia de Auro e tradições filosóficas muito antigas sem uma argumentação consistente. A concepção universal de uma divindade amorosa, comum às religiões, torna-se muito mais factível aceitando-se a ideia da preexistência da alma ao corpo, sua sobrevivência ao colapso orgânico e a existência de intercessões entre as diversas experiências terrenas.

Aqui, cabe reprisar a pergunta: se todas as espécies evoluem, conforme demonstrou Darwin, porque não pode evoluir também o princípio espiritual que as vivificam?

Tudo indica que ele também evolui. O princípio espiritual arquiva o fator genético de maior importância – por exemplo, em um mamífero herbívoro pescoço mais longo para alcançar as ramagens mais altas – registrando-o em seu psiquismo transcendente, uma memória extracerebral comum à espécie. À medida que as experiências são repetidas em diversas vidas sucessivas, por diversos indivíduos (por exemplo, espécies ancestrais das modernas girafas), há um reforço do arquivo espiritual no que tange àquela informação[29]. Conforme já destacamos em capítulo anterior, somos todos "informívoros", consumidores de informações, o que vem ao encontro de uma das características primordiais destacada por Leibniz na mônada, a percepção.

Assim, se o mamífero em questão precisa desenvolver seu pescoço – o esforço muscular contínuo que empreendeu durante toda a sua vida para alongar a musculatura em questão fica registrado em algum arquivo cerebral, e a informação é transferida para a mônada quando esta se desliga do corpo físico por ocasião do perecimento. A mônada, ou princípio espiritual, transporta a mensagem cifrada daquela necessidade, o que com o reforço contínuo de informações consonantes, advindas das milhões de experiências individuais, desencadeia a mutação genética que irá redundar no ganho evolutivo.

Sobre a égide da lei da evolução, alguns genes adquirem proeminência sobre os demais, e o efeito somático é obtido. A espécie ganha em adaptação e competitividade.

Em sucessivas reeencarnações, "os novos organismos trazem uma influência crescente dos registros passados", uma vez que o princípio espiritual

> cada vez mais absorve e se impregna das necessidades do animal em se modificar e cada vez mais transmite o estímulo energético destas necessidades aos novos corpos em que reencarna[30].

As informações são registradas

> na mônada espiritual e repassados aos poucos aos descendentes, através da seleção dos genes mais próximos destas necessidades, disponíveis no momento, até que novas mutações ofereçam material genético mais aprimorado[31].

A intenção transformadora, inconsciente ao indivíduo em si, passa gradativamente a constituir uma necessidade coletiva e imperiosa, quando a mudança climática ou ambiental passa a ameaçar a espécie como um todo, desencadeando o processo que resultará na mutação genética.

Feitas essas considerações, destacamos que este capítulo não poderia terminar sem que antes se pudesse, de forma sistemática, analisar algumas das principais linhas argumentativas que refutam a hipótese de reencarnação. Para tanto, apresentamos as críticas mais comuns inseridas como epígrafes, propiciando um desenvolvimento argumentativo robusto para cada questão trazida.

A. Se já vivemos neste planeta antes, porque não nos recordamos de acontecimentos marcantes dessa vida anterior, assim como nos lembramos claramente de nossa formatura, casamento e nascimento dos filhos na existência atual?

Uma resposta adequada a esse questionamento passa por uma breve análise sobre a maneira pela qual as lembranças da existência em curso são conservadas.

Embora os primeiros cinco anos de nossas vidas tenham sido quase que apagados de nossa memória, é obvio que estávamos conscientes. Ainda que a quase totalidade dos nascidos a partir de meados do século tenham seus primeiros meses materializados em vídeos e fotografias, alguém nascido em inícios do século XIX não tinha acesso a nenhum registro de sua primeira infância que não fosse o depoimento de seus pais ou pessoas próximas. Não obstante, vivenciou diversos fatos que seu cérebro infantil não logrou reter.

Meus pais, por exemplo, compraram uma televisão para assistir à chegada do Homem à Lua, em 1969. Eu contava com dois anos, e segundo vários testemunhos de familiares presentes, exigi ser levado ao banheiro no exato momento em que Armstrong preparava-se para o primeiro passo em solo lunar. Nada recordo do que foi dito pelos familiares, da decoração da casa ou o que foi servido como aperitivo.

Sequer me lembro de quem estava lá. No entanto, trago ainda uma imagem bem nítida do pouso em si, resultado de documentários que vi quando adolescente. Hoje, a cena do "pequeno passo para um homem, um grande salto para a humanidade" está disponível a todos, através de um simples clique em um computador ligado à internet.

Mas deixemos de lado essa façanha da humanidade e concentremo-nos em nossas próprias lembranças cotidianas de adultos. Ao término de mais uma semana, são raras as pessoas que se lembram detalhadamente de tudo o que fizeram durante o seu transcorrer, e menos ainda o que disseram ou pensaram. Irving Cooper, escrevendo sobre a reencarnação de uma perspectiva teosófica, já assinalava, nos idos de 1917, ser evidente "que o cérebro está nos permitindo esquecer uma quantidade imensa de detalhes", e que esta particularidade – a função do esquecimento – poderia ser uma das suas mais importantes propriedades[32].

Aqui, cabe uma analogia quase intuitiva: de que maneira um casal de meia idade pode saber que fizeram uma trilha de quinze quilômetros nos cânions do sul do país, aos vinte e poucos, em um dia nevoento e chuvoso, senão através de suas memórias? No que diz respeito ao caminhar em si, é quase certo que nenhum dos dois se recorda do processo de aprendizado desta habilidade básica, entre os doze e os dezoito meses, ainda que tenham passado por esta experiência.

Há informações demais ao nosso redor, e os neurônios precisam peneirá-las, extraindo o que for mais relevante e útil à nossa trajetória.[33] Essa necessidade de filtragem se acentua em um mundo cada vez mais povoado de imagens e sons trazidos pelo celular, este deus onipresente. Nesse particular, questiono: será que precisamos dos detalhes das situações mais exasperantes de nossas três últimas reencarnações, ou a aprendizagem advinda dessas experiências bastaria?

Pesquisas recentes têm revelado a existência de uma região cerebral específica, o córtex pré-frontal dorsolateral, cuja finalidade é cortar o acesso a informações que o "eu" mais profundo pode considerar indesejadas. Assim, não só dados secundários, mas também memórias mais traumatizantes podem ser, simplesmente, afastados por mecanismos mentais de defesa, que procuram mitigar os danos para a socialidade do indivíduo.

Tais memórias podem ser acessadas apenas sob condições especialíssimas, seja quando o indivíduo já superou aquela fase evolutiva especifica, seja quando for útil para um tratamento terapêutico. Assim, poderia ser recuperada a lembrança de uma agressão sexual sofrida em tenra idade – cujo impacto foi sufocado para que se permita alguma normalidade nas interações afetivas da vida adulta – mediante a hipnose orientada e responsável.

O paradoxo daquilo que é lembrado e daquilo que é esquecido também, por vezes, se repete nas etapas iniciais de uma nova reencarnação. Lembranças da personalidade anterior, seu grupo familiar e o contexto cultural misturam-se aos influxos da própria personalidade em formação, no contexto da vida corpórea em curso, formando um rico amálgama de pulsões, memórias e sentimentos.

Não iremos reprisar, aqui, o longo raciocínio que fizemos acerca da benção do esquecimento e das suas vantagens para a experiência reencarnatória atual. Cabe referir, todavia, o cerne da justificativa para o momentâneo olvido das crises e turbulências vivenciadas em experiências dos séculos anteriores.

É que o esquecimento das vidas passadas possibilita a convivência com desafetos, ou mesmo inimigos de existências pretéritas, no âmbito de um grupamento mais delimitado, e por vezes até no núcleo familiar mais estrito. Como bem explanado por Kardec, a evolução é um processo coletivo e a disponibilidade de uma nova oportunidade evolutiva, um degrau acima, só se dá após a reconciliação daqueles inseridos na mesma família espiritual.

Tal realidade, voltamos a destacar, não passou despercebida na Antiguidade Clássica. O *Lethes* era tido por uma grande planície do Hades em que corria o rio Amelete, cujas águas provocavam o esquecimento das vidas passadas. Na conhecida obra *Eneida*, Virgílio escreve que é somente após o morto ter suas memórias momentaneamente apagadas pela ingestão destas águas que o espírito estaria apto a reencarnar.

A recordação plena de circunstâncias decisivas de vidas passadas, em que fomos traídos ou abandonados – ou traímos e abandonamos alguém que agora volta ao nosso convívio – poderia nos trazer raiva ou culpa em relação a individualidades que dividiram conosco aquela experiência. Como já tivemos a oportunidade de destacar, estamos inseridos em um grupo mais numeroso – uma família espiritual ampliada que se caracteriza por responsabilidades mútuas, bem como o compromisso com o adiantamento coletivo. Se memórias ruins tornam-se indisponíveis pelo interregno em que a mente imortal encontra-se enclausurada no corpo físico, deixam de ensejar emoções de repulsa e ódio que venham a prejudicar a reconciliação, ainda que parcial e incompleta, entre antigos desafetos.

Também não iremos reprisar neste capítulo as considerações já feitas sobre a natureza íntima do cérebro, interface material do corpo somático com a mente imortal que o anima. Basta salientarmos que é a estrutura cerebral que viabiliza que o pensamento e a vontade do espírito encarnado possam produzir efeitos no meio físico circundante.

Vale dizer, por ora, que simpatias automáticas e inexplicáveis por alguém a quem se é apresentado podem significar uma proximidade espiritual multissecular, o mesmo valendo para as antipatias mútuas, sem razão aparente. Por vezes, as causas estão ocultas pelo mecanismo do esquecimento abrangente, que se opera quando da preparação do períspirito para o acoplamento ao organismo somático que deverá vivificar.

Em algumas situações, todavia, o esquecimento é seletivo, poupando habilidades longamente desenvolvidas ao longo de vidas sucessivas. Tal situação foi tratada por Cooper há mais de século, e agora encontra-se corroborada pelo avanço científico das últimas quatro décadas, por meio da exaustiva pesquisa realizada por Stevenson e Tucker na Universidade da Virgínia, a que referimos em várias passagens.

Como bem apontado por Cooper, ao longo de nossa trajetória,

> nos defrontamos com uma imensidade de detalhes que esquecemos, mas dos quais extraímos determinadas normas de vida e comportamento, certas faculdades, poderes, tendências, que para nós são de máximo valor[34].

Nessa perspectiva de inícios do século XX – o livro em referência é de 1908 – Cooper adverte que seria necessário "estudar com um cuidado especial as características das crianças", porquanto é na mente infantil que as lembranças das vidas passadas serão observadas "com maior clareza".

Tal estudo só foi efetivamente levado a cabo décadas depois, por meio da extensa e cuidadosa pesquisa de Ian Stevenson, iniciada nos anos 60. Sua investigação ampla – excedendo dois milhares de casos – foi efetivada na Universidade de Virginia, por meio de doações de Chester Carlson, interessado no tema reencarnacionista e que fez fortuna ao inventar e patentear a fotocopiadora, idealizando o que veio a ser conhecido como o *xerox*.

As várias viagens ao redor do mundo realizadas por Stevenson, essenciais para a extensão e relevância do estudo, foram financiadas pelas doações em vida de Carlson. Não há espaço nesse livro para reprisar a metódica pesquisa do psiquiatra canadense e de seu sucessor, Jim Tucker, além da breve referência – já realizada em capítulo anterior – a casos de recordações espontâneas em crianças por eles estudados e catalogados. Muito do que se considera a pesquisa científica da reencarnação foi realizado pioneiramente por Stevenson, através do levantamento sistemático de todas as circunstâncias do alegado renascimento, bem como minuciosas entrevistas com as personagens-chave de cada caso estudado.

B. Por que deveríamos sofrer nesta vida as punições por atos cometidos em outras existências, se deles não temos sequer a mais tênue lembrança? E mais, o esquecimento das experiências por que passamos em reencarnações anteriores não nos induziria a incorrer nos mesmos equívocos de antes?

O objetivo precípuo da reencarnação não é sancionar as faltas ou pecados do passado, já que a sucessão de vidas corpóreas não se justifica por um propósito punitivista. Os objetivos da reencarnação, como já bem sabemos, são o aprendizado e as evoluções moral e intelectual.

Nesse contexto, a omissão da individualidade em espontaneamente reconciliar-se com seus adversários – ou consigo mesmo – e reparar o prejuízo causado acaba por ensejar a atuação da lei de causa e efeito. Da lei do carma, da sistemática de ação e reação, ou qualquer outro nome que se dê à necessidade do retorno ao equilíbrio.

Platão escreveu em um dos seus diálogos que é melhor sofrer um ato vil ou injusto do que cometê-lo, pois uma conduta maligna provoca chagas na alma, e ele não gostaria de se apresentar no tribunal de *Minos* – na sua concepção, uma Corte implacável a que nada escapava – com um visual tão deplorável: o corpo astral coberto das indisfarçáveis feridas que seus atos injustos provocaram ao longo da passagem na Terra.

Alberto Sampaio, palestrante e escritor gaúcho a quem devo parte de minha formação metafísica, vai nessa mesma linha. Sustenta que o ato deliberadamente agressor gera uma espécie de cordão fluídico que liga o agente à vítima, com a transferência de energia psíquica da vítima para o agressor. Tal qual um tubo ectoplasmático, a energia gerada pela vítima a partir da dor física ou moral intensa, provocada pela agressão ou pela injustiça, imprimiria no agressor uma mancha no períspirito. O choque de retorno, então, ensejaria o carma a ser resgatado. Tal resgate, voltamos a destacar, pode se dar pela moeda do amor – que pressupõe arrependimento, reconciliação e reparação – ou pela moeda da dor. Nesse caso, a cobrança cármica, por uma imposição cósmica, torna-se impositiva quando a dívida não é voluntariamente saldada.

Nem sempre precisamos sofrer, portanto, pelos atos ofensivos e más escolhas do passado. A razão de eventual sofrimento, todavia, será descortinada pelo espírito no momento correto, quando estiver preparado para tanto, geralmente quando lhe for possível analisar o conjunto de existências físicas mais relevantes, em perspectiva.

Dessa forma, a evolução espiritual se dá por diversas formas, mas principalmente por meio do contraste entre experiências no plano corpóreo e no plano etéreo. Ocorre, assim, uma verdadeira "evolução em dois mundos", o espiritual e o material, como bem demonstra o título da memorável obra de André Luiz, na psicografia de Chico Xavier. Em nosso estágio atual, de pouco progresso coletivo, ainda precisamos do influxo na carne para que a evolução consciencial seja acelerada.

E, de fato, conforme destacado por Ricardo Di Bernardi, a partir da fecundação do óvulo "a entidade reencarnante se liga a cada molécula do embrião em formação". Dentro da estrutura cíclica que cadencia o Universo, a fixação "das energias espirituais ao novo invólucro físico determina a anestesia do passado, uma vez que o espírito se expressará pela nova estrutura orgânica recém-formada"[35].

Na realidade, não nos esquecemos, mas perdemos de forma momentânea o acesso às nossas memórias extracerebrais. Para ser mais específico, o véu do esquecimento nos é colocado quando a glândula pineal (epífise) do feto é concluída na extensão plena de sua estrutura morfológica, e decorre também da "miniaturização do corpo espiritual (períspirito ou corpo astral), necessárias para a junção a um organismo que, ao vir à luz, terá aproximadamente cinquenta centímetros de envergadura e cerca de três quilos. As moléculas que compõe as unidades daquele corpo perispirítico "sofrem um adensamento com o intuito de se fixarem ao novo organismo", conforme exposto em outro livro do médico Ricardo di Bernardi, *Gestação: Sublime intercâmbio*.

Após o desencarne, mediante a gradativa recuperação das memórias mais significativas de nossas últimas existências, teremos condições de examinar os eventos encadeados, de forma sistêmica e em perspectiva. A análise conjunta de um grupamento significativo de existências[36] poderá indicar que aquilo que para alguns é uma punição cósmica na verdade é uma decorrência da lei de causa e efeito.

Nesse contexto amplo, o temporário esquecimento de fatos capitais das vidas pretéritas não nos induz a cometer os mesmos equívocos novamente, pois a lembrança das consequências desastrosas de atos impensados, egoístas ou cruéis permanecerá em nós como intuição, ecoando naquilo que se convencionou chamar de "voz da consciência".

Como bem afirmado por Allan Kardec, em seu livro, *O que é o espiritismo*?

> Se em cada uma de suas existências um véu esconde o passado do Espírito, com isso nada perde ele das suas aquisições, apenas esquece o modo por que as conquistou. Servindo-me ainda da comparação supra com o aluno, direi que pouco importa saber onde, como, com que professores ele estudou as matérias de uma classe, uma vez que as saiba, quando passa para a classe seguinte.[37]

Experiências relevantes do passado – em encarnações ricas em aprendizado – fornecem-nos diretrizes que se expressam através da voz da consciência e de intuições à primeira vista inexplicáveis. Também as virtudes e dons inatos, que parecem aderir à pessoa desde tenra idade, de fato a ela pertencem: são patrimônio do espírito imortal que a anima. Em suma, tudo aquilo que adquirimos de positivo, no suceder de nossas experiências materiais, integra a nossa bagagem intelectual e moral, arquivada nos arquivos do inconsciente e do subconsciente, e se expressa na forma de dons e habilidades inatas que desenvolvemos.

O engenho e a arte que se revelam em certas áreas da vivência humana não são frutos do acaso, mas de uma longa trajetória de esforço e estudo.

Neste particular, não podemos deixar de referir a dimensão psicológica individual, bem como a inserção de cada espirito reencarnante na instituição "família", no dizer de Rui Barbosa a célula *mater* da sociedade. Aqui, há também certas incompreensões que desafiam esclarecimento.

C. A reencarnação provoca a perda de nossas características mais elementares e a erosão da instituição "família"

Esse argumento é recorrente e, por vezes, pode impressionar quem está analisando a viabilidade da filosofia reencarnacionista pela primeira vez: Conforme os críticos, se a pluralidade de existências fosse um fato poderíamos nos deparar no mundo espiritual com diversos ex-cônjuges, dezenas de pais e centenas de filhos. Em última análise, o sentido de família, tal qual a conhecemos, seria perdida.

Felizmente, não é assim que as coisas se operam. A reencarnação, em verdade, "proporciona reencontros para sanar desencontros e formar novos encontros"[38]. Por seu intermédio, o ser em evolução revive circunstâncias conflitivas em círculos afetivos similares e recebe a chance de agir de forma distinta, fazendo escolhas diferentes daquelas já realizadas no pretérito. Ela é um instrumento tremendamente pedagógico.

Iniciamos um breve esclarecimento tomando por empréstimo mais uma passagem de *A reencarnação em Xeque*, de Ricardo di Bernardi: enquanto as "ligações reprodutivas são adequadas ao mundo físico, onde a máxima 'crescei e multiplicai-vos' depende fundamentalmente da diferenciação de gênero e do intercâmbio sexual entre as criaturas encarnadas", a conceituação de família no plano espiritual está ligada à noção de sintonia, pois espíritos que já lograram uma evolução mediana "não baseiam suas afeições em moldes e necessidades idênticas às terrestres".[39]

Além do mais, o fato de termos tido muitos filhos ao longo de nossas sucessivas experiências corpóreas não implica limitação da capacidade de amá-los. Quem tem a oportunidade de educar várias crianças não as ama com menor intensidade pelo fato de serem numerosas, mas enxerga na diversidade uma chance única de desenvolver e potencializar seu amor. Amar se aprende amando, já dizia o poeta Drummond, e apenas uma perspectiva extremamente egoísta pode pretender limitar o potencial de nosso afeto a dois, cinco ou dez indivíduos.

O próprio Cristo preconizava que deveríamos amar uns aos outros incondicionalmente, o que traduz o cerne do "amor ágape" a que nos referimos em capítulo anterior. Comecemos, então, com os filhos, sobrinhos e afilhados a que nos são confiados no suceder de nossas experiências reencarnatórias, pois é mais fácil afeiçoar-se a uma criança que seja "sangue do nosso sangue", para usar uma expressão antiga, do que a um adulto que nos seja desconhecido.

A educação sentimental em busca de uma amorosidade ampla e compreensiva em prol de toda a humanidade, que construa e fortaleça laços solidários, passa pelo treinamento intensivo proporcionado pela criação de nossos filhos, pelo afeto devotado aos cônjuges, pelos cuidados que oferecemos aos pais idosos. Cada oportunidade de reviver a vida em família apresenta-se como uma nova lição de carinho e cuidado, e um parente negligenciado no passado pode apresentar-se novamente em nosso círculo familiar ensejando o perdão, a reparação e reconciliação.

No que tange especificamente aos cônjuges, a afeição verdadeira, de espírito a espírito, aquela que sobrevive à passagem da mocidade para a velhice e eventuais rixas e desavenças familiares, permanece no interregno compreendido entre as vidas corpóreas. No mundo espiritual, poderá ensejar um tempo maior de convivência, caso haja merecimento de parte a parte.

Não raro, mentes que nutrem afeto e estima mútuos conseguem atravessar juntas a provação de uma nova existência, formando famílias espirituais com laços muito mais fortes do que meras relações de parentesco, relações estas que, por vezes, pouco significam no que tange à afeição e respeito genuínos.

Uniões baseadas exclusivamente em interesses sensuais ou materiais, que já se enfraquecem ao longo do passar dos anos no plano material, tendem a se dissipar totalmente após o desencarne dos ex-cônjuges. Neste ponto, um esclarecimento algo inquietante deve ser feito: assim como a água (H2O) atua como solvente universal; a família física, parental, por vezes, também age como solvente universal das grandes questões cármicas. É no seio familiar que, muitas vezes, nos encontramos com nossos desafetos.

É que quando já reunimos condições de reparar o mal que fizemos a alguém, esse alguém reaparece em nossa vida, às vezes em posição muito próxima. As reparações, quase todas, dão-se mediante a dedicação pessoal e a outorga de cuidados e benefícios a uma vítima de tempos idos. Que pais não se dedicarão ao máximo a um rebento portador de necessidade especial, que, muitas vezes, torna-se aquilo que Cristovão Tezza, autor de um livro sobre a paternidade de uma criança com Síndrome de Down, definiu como o filho eterno?

Tirando a eternidade dessa equação, a obrigação para com os filhos menores permanece ao menos enquanto perdurarem a infância e a adolescência: é uma grande fonte de carma negativo o abandono material – ou moral – da prole quando os pais contraem novas núpcias.

Isso não quer dizer que segundos ou terceiros casamentos sejam – de forma alguma – censuráveis. É natural e até desejável que se procure um novo parceiro após a dissolução da relação anterior. O que é condenável é desinteressar-se pelos filhos dela havidos, contrariando deveres assumidos muito antes, ainda no plano extrafísico.

Como afirmado por Bernardi, na vida terrena "muitos que convivem sob o mesmo teto o fazem para superação da incompatibilidades sérias e necessitam perdão mútuo"[40]. Não teremos contato estreito, ao longo de nossa jornada evolutiva, com todos os espíritos com quem já tivemos laços de sangue no plano material, mas sim com aqueles que construirmos uma maior afinidade vibratória, e que irão integrar a nossa família espiritual.

Assim, não importa que sejam muitos os pais e muitos os filhos que amealhamos em função da lei do renascimento, aqueles com quem tenhamos maior sintonia – e mesmo uma maior convivência ao longo das diversas experiências reencarnatórias, em diversas posições no âmbito de relações consanguíneas continuadas – estarão mais presentes no decorrer das intercessões e das vidas físicas, sempre que estiverem vibrando em uma frequência similar.

A questão também se encadeia com o tema da evolução da personalidade e, por isso, optamos por tratá-lo conjuntamente neste tópico. Já foi destacado em diversas passagens deste livro que o corpo biológico está para o espírito assim como o escafandro está para o mergulhador. É preciso um corpo mais denso para mergulharmos na matéria, viabilizando a experienciação de circunstâncias de que precisamos para nosso aprendizado e progresso.

Atualizando os versos do *Bhagavad Gita*, que fez uso da metáfora da indumentária há três milênios, o fato de eu trocar terno e gravata de trabalho por bermuda e camiseta no final de semana não me torna outra individualidade. A troca de aparência possui reflexos em meu psiquismo: posso estar mais relaxado e desenvolto em um almoço dominical com a família do que em uma audiência criminal na terça à tarde, mas sou fundamentalmente o mesmo.

Pois bem, ao longo das várias reencarnações, o Espírito aufere inúmeras personalidades. Formadas em épocas distintas, diferem bastante entre si, pois são fruto do desenvolvimento social da época e do local em que reencarnam, bem como das características físicas dos organismos somáticos que as abrigam.

De acordo com a tradição oriental, ao ocorrer o desencarne, a essência daquela personalidade transfere-se através do "Cordão de Prata" que liga o organismo somático em colapso à mônada Humana, ao *self*, ao espírito imortal. Passa a integrar o *Sutratma*, uma espécie de arquivo pormenorizado em que, segundo critérios pedagógicos e conforme o progresso já alcançado, o Espírito pode consultar sua história evolutiva, revisitando cada uma das suas personalidades vividas ao longo de sua trajetória. É como um ator já maduro, fazendo um retrospecto de sua carreira, lembrando-se dos aspectos mais importantes dos personagens que viveu, dos papeis que desempenhou, para fins de aprimoramento de desempenho nos próximos trabalhos, conforme combinado com o dramaturgo.

A personalidade não constitui um corpo a integrar a estrutura setenária já apresentada em capítulo anterior. O espírito imortal carrega em si todo o acervo de conhecimentos adquiridos através das múltiplas personalidades que assumiu, de forma que as personalidades vivenciadas ao longo da marcha evolutiva convertem-se em registros arquivados em sua memória integral.

O grau de acesso a esses registros multisseculares, entretanto, é proporcional aos progressos intelectual e moral já amealhados pela individualidade, ao longo de sua trajetória. Face a determinados fatores, poderá existir ressonâncias entre acontecimentos relevantes em vidas próximas, quando as experiências encarnatórias se assemelham. Por vezes, em determinada faixa etária, poderá surgir um evento que se assemelha ou que repete situação vivida no passado, levando-nos a entrar em ressonância com essa experiência. Gera-se a percepção, no presente, de que já tínhamos vivenciado uma situação semelhante, um *déjà-vu* muito particular.

Tal correlação entre a bagagem passada e a estrutura emocional presente poderá deflagrar uma mudança comportamental sem que se perceba a causa. Em alguns casos, eclodem atitudes inexplicáveis e incompatíveis com a personalidade atual, que revela elementos até então desconhecidos e oriundos das memórias de uma personalidade anterior. Por vezes, tal fenômeno aparece nos manuais de psiquiatria sob a denominação genérica de "personalidade intrusiva".

O tema é complexo, mas abordado nos livros de referência sobre psicologia transpessoal e TVP. Também é muito frequente em criação literária e dramaturgia, constituindo-se em recurso poderoso para atrair audiência às modernas séries televisivas[41].

Não é sem razão que a palavra dramaturgo possui o mesmo sufixo do que um termo pouco usado atualmente fora dos círculos filosóficos, o demiurgo, que segundo a tradição platônica seria o princípio organizador que modela e organiza o Cosmos. De fato, somos criações da mente infinita de Deus, estamos inseridos, tal qual o universo manifestado – em seu plano de criação. Nessas condições, podemos viver vários papéis.

Tomemos um exemplo da dramaturgia clássica. A personagem Hamlet traz em si vários atributos de Shakespeare, mas não é Shakespeare, que detém em sua mente várias outras personagens célebres, cada qual com suas circunstâncias específicas, épocas de vida e locais de nascimento. A personagem está na mente de seu criador, mas o criador não se confunde com a personagem, pois seu potencial criativo é infinito.

Podemos, assim, aproximarmo-nos da compreensão da dualidade criador-criatura – o espírito é criado simples e ignorante, conforme a questão 115 do *Livro dos Espíritos* –, bem como a concepção da centelha divina que arde em nosso íntimo. Assim como fulgura no âmago de *Hamlet* o gênio criador do bardo inglês, renovado a cada nova interpretação, década a década, todos somos emanações da mente fabulosamente infinita de Deus.

O tema merece uma reflexão um pouco mais detida. O leitor já parou para pensar em quantos atores já desempenharam o papel de *Hamlet*, na Europa e nas Américas, desde o século XVI?

Pois bem, tal qual os artistas que desempenham papeis em personagens diversos, mas que continuam sendo a mesma individualidade fora do palco, todos somos seres pensantes, que arregimentam dados e informações – Harari vem apregoando que somos seres informíveros[42] – ao longo de sua trajetória evolutiva. Da mesma forma que o ator aprende com seu personagem, aprendemos com os corpos físicos – em suas características únicas – que sucessivamente passamos a habitar.

Di Bernardi é preciso no ponto:

> Nos sucessivos renascimentos, estabelece-se uma linha clara e contínua do desenvolvimento da individualidade, em personalidades que se completam e que permitem que possamos nos submeter a diversas situações, que poderão também se enquadrar naqueles conceitos de provas e expiações, conforme já explicado.[43]

Assim, a essência da individualidade continua a mesma, já que progride gradativamente, ao influxo das informações úteis que processa e armazena. Apenas vai trocando de vestimenta corpórea, esquecendo-se, momentaneamente, dos fatos das existências pretéritas. O olvido é um meio de prevenir que a eclosão de lembranças inoportunas possa perturbar a convivência no plano familiar ou social – viver é conviver, já dizia o filósofo espanhol *Ortega Y Gasset* – o que também abrange a convivência com desafetos, adversários e inimigos. Retirar-se, evadir-se, o popular "dar no pé" nem sempre é uma opção.

O cotidiano teatral nos revela que, por vezes, na mesma peça, ator ou atriz possam trocar de indumentárias várias vezes, representando mais de um personagem. Na verdade, somos como eles – vivemos várias personagens – mas o artista não é personagem. Em cada peça que atuamos, estamos espremidos por circunstâncias ambientais (o cenário é o deserto, uma floresta, um centro urbano?), étnicas (integramos uma minoria ou a elite político-econômica daquela sociedade em particular?) e de gênero (nascemos homem, mulher ou temos uma questão primordial relacionada a este tema?), que fazem parte da trama. Assim como nos roteiros de dramaturgia sempre há conflito – uma peça desprovida de conflito é monótona e desprovida de atrativos – em nossas vidas no plano material invariavelmente deveremos enfrentar contendas de diversos matizes, e é a solução que engendraremos que nos dará a medida de nosso adiantamento espiritual.

É na dimensão material do planeta Terra, neste plano quadridimensional formado por três eixos espaciais e um temporal, que devemos desempenhar o nosso papel – a nossa missão, ou *dharma* – sob as circunstâncias gerais dadas pelo dramaturgo (A Consciência Cósmica Suprema, o supremo legislador universal) e pelo diretor da peça (a espiritualidade superior que nos assiste em nossa trajetória evolutiva, os arcanos da divindade a que se refere Kant e que devem dar cumprimento à lei de causa e efeito). Todo esse afluxo de esforços permite uma grande aprendizagem, caso estejamos verdadeiramente inseridos no processo.

Se detivermos um nível técnico mínimo, seremos instados a opinar sobre o desempenho do papel, podendo até mesmo propor mudanças e sugerir alterações no roteiro. Haverá aí uma participação ativa do reencarnante no planejamento reencarnatório – com a mitigação da lei de causa e efeito e a possibilidade do pagamento das dívidas pretéritas pela moeda do amor, mediante uma espécie de "moratória" acordada com os nossos mentores.

Vamos, assim, aumentando o nosso patrimônio espiritual com novos conhecimentos e dons que, se não ficam imediatamente acessíveis nas encarnações posteriores, conforme já explicamos, servem-nos como lumes intuitivos, sinalizações do caminho a seguir. Às vezes, funcionam como luzes de emergência – uma verdadeira voz da consciência – quando estamos prestes a repetir erros graves em que já incorremos em experiências corporais anteriores.

É preciso, pois, distinguir a individualidade – o artista – da personagem – aquela que entra em cena em cada reencarnação. É ela, a reencarnação, a resposta inteligente, lógica e justa para o velho dilema livre-arbítrio/determinismo, tão presente nas discussões teológicas que se travam há séculos, conforme se vê na própria polêmica sobre a interpretação do tema nos evangelhos.

D. É inaceitável a hipótese de que a alma humana possa renascer em um animal rastejante ou peçonhento

Neste ponto, quem faz a afirmativa está coberto de razão. É não só inaceitável como absurda tal hipótese, tanto que não é admitida por qualquer doutrina séria.

Explico, brevemente.

Ao longo das tentativas de compreensão do significado mais íntimo da vida e do instante de seu término, formaram-se diversas escolas de pensamento, mais ou menos herméticas. Comumente, apresentavam um conjunto de ensinamentos simples franqueado a todos, e que costumavam facilitar ao máximo a doutrina professada pelos seus membros – daí o termo "exotérico", que remete à ideia de uma lição extramuros, professada para os de fora.

Os estudos mais aprofundados, contudo, eram partilhados por um seleto grupo de iniciados. À medida que ascendiam em conhecimento e sensibilidade, angariavam o acesso a um patamar mais elevado de ensinamentos e revelações. O termo esoterismo, contrapondo-se ao que é exotérico, refere-se às informações que eram reservadas aos discípulos mais instruídos nas escolas filosóficas das civilizações clássicas gregas e romanas. Dessa forma, a expressão "esotérico" passou a se referir a toda doutrina endereçada a um círculo hermético de ouvintes, em que poderia ser mais facilmente assimilado, sem gerar alarmismo, deturpação ou, o pior dos cenários, uma utilização voltada para a maleficência [44].

Hermínio Correa de Miranda salienta que a Doutrina espírita traduziu para a linguagem humana

> todas as complexidades e mistérios que nos velhos tempos eram guardadas zelosamente sob fórmulas mágicas, transmitidas oralmente de geração em geração, pois que nem ao papiro nem ao pergaminho se podia confiar tão importante patrimônio cultural[45].

Miranda afirma, ainda, que a codificação realizada por Kardec não apenas reintroduziu a ideia da reencarnação no contexto do pensamento ocidental, mas demonstrou "que ela não entrava em choque com os postulados básicos do cristianismo", esclarecendo certos pontos "que de outra forma ficariam obscuros na mensagem luminosa do Cristo".[46]

Hernani Guimarães Andrade, por sua vez, refere que os iniciados das várias tradições filosóficas que abraçavam a reencarnação, naqueles tempos, sabiam que os espíritos, uma vez individualizados e vivificando um organismo somático humano, não poderiam "voltar a animar corpos de espécies biológicas inferiores". Tal possibilidade, por óbvio, colocar-se-ia contra a lei do progresso e o princípio da não retroação da alma. "Sabiam que, embora o Espírito Humano houvesse passado pelas fases evolutivas da animalidade ancestral, ele não poderia mais regredir, animando as espécies inferiores"[47]. Daí o significado esotérico da expressão "metempsicose", ensinado aos iniciados, que no entender de Hernani deveria ser substituído por "metemsomatose", já que acontece tão só a substituição do corpo físico, após um interregno em um plano etéreo. De fato, a alma – a *psique* grega – serve-se de muitos corpos somáticos ao longo de sua trajetória evolutiva.

De acordo com Reis Chaves, essa concepção provém dos já referidos Orígenes e Plotino, que condenavam a metempsicose.

> Etimologicamente falando, metempsicoce significa "alma alterada" (...), mas acabou adquirindo o sentido de troca de forma, de corpo, passando a designar a possibilidade "de que o espírito humano poderia voltar encarnado em um animal.[48]

Essa crença, que conforme vimos foi usada como forma de controle social nas populações do sudeste asiático, foi continuamente repudiada pelos círculos iniciáticos. Talvez seus membros comparassem os espíritos mais atrasados de seu tempo, como Átila ou Nero, a verdadeiras bestas-feras. O espírito humano muito atrasado seguiria os instintos reprodutivos e alimentares de um predador – e a alusão ao *berserker viking* aqui é intuitiva[49] – como se fosse a mente de um animal a encarnar um corpo humano, dirigindo-o.

Seja como for, todos aqueles que, por qualquer motivo, aproximavam-se destes iniciados sem possuírem os predicados mais básicos para a compreensão da doutrina palingenésica, em seus fundamentos gerais, eram alijados daqueles ensinamentos. E, para as comunidades extramuros, muitos mestres ensinavam "exotericamente" que a metempsicose implicava a possibilidade do espírito que animou uma pessoa vir a renascer como um animal, por vezes uma espécie repulsiva, causadora de asco.

Obteve-se, assim, junto a uma quase absoluta maioria de ignorantes, ainda em suas primeiras experiências na fase humana, um poderoso mecanismo de controle social.

Ainda que se possa questionar a deliberada transmissão seletiva de conhecimentos, o fato é que nem todas as verdades são apropriadas para todos os ouvidos. Se ainda temos, na atualidade, multidões que creem nas fábulas mais infantis, como feijões mágicos benzidos por algum iluminado e vendidos a preço de ouro, ou prosperidade em troca de doações a este ou aquele prócere de uma seita, o que se dirá naquela época? O temor daquela espécie deturpada de metempsicose – capaz de fazer regredir um rei a jumento – talvez servisse para atenuar os impulsos mais desagregadores em meio aquelas organizações sociais.

Continha-se, assim, os excessos de uma turba ainda bastante vinculada aos apetites mais grosseiros, por meio da ameaça de um renascimento indigno ou vergonhoso. Como bem frisado por Andrade, o temor desta verdadeira punição cósmica[50] foi, mais tarde, substituída nas religiões judaico-cristãs pelo medo do inferno[51].

E. A hipótese da reencarnação é incompatível com o aumento da população

Uma das indagações mais comuns trazidas por pessoas que recém-começam a refletir sobre o tema é mais ou menos assim: "de onde surgem os espíritos que estão reencarnando na atualidade, já que a população do mundo vem crescendo, século a século, em uma proporção acelerada, a ponto de dobrar de tamanho em períodos cada vez menores?"

Em outras palavras, pergunta-se: "donde vem os espíritos que animam todos esses recém-chegados, se há trezentos anos a população da Terra era uma pequena fração daquela que vive hoje, nos cinco continentes?"

Não se pode esperar respostas simples para questões complexas, e é nessa impossibilidade que vicejam as *fake news* e as interpretações sem base na realidade. Pode-se afirmar, com base na obra de Hernani Guimarães Andrade, que ainda que possa parecer, à primeira vista, estranho que o fluxo crescente de nascituros ainda não tenha esgotado a reserva de espíritos disponíveis para as reencarnações em processamento"[52], há um número muito grande de entidades prementes de experiências corporais nas zonas próximas à Terra.

O primeiro fator a ser considerado na resposta, portanto, é o impulso evolucionista que forma um dos pilares do universo, e que justifica tanto o progresso gradativo das espécies, conforme explicado na revolucionária obra de Darwin[53], quanto à trajetória do princípio inteligente pelos reinos da natureza. Inicia, ainda, na agregação a alguns minerais, conforme vimos, até individualizar-se no ser humano para o desenvolver o livre-arbítrio e adquirir a correspondente responsabilidade pelos atos que vier a cometer no exercício de sua liberdade.

Seria o plano vertical da evolução do ser, de espécies mais involuídas para as mais evoluídas, com o proporcional avanço da mônada que o anima.

De fato, os espíritos vão sendo constantemente constituídos, como resultado daquela trajetória. No dizer do *Livro dos Espíritos*, são criados "simples e ignorantes". E vivificam seres humanos em existências muito simplórias, desprovidas de maiores luzes intelectuais e morais[54], ainda que tenham a oportunidade de progresso ao longo das vidas sucessivas.

Além disso, o número de espíritos vinculados à psicosfera do planeta não se restringe aos que aqui reencarnam com frequência. Há intercessões – intervalos entre reencarnações – bastante longas, pois a evolução pode se dar, também, no plano espiritual. De acordo com Di Bernardi, que por sua vez se reporta a comunicações mediúnicas de lavra de Chico Xavier, "a população de espíritos ligados à Terra é superior a 20 bilhões de almas", de maneira que considerando uma população terrestre atual de oito bilhões, "não há como deixarmos de compreender o aumento populacional"[55].

Conforme o ensinamento de Emmanuel, retransmitido por Chico:

> Mais de vinte bilhões de almas conscientes desencarnadas, sem nos reportarmos às bilhões de inteligências sub-humanas que são aproveitadas nos múltiplos serviços de progresso planetário, cercam o domicílio terrestre, demorando-se noutras faixas de evolução.[56]

Há, ainda, um segundo fator importante. É preciso considerar também a migração de espíritos entre os diversos mundos dispersos por toda a nossa galáxia, para tomarmos tão só os bilhões de sistemas estrelares da Via Láctea. Quando Jesus disse "Há muitas moradas na casa do meu pai", referia-se ao universo infinito e multidimensional, e não ao firmamento terrestre, em que aqueles homens e mulheres que fossem "salvos" permaneceriam em infindável contemplação à Deus[57].

Para Hernani Andrade, a imigração interplanetária, em tese, poderia trazer "dois aspectos diametralmente opostos", agindo no sentido da manutenção de um "constante aumento populacional da Terra" e ensejando a possibilidade de um futuro "expurgo planetário". Nesse último caso, haveria uma redução da população, motivada em parte pela nossa própria incapacidade de zelar pela biosfera e pela manutenção das fontes de recursos naturais.

Conforme vem sendo alertado por especialistas de várias áreas, o consumismo desenfreado e a ânsia de acumulação de capitais, caso não revertidos, irão minar as possibilidades da Terra de fornecer abrigo a uma população que exceda a atual. Também por este motivo, a espiritualidade superior que supervisiona o planeta, sob os auspícios de Jesus Cristo, já está providenciando os trâmites para que a psicosfera de outra orbe passe a gradativamente, imantar as consciências que não mais poderão permanecer em nosso pálido planeta azul.

Os que vinham reencarnando aqui são, grosso modo, aqueles cujas necessidades morais são condizentes com o grau de mundo de Provas e Expiações que o planeta ostenta. Mudando-se o *status* do planeta, os que não lograram alcançar uma evolução mínima deixarão de estar em sintonia com as vibrações que passarão a ser hegemônicas. Serão atraídos para mundos ainda mais densos, em que seu progresso poderá ter continuidade.

Nesse ponto, cabe referir que nós, *homo sapiens sapiens*, perfazemos apenas uma pequena fração de uma população humana muito mais abrangente, apta a servir como receptáculo corporal de uma comunidade universal de espíritos mais ampla. Já vimos que a Terra é apenas um grão de poeira cósmica premido entre o infinito e a eternidade, capaz de abrigar vida orgânica entre os incontáveis mundos, cada qual com a sua forma particular de albergar os seres espirituais.

Assim como estamos, no estágio presente, na iminência de assistirmos à emigração forçada de uma grande população espiritual, a vinda de habitantes originários de outras orbes começou cedo, logo na aurora da civilização. Basta rememorarmos os feitos das primeiras dinastias egípcias, apresentadas sumariamente no capítulo a seguir. Essa transmigração de obras ocorreu em vários períodos, conforme passamos a expor no capítulo que encerra o presente livro, em que passado e futuro se mesclam para que possamos antever, de relance, o encadeamento entre os planetas, a pluralidade dos mundos e o porvir da humanidade.

F. O cânone científico atual não avaliza a possibilidade da reencarnação

É verdade, não a avaliza. Por outro lado, também não a repudia. O que temos visto, ultimamente, é um silêncio eloquente do *mainstream* científico acerca da hipótese reencarnacionista.

Não obstante, há duas concepções que vêm sendo usadas com frequência no escasso debate científico ora existente. A primeira delas é o naturalismo filosófico, uma posição análoga ao materialismo – para o qual o universo e a vida biológica são o resultado de eventos e processos físicos sem controle ou propósito – que parte do pressuposto de que o mundo material é a única realidade que existe.

Não haveria, assim, nenhuma espécie de planejamento em uma instância mental – um *logos* – superior. Todas as espécies de seres vivos evoluíram através de seleção natural não guiada e descontrolada, atuando por meio de mutações genéticas aleatórias, e não existe nada que se assemelhe ao *anima* em seres humanos ou mamíferos superiores.

A segunda é o naturalismo metodológico, detentora de uma distinção sutil: para seus adeptos, ao fazer-se ciência deve-se *supor* que o mundo material seja o único que existe, indiferentemente se isso é factível ou não.

Ainda que essa concepção seja mais progressista do que aquela para a qual existe apenas e tão somente a natureza visível ou mensurável a partir do aparato tecnológico disponível, ambas acabam restringindo o questionamento científico, em maior ou menor grau, porque o móvel do progresso científico é o questionamento, e a vedação a quaisquer inferências a causas inteligentes é uma dessas restrições arbitrárias sobre a ciência, talvez em consequência da perseguição implacável que as religiões mais tradicionais moveram em desfavor dos cientistas, ates do advento do Iluminismo.

Um olhar histórico, tal qual apresentado nesta obra, explica em parte essa postura. Os excessos teológicos dos séculos passados, e as fogueiras inquisitoriais deles decorrentes, ensejaram a superveniência de décadas do materialismo nas universidades. É a velha questão do pêndulo, segundo o qual o ambiente intelectual tende a oscilar entre dois pontos extremados de sua trajetória, recusando-se a adotar uma postura mais centralizada. Passamos do teísmo fanatizado ao materialismo inconsequente, sem nenhuma concessão ao meio-termo.

Não obstante, diversas linhas de pesquisa científica têm demonstrado que vários aspectos do micro e do macrocosmos estudados nas fronteiras da Ciência são melhor explicados partindo-se da premissa de que existe uma ordem superior, "uma ordem implicada fora do espaço-tempo que contém a semente de tudo o que se manifesta no mundo real", para valer-se da terminologia de David Bohm[58].

Nesse mesmo sentido, Ian Stevenson chegou a afirmar que há uma verdadeira atrofia de questões metafisicas no nosso momento histórico. A ciência tradicional julga herético considerar o espírito como alvo de investigação cientifica. Da mesma forma como na Idade Média os meios intelectuais entendiam um anátema negar o Espirito, hoje, aqueles que se posicionam na vanguarda da pesquisa neurológica, cosmológica ou quântica consideram descabido, ao menos publicamente, admitir a possibilidade de existência de uma consciência extracorpórea como hipótese potencialmente válida a ser testada.

Acontece que a metodologia cientifica tradicional, com suas rígidas etapas sequenciais, presta-se mais para o estudo daquilo que se convencionou chamar de "zona das dimensões médias", o que dificulta a análise da imensidão dos buracos negros e das medidas infinitesimais das partículas elementares, e praticamente inviabiliza a investigação de parte do que está além do ultravioleta e aquém do infravermelho.

Em outras palavras, por sua incomensurabilidade para os padrões de análise atual, não se consegue uma repetição das experiências com o "espírito" em laboratório, nem se sabe se estaríamos estudando o espírito em si ou uma faceta ainda desconhecida de nosso tecido cerebral, que é de longe o componente menos compreendido do organismo somático humano. Também haveria dificuldade para delinear exatamente o objeto do estudo, pois só a filosofia oriental e doutrinas metafísicas multisseculares definem teoricamente – e com diferenças metodológicas entre si – as diversas camadas que constituem o *self*, conforme vimos no capítulo dois.

Em suma, estamos no limiar de uma nova revolução cientifica, em que o paradigma materialista hoje dominante será total ou parcialmente substituído por uma visão cósmica mais integradora e menos segmentada. De forma análoga às revoluções políticas, que iniciam com um sentimento crescente de necessidade de mudança, as revoluções científicas também surgem por meio de um sentimento de imperfeição num determinado modo de analisar o mundo que nos rodeia. É a anomalia, que leva a uma crise e a um novo viés científico, apto a examinar o mundo sob uma ótica distinta e inovadora.

Thomas Khun, no já referido *A estrutura das revoluções científicas*,[59] acentua que, por mais surpreendente que possa parecer, as revoluções científicas tendem a ser pouco perceptíveis, só aparecendo para o grande público quando já estão consolidadas. É que a atividade científica regular ditada pela ciência "normal" acaba por disfarçar sistematicamente essas revoluções, suprimindo fatos anômalos que são vislumbrados, de forma crescente, por meio de um novo viés. Só depois de algum tempo elas são reconhecidas por publicações em periódicos relevantes e chegam ao grande público, muitas vezes com um estardalhaço que em muito prejudica a análise de seu alcance e profundidade.

Neste ponto, vale repetir a soberba ilação de Max Planck: "Uma nova verdade científica não triunfa ao convencer seus adversários e fazê-los ver a luz, mas sim porque seus oponentes um dia morrem, e uma nova geração mais familiarizada com ela surge".

É exatamente isso que acontece e acontecerá no campo do espírito. Uma geração inteira perece, e a subsequente a sucede com menor preconceito e uma visão mais integrativa do ambiente de nosso entorno. Um novo paradigma mostrará que é obtuso acreditar que nossa consciência é um breve lampejar entre o nada e o coisa alguma, mantida exclusivamente pela atividade metabólica de células perecíveis, e que se extinguirá como fogo-fátuo ao amanhecer. Esse paradigma integrador nos fornecerá uma lente inteiramente nova para enxergar o mundo, uma lente não tão rígida, e que ao mudar de posição sob o influxo da diligência dos novos pesquisadores do século XXI irá alterar também a intensidade da luz que reflete ou refrata. Trará novas descrições sobre o tema da realidade, a partir de registros tão antigos quanto a própria linguagem.[60]

SETE

Além da eternidade e do infinito

Os divinos céus que vês,
são de Deus o livro aberto,
em que atentamente lês,
e aprendes, ao tempo certo,
um ou outro prodígio oculto.

John Milton – O paraíso perdido (canto VIII)[1]

Pelo que se verificou ao longo das páginas precedentes, há três concepções básicas sobre a dualidade corpo-mente ou matéria-espírito. Para os adeptos da primeira corrente, a noção de que a consciência, atributo da mente racional, seja preexistente a um dado corpo humano e a ele sobreviva em uma faixa dimensional distinta, até que possa vivificar um novo organismo somático, não passa de uma expectativa vagamente religiosa. Para o segundo grupo, aquele que partilha a noção do "fantasma na máquina"[2], a possibilidade da mente humana ser mais do que o produto do metabolismo cerebral seria um delírio[3], assim como a própria noção de uma Consciência Cósmica Suprema que pudesse redimir a ditatura do acaso. Para a terceira concepção, o Espírito, mais do que uma construção filosófica bastante factível, poderá vir a ser uma hipótese científica potencialmente testável com o avanço do tempo, desde que haja recursos, disposição, coragem e pessoas tecnicamente habilitadas a ocuparem-se deste mister, transformando-o em objeto de pesquisa e trabalho.

Meu pai, a quem me referi no capítulo inicial deste livro, nunca se ocupou demais com as duas primeiras. Em sua simplicidade objetiva, dizia que os tempos de entendimento amplo ainda não haviam chegado, que a evolução se dá gradativamente e que haverá o momento correto para a colheita, em que os esforços argumentativos amealhados desde o Iluminismo serão acolhidos e festejados. Se ele estiver certo, pesquisadores rigorosos, como Ian Stevenson, e filósofos abnegados, como Leibniz, Schopenhauer e Bohm, serão revisitados através de um novo ângulo de visão, muito mais integrador.

Enquanto essa nova perspectiva não se apresenta, a concepção materialista ainda dominante no *mainstream* científico preceitua que a autoconsciência humana deveria ser totalmente compreensível em termos das propriedades eletroquímicas do cérebro. O "eu profundo" seria um subproduto do metabolismo, de forma que a vida não passaria "de uns poucos decêndios de atividade entre dois símbolos decrépitos, o berço e o túmulo"[4]. Rejeitamos essa concepção já nas primeiras páginas da obra que ora chega a seu capítulo final, por entender que o Universo é melhor compreendido, na atualidade, como uma gigantesca rede de informações, uma matriz divina, o que em muito supera um paradigma exclusivamente material.

Há, tanto no microcosmo quanto no macrocosmo, uma série de constantes físicas fundamentais, desde a velocidade da luz no vácuo até o Raio de Bohr, desde a constante gravitacional até a constante de Planck, que podem ser calculadas com a precisão de decimais. Caso houvesse uma modificação casual mínima em quaisquer uma delas, nosso planeta – e quiçá a integralidade do espaço observável por nossos telescópios – entraria em colapso total.

A dialética da alma

Há, assim, uma profunda matemática ainda a descobrir. Nesse contexto, ao longo das páginas precedentes falamos muito em teoria quântica não só porque ela está presente em todas as tecnologias de informação e comunicação que moldam a atualidade – da internet aos satélites climatológicos, da datação de carbono aos *smartphones* – mas também porque ela se encontra no âmago do entendimento de como se interconectam os corpos espirituais do ser humano, as camadas vibratórias da holosfera a que temos acesso e de como se operam os registros akáshicos mais sutis.

Em função das várias disciplinas que contribuíram para o enfoque aqui apresentado, fiz uso majoritário de fontes bibliográficas acessíveis. Procurei as mais renomadas em suas respectivas áreas, dada a multidisciplinariedade do nosso tema, escritas em linguagem clara para um público sofisticado, mas leigo. Muitas tornaram-se cânones em suas respectivas áreas, como *Origens*, *Uma Breve História do Tempo* e *Sapiens*. Alguns temas foram brevemente expandidos em notas de rodapé agrupadas ao final do livro, para que a linearidade da narrativa não fosse interrompida. Tudo por estar convencido, juntamente com diversos outros estudiosos da consciência em um contexto de interespiritualidade, que a Teoria quântica acabará por explicar pormenorizadamente o processo de acoplagem do corpo físico com os demais corpos sutis.

Neste "quase-epílogo", volto a vaticinar que alguma das diversas Teorias das Cordas que coexistem, de forma simultânea, em grupos de pesquisa e institutos ligados a universidades de ponta, acabará por demonstrar que é a consciência que modela a matéria, e não vice-versa. E explicará a forma como se estrutura esse grande manancial de tratamento de informação consciencial, resultado das reencarnações sucessivas experimentadas por cada individualidade, ao longo do suceder de *personas* que vivifica em diversas circunstâncias de lugar, tempo, etnia e cultura.

Por ora, como bem assinala Leonard Mlodinow, as maravilhas da teoria quântica servem para nos inspirar humildade, ao nos sugerir que "há limites para o que podemos saber e controlar" e que "o Universo é um lugar de extraordinários mistérios e que, adejando atrás do horizonte, existem outros fenômenos inexplicáveis a exigir novas revoluções no pensamento e na teoria"[5].

Também por ora, os ensinamentos das antigas tradições podem minimizar a ausência de definição de constantes e variáveis que a ciência ainda não formulou. Há uma série de assuntos correlatos à reencarnação, que habitam as fronteiras da filosofia, naquela zona difusa em que a metafísica ocidental tangencia as correntes de pensamento do sudeste asiático.

A compreensão da lei do carma, por exemplo, nos traz a intuição de um universo dotado de sentido. Uma ordem desprovida de intenção punitiva, mas intuitiva e lógica: quem planta trigo não vai colher soja, aquele que semeia vento pode sofrer tempestades. Por ela, nem sempre o agradável é bom e o desagradável é ruim. O intérprete muda a sua postura diante dos obstáculos, e começa a ver as dificuldades como provas (oportunidades) e não como uma fonte de sofrimento sem sentido. A prova almeja promover-nos, verificar se estamos aptos a ascender ao nível seguinte da escala evolutiva.

A reencarnação também propicia a identificação do âmago mais profundo do ser integral, do *self* mais perene em meio às mutáveis personalidades. Permite encontrarmos a nossa voz interior, na cacofonia de mil vozes que existem ao nosso redor. Para além do "conhece-te a ti mesmo" socrático, há também o "aprimora-te por ti mesmo", mantra recitado por dez em cada dez mestres iniciáticos.

Em um dado momento de nossa reflexão mais profunda, com alguma experiência e muita força de vontade, conseguimos perceber o que é o nosso centro, a nossa identidade mais estável em meio as personalidades transitórias. Para usar um termo junguiano, nosso *self* em meio à profusão de egos, dentre os quais nosso ego atual, nossa personalidade transitória na vida em curso. Descoberto o centro, descobre-se também o *dharma*, e o carma negativo que devemos enfrentar torna-se, subitamente, mais leve.

Como bem referido na psicanálise de inspiração freudiana, o ego tal qual se apresenta ao mundo é o resultado da dialética: *id* x superego. As forças emocionais que estão atuantes, presentes através dos componentes do quaternário inferior (capítulo dois) nos impulsionam para ações que podem ser não aceitáveis moral ou legalmente. O superego representado pelas forças culturais da época e do lugar, somado à educação recebida dos pais, do grupo familiar mais próximo e da superestrutura institucional em que nos inserimos em cada reencarnação combate os impulsos do *id*. O ego surge dessa tensão, que enseja o crescimento espiritual por meio da mediação dos contrastes.

No plano material, o contraste gera atividade cerebral, ativando mecanismos de adaptação que de outra forma permaneceriam inertes. Nesse ponto de vista, a administração dos contrastes do dia a dia seria um outro enfoque para a dialética de Platão, que inspirou Hegel e vários pensadores contemporâneos. A dialética produz novas sínteses, enseja a ascensão espiralada intuída por Rilke[6]. Ganhos de consciência são obtidos a partir da percepção destes contrastes, da escolha entre alternativas conflitantes, da eleição da perspectiva que possa trazer o maior bem para a coletividade.

Se o mundo todo fosse monocromático, em tons pasteis, não percebíamos suas nuances, as particularidades que tornam as coisas únicas. Os pintores renascentistas, percebendo essa característica da realidade, criaram a perspectiva e a técnica do *chiaroscuro* para melhor representá-la.

No plano prático do cotidiano, os contrastes surgem de uma maneira mais direta. Se estamos seguindo uma dada direção, e nos deparamos com um obstáculo vertical, pode ser que não seja nosso destino colidir com o "paredão" que se ergue à frente, mas sim que sejamos instados a alterar a altitude do percurso. Ou seja, do contraste entre o plano horizontal e o plano vertical, uma elevação de consciência nos será imposta. Se a vida não nos coloca às vezes "contra a parede", não saímos de nossa zona de conforto, não mudaremos. Permaneceremos presos aos padrões mentais de sempre, rodopiando em torno de nossas imperfeições, de nossos potenciais adormecidos, dos sonhos irrealizados.

Nesse contexto, pergunta-se: é possível imaginar um contraste maior do que a vida e a morte? Diante da certeza de que morreríamos em semanas, o que faríamos em nossos últimos dias? O que passaria a ser prioridade, quais as conversas que teríamos e com quem? É salutar uma meditação sobre esse contraste extremo, como exercício radical de imaginação, para que possamos dar-nos conta de como estamos administrando nosso tempo, o recurso mais escasso de todos. E o mais democrático.

Aqui, voltamos à parte inicial deste epílogo. A vida não é uma equação fácil. Se quisermos trabalhar apenas com variáveis, torna-se mais difícil chegar a uma solução plausível. Assim como o universo possui suas constantes, temos que erigir algumas âncoras morais que possam nos amparar em meio as tempestades. Não é à toa que, na psicanálise em geral, se incentiva muito a busca por uma espiritualidade sadia. O *axis mundi*, representado por valores espirituais, estabelece um foco de resiliência e perseverança, algo definido sem revestir-se da rigidez da definitividade – quando venta em demasia telhas voam e vidros racham, mas o edifício psíquico permanece de pé.

A biga de Platão

Essas constantes tão necessárias para a equação da vida são comuns à grande parte das religiões, com exceção tão só daquelas que cultivam formas de fundamentalismo impermeáveis a informações novas, ou mesmo a evidências científicas irrefutáveis. Em 2024, inúmeros cidadãos do ocidente "já vivem uma vida interespiritual e integraram em sua rotina diária e em sua prática espiritual aspectos de mais de uma tradição".[7]

As origens do movimento interespiritual "remontam à época em que os missionários ingleses e franceses foram para a Índia, nos tempos coloniais",[8] surpreendendo-se com a profunda sabedoria que emanava de algumas práticas religiosas orientais. A teosofia, por exemplo, representa uma apropriação ocidental da multissecular sabedoria tibetana.

A constituição setenária do ser humano foi uma das contribuições mais festejadas de H. P. Blavatsky, quando de seu programa de imersão nos mosteiros do Himalaiaimalaia, muitos dos quais destruídos durante a invasão chinesa da segunda metade do século passado. Por essa concepção, vista no capítulo dois, seríamos representados pela *saptaparna* (uma planta de sete folhas cujo nome científico é *Alstonia scholaris*), simbolizada geometricamente por um triângulo sobre um quadrado. O Atman representaria a coroa que encima a constituição humana, o vértice superior do triângulo, correspondendo a centelha divina que nos induz ao autodesenvolvimento.

Platão, no diálogo *Fedro*, revela que a alma humana pode ser comparada a uma biga com cavalos voadores, sendo alguns nobres e obedientes (instinto de autopreservação), e outros intrépidos e imprevisíveis (desejo e vontade), o que traz dificuldade para a estabilização do veículo quando se põe em movimento. Não podemos ficamos à mercê do cavalgar por vezes descompassado do quaternário inferior, e temos que tomar as rédeas com pulso firme, fazer nossa tríade superior controlar os impulsos autocentrantes do corpo, a tendência a conservar energia do duplo etéreo, as paixões do astral e o calculismo materialista do mental inferior. As rédeas seriam como o pensamento, dão as ordens para que a parte mais operacional do ser coloque-se também receptiva a uma jornada ascensional, evolutiva. Complementando a concepção platônica com as lições do Oriente, o condutor da biga seria como nossa tríade superior, também vista no capítulo dois desta obra que ora se encerra.

As lições do Oriente chegaram em boa hora, corroborando a codificação kardecista e nos induzindo a um olhar interno. Por que ter preocupação com dogmas, cerimonial e ritos, se a mensagem crística sempre esteve voltada para o renascimento interior e para a abertura a uma jornada mais amorosa e solidária para com o próximo?

Embora sejam historicamente a principal fonte da espiritualidade, as várias religiões cristãs em suas vertentes católica e evangélicas estiveram – durante muito tempo – focalizadas em demasia em proclamar de quem é a visão correta da realidade última. Enquanto na era interespiritual que se aproxima Deus pode ser visto por uma perspectiva ecumênica de amor e sabedoria que em muito transcende ritos e cerimoniais, muitas religiões professavam – e algumas ainda professam – o dogma que Deus apenas a elas pertence, e que a Consciência Cósmica Suprema não é Una.

A interespiritualidade – o compartilhamento de experiências supramateriais, transmitidas de uma tradição para a outra, mediante um debate intersubjetivo sobre quem somos, porque estamos aqui e para onde estamos indo – tende a ocupar em nossa época o mesmo papel ocupado pela Igreja Católica na passagem do primeiro para o segundo milênio. Aquela época, como a atual, também foi marcada por violências religiosas, autoflagelação e crença no final do mundo. Passados dez séculos, os desafios para o exercício de uma espiritualidade saudável e enriquecedora são análogos, ainda que pontos de vista fundamentalistas – fechados e inflexíveis – tendam a diminuir na proporção de que as informações verídicas de nosso mundo multifacetado e plural possam atingir redutos ainda impermeáveis às boas novas.

Duas maneiras básicas de conhecer essas informações sensíveis – as explorações externas da Ciência e as explorações internas da filosofia e da espiritualidade – ainda não ajustaram a sua sintonia mútua. Em um futuro não muito distante, seremos capazes de fazer convergir a lente mágico-mítica de ver o mundo – herança das religiões – e a lente racional ditada pelas ciências, ainda demasiadamente adstritas ao método científico tradicional formulado no século XVII. Esse ajuste de perspectiva permitirá que seja vislumbrada, em todo o seu esplendor, a noção da consciência da unidade. Esse novo paradigma, que paradoxalmente é também muito antigo, exige uma postura que transcenda tanto as culturas religiosas do passado – caracterizadas por fragmentação e isolamento – com as exigências formais de um método científico que, desenhado para a investigação na zona das dimensões médias, carece da mesma eficiência quando se debruça sobre as sutilezas da descrição quântica e a natureza mais profunda da consciência.

Essa consciência, para a maior parte dos cientistas, está intimamente ligada ao desenvolvimento da linguagem, em especial o pensamento metafórico, que propiciou a habilidade de narração de histórias[9] e o fornecimento de ideias primordiais acerca das três questões que permearam a elaboração desse livro[10]. Responder de forma adequada, ainda que de forma parcial e incompleta, o que somos, de onde viemos e para onde vamos é situar-se em uma das intersecções entre espiritualidade e filosofia, e as imperfeitas respostas possuem o condão de fazer descortinar, aos nossos olhos, a quase integralidade da paisagem espiritual a que podemos ter acesso em nosso atual estágio evolutivo.

A reencarnação é a chave para acessarmos estados de consciência cada vez mais elevados e amplos. No plano material, a densidade de nosso corpo orgânico acaba por ocultar variáveis personalíssimas que já se integraram em nosso patrimônio espiritual, tais como a frequência e o cumprimento de onda emanadas das partículas elementares que integram as moléculas. Há, no estado de vigília, um nivelamento temporário da vibração peculiar das partículas que constituem nossos corpos mais sutis – principalmente o corpo astral e o corpo mental superior – por força de um efeito do "abafamento" do organismo somático, que permite a convivência simultânea de inteligências em patamar evolutivo muito diversos. Assim, o Dalai Lama e um genocida sanguinário e amoral como Hitler poderiam estar sentados lado a lado na mesma conferência, um evento da Liga das Nações (organização internacional que antecedeu a ONU) no final dos anos trinta, por exemplo.

Tal convivência é muito mais complicada nos planos espirituais, a não ser que o espírito mais iluminado aceitasse reduzir a sua frequência voluntariamente, para entrevistar-se com alguém situado diversos níveis abaixo, na escala evolutiva. É em função dessas particularidades que a experiência reencarnatória presta-se tão bem para a percepção dos contrastes de que falávamos anteriormente.

Na Terra, estamos todos juntos e misturados. O indivíduo espiritualmente decaído pode beneficiar-se das lições e do exemplo de um eventual luminar com que venha a conviver, e espíritos que se julgam bem situados na escala evolutiva podem colocar à prova as qualidades morais que imaginam ter assimilado, pondo-se em contato estreito com pessoas difíceis, mesquinhas, vis, que testam nossa tolerância e resiliência a cada momento.

Assim sendo, para alcançar um novo estágio, mudando de nível e "passando de fase", para usar um termo consagrado pelos *gamers*, temos que parar de nos vitimizar na vida de relação. Toda vida envolve relacionamentos, mais fáceis ou mais difíceis, segundo uma dinâmica complexa. Mesmo um eremita, ou um náufrago em uma ilha, convivem com si próprios. Eremitas e náufragos, todavia, são cada vez mais raros neste mundo multicultural, plurifacetado e superconectado. Cada vez mais, viver é conviver, como dizia Ortega y Gasset. Convivemos de forma presencial ou virtual, de forma síncrona (mediante uma ligação de vídeo, por exemplo) ou assíncrona (*v.g.*, escutando mensagens de áudio via *WhatsApp* gravadas horas antes).

Seja dessa maneira, seja daquela, precisamos ultrapassar a concepção de que é o outro que sempre tem culpa, e assim quem tem que mudar é *ele*. Essa ilusão pode até nos aliviar momentaneamente, mas possui uma contradição intrínseca: se não assumo parcela de culpa alguma por um ambiente violento ou conflitivo, então eu me convenço de que não preciso mudar[11], e o estado de coisas negativo permanece. A reforma íntima, o propulsor da elevação consciencial, não acontece. As nossas imperfeições acabam por abalar o equilíbrio cósmico e atrair o imperioso lenitivo, "a resposta" do Universo, que acaba por se traduzir, nesse mundo manifestado, em dor e sofrimento.

Consta da parte final do diálogo *Fédon*, de Platão, que o destino da alma se dá em consonância com a sua conduta, virtuosa ou viciosa, no mundo terreno. Todas as almas serão julgadas e sofrerão as consequências: punição, purificação ou recompensa. Os delinquentes são lançados ao Tártaro para recuperação e, em caso de homicídios, somente suas vítimas podem resgatá-los. As almas que tiveram uma existência mais ordinária, equidistante dos grandes vícios ou das excelsas virtudes, passariam tão só por purificações. Somente aos justos caberia o imediato encaminhamento aos planos superiores, em que estariam aptos a entabular voos mais altos, sempre ascendendo de uma maneira que os habilite, no futuro, a uma atuação relevante no trabalho infinito da criação.

Essa concepção ecoa vozes mais antigas, de antigos luminares egípcios que transmitiram conhecimentos elevados para o subcontinente indiano e a civilização minoica. Após Platão, houve diversos pensadores que se ativeram a uns e outros aspectos de sua obra. Plotino talvez tenha sido o mais influente. Ecoando essa tradição hermética proveniente do Egito e Índia e, perpassando os ensinamentos de Pitágoras, afirmou que "a experiência do mal produz um conhecimento mais claro do bem"[12].

Mais uma vez, a noção do contraste[13].

O tema é bem desenvolvido na questão 222 de *O Livro dos Espíritos*, em que Kardec faz amplas considerações sobre a pluralidade das existências e assevera que nem mesmo Pitágoras foi o pai intelectual da doutrina reencarnacionista, pois a "colheu dos filósofos indianos e dos egípcios, onde existia desde tempos imemoriais"[14] Tal assertiva vem ao encontro da concepção de que a lei do renascimento se faz necessária para propiciar, justamente, a contraposição. Conforme sempre destacamos, é através da percepção de posições antagônicas, contrastantes, e das escolhas entre alternativas excludentes, que exercemos o nosso livre-arbítrio e ascendemos aos planos vibracionais movidos por um combustível próprio. O motor de nossa ascensão passa a ser nossas escolhas no plano material – bem como as renúncias daí advindas.

Muito mais do que as marionetes angelicais de que falava Kant[15], somos livres para ponderar e eleger pensamentos e condutas, e quando finalmente chegarmos às hostes da angelitude o faremos por mérito próprio, de uma forma autopropulsada. A lei do renascimento, portanto, nos fornece o combustível para uma ascensão sustentada, garantindo que a força gravitacional exercida pelas sensações não inviabilize nossa decolagem.

E é sempre possível repetir a tentativa. "Nascer, morrer, renascer ainda, tal a lei" está grafado no granito da lápide tumular de Kardec, no cemitério parisiense de Père-Lachaise. A lei do renascimento, filosoficamente consistente, mas ainda carente de comprovação científica pelos métodos tradicionais, possui respaldo em uma série de evidências. Evidências numerosas, pertinentes, loquazes e coincidentes entre si, conforme foram apresentadas ao longo deste livro.

De tudo, emerge a ilação de que a doutrina das Vidas Sucessivas representa a melhor concretude da lei do amor, e a reencarnação é o instrumento mais efetivo da Justiça Cósmica. Uma só existência física seria impossível para mitigarmos nossos defeitos e burilarmos as virtudes de que necessitamos para desempenhar o papel que nos cabe como cocriadores da sinfonia cósmica.

Axis Mundis

Enquanto a elevação espiritual para desempenhar esse papel não chega, conversamos com as pessoas e "enxergamos o superficial, o exterior", a sua *persona* social. No entanto, ocultos por detrás das aparências físicas, existem camadas de espiritualidade. Como bem sumariza o rabino DovBer Pinson, em seu *Reencarnação e Judaísmo*, "a alma é mais multifacetada do que o mais precioso dos diamantes, encerrando em si centenas de encarnações, camadas de realizações e feitos, boas ações e inspirações"[16].

Explica o rabino, radicado em Nova Iorque, que "cada encarnação fez a sua contribuição à alma, tornando-a cada vez mais elevada, mais completa do que era antes". Ainda que tal ilação não conste de forma expressa na parte revelada do Torá – Talmud e seus comentários – é abordado no Bahir (Sefer Habahir, 121-122) e no Zôhar (Parashat Mishpatim, Raxin Degulgalta, por exemplo) e principalmente no livro *O Portal das Reencarnações*, de Rabi Chayim Vital (1543-1620).

Teosofia, Cabalah e Espiritismo convergem na concepção que deve haver um eixo do mundo – a justiça a bondade, que aqui no Ocidente chamamos de Deus. A existência desse *axis mundis* é corrente em várias correntes de pensamento, em todos os tempos e lugares, cuja adesão é gradativa, à medida em que o aprendizado se dá por meio das reencarnações. Esse sustentáculo de convergência traduz uma simbologia ubíqua que atravessa as culturas humanas, um centro no qual a eternidade, o infinito e a realidade manifestada na Terra tangenciam-se. Nele, correspondências são feitas entre os planos superiores e inferiores, sensitivos elevam a frequência vibratória de seus corpos mais sutis, e seres humanos comuns experimentam epifanias em que suas centelhas divinas são desveladas.

Não há, assim, mal ou injustiça absolutos, pois o *axis mundis* promanado pela consciência cósmica universal impede a instalação de um poder concorrente, algo ou alguém que seja absolutamente contrário e oposto ao divino – o mal é relativo, provisório, e viceja na transitoriedade da ignorância. À medida que esta se transforma em sabedoria, os impulsos negativos arrefecem.

Vimos que a existência do mal moral é justificada pelo livre-arbítrio, enquanto que o mal natural – decorrente dos agentes químicos, físicos e biológicos que agem no planeta, bem como dos cataclismos que nos acometem de tempos em tempos – também atua como decompositor do carma negativo. A lei de causa e efeito, assim, dispensa o concurso da conduta humana para efetivar-se neste mundo em que as más ações ainda preponderam sobre as boas.

O desequilíbrio causado por um ato vil, maligno, que não tenha sido reparado espontaneamente pelo ofensor em um tempo razoável, ou ainda resgatado pela "moeda do amor", o mais eficaz para o resgate de dívida, acaba por atrair uma reparação exógena, uma heterocomposição das energias desalinhadas. Todo esse processo, por vezes, é sumarizado por aquela conhecida expressão: "Quem semeia ventos, colhe tempestades".

E, de fato, por vezes, o carma negativo é purgado por uma tempestade que destrói a casa de alguém, de uma maneira análoga à destruição de residências de inocentes perpetrada, pela agora vítima, em existências pretéritas[17].

A depuração se dá sem que haja um novo endividamento cármico, uma vez que não existirá a figura de um ofensor humano. Essa concretização da lei da causa e efeito por fatores climáticos ou telúricos vem ao encontro da lei do progresso[18], que proclama um gradativo melhoramento civilizacional à medida em que se aprimoram as condutas individuais, como resultado de um paulatino melhoramento moral e individual empreendido por cada um.

Evita-se, assim, a perpetuação da violência, pagando-se o mal com o mal, em uma espécie de lei do Talião incessante. Um ato violento não precisará do concurso de outra ação humana para ser adequadamente sancionado, propiciando um círculo cármico vicioso em clara oposição à ideia de uma Justiça Divina, que propicie a todos os meios para que possam se aprimorar.

Por outro lado, essas forças climáticas e telúricas, bem como os agentes biológicos que desencadeiam pandemias e mortandades, são também a consequência prática de estarmos ainda inseridos em um planeta de provas e expiações: daí a existência de gafanhotos, ratos, baratas, vírus e outras formas de vida que nos são desagradáveis.

Essa inserção em um planeta em que o mal ainda prepondera, conforme vimos, é transitória e está em vias de encontrar o seu término. O planeta passa por transições importantes, que também explicam o desequilíbrio ecológico, a crise da democracia representativa, as aflições advindas da ultra conectividade digital e a própria pandemia que assolou o mundo em 2020-2021, preparando-nos para uma modificação significativa na psicosfera que envolve a Terra.

Outros orbes já passaram por transições análogas. A sabedoria que nos legou o Egito das primeiras dinastias corrobora os ensinamentos de Chico Xavier/Emmanuel, no sentido de que uma humanidade egressa de outro sistema planetário teria buscado refúgio na região do Nilo, em função do exílio que experimentaram por não terem logrado acompanhar o nível evolutivo geral de sua civilização de origem.

O próprio mito da queda, da expulsão do paraíso, e mesmo o "pecado original" pode retroagir nas suas origens mais remotas a este exílio, tão paradoxal para o inconsciente coletivo daquela comunidade espiritual. Comunidade que, unida pelo infortúnio do desterro em um sistema planetário distante, ao longo de sucessivas reencarnações, ascendeu a posições de relevo na estrutura social de então, devido a sua superior intelectualidade. As marcas de seu passado ficaram, então, registradas em tradições orais que acabaram ensejando os livros mais antigos da humanidade. Neles, mesclam-se as experiências locais com as reminiscências do Sistema Estelar de origem, mantidas nas memórias extracorporais a medida em que as vidas sucessivas – predominantemente expiatórias – foram se desenvolvendo.

Neste ponto, não podemos deixar de sugerir que o conhecimento astronômico de babilônios e egípcios, com suas construções alinhadas a dimensões numéricas correlacionadas a padrões astronômicos, podem indicar uma sabedoria que remontava à orbe anterior. Eram os deuses astronautas? Não. Os mestres ancestrais eram espíritos provenientes de outro sistema estelar, exilados de um planeta que evoluiu além de suas conquistas morais. Detinham um poder mental e o conhecimento científico inato advindo de vidas pregressas inseridas em uma civilização mais adiantada, mas a observação constante e acurada do céu noturno – expressa em seus mapas celestes – poderia estar revelando uma certa nostalgia de um passado distante, o forte desejo de "voltar para casa".

Referências à ilha de Atlântida, nunca encontrada na pesquisa submarina, poderiam estar se referindo a cataclismos ocorridos no próprio planeta de que essa humanidade sofredora era egressa. Com efeito, o relato mais antigo da queda da grande ilha foi feito por Platão. O discípulo de Sócrates narra, em seus diálogos *Timeu* e *Crítias* (*circa 360* a.C.), que o materialismo crescente dos atlantes foi o prenúncio de sua ruína. Uma série de terremotos, seguidos de *tsunamis* e inundações terríveis teria arrastado parte substancial da superfície habitada para o fundo do mar.

O berço da humanidade

Atlântida também é uma figurinha carimbada no imaginário popular. Foram escritos mais de dois mil livros sobre a hipotética civilização e seus feitos, a que o famoso canalizador americano Edgar Cayce se referia frequentemente, quando em transe. Em suas últimas encarnação no planeta de origem, os expatriados podem ter experimentado de corpo presente o cataclismo que destruiu suas comunidades, talvez até mesmo em função de um desequilíbrio ecológico extremo, como o que ora experimentamos. Deslocados para a Terra, cumpriram aqui uma série de reencarnações em que não só expiaram suas faltas, mas também atuaram como mestres de espíritos mais atrasados.

Estes, ligados à psicosfera terrena desde sempre, ansiavam pela chegada de uma humanidade intelectualmente mais avançada, que pudesse ensinar pelo exemplo, que estivesse lado a lado com eles cultivando a terra, construindo cidades e aprimorando a linguagem simbólica, sobre a qual Harari[19] foi tão contundente. A partir desses elementos, podemos especular que os expatriados assumiram o papel de missionários e, de formas mais ou menos acertadas, conseguiram incutir alguns traços civilizatórios na incipiente sociedade que aqui se formava, auxiliando a colocar freios nos instintos mais animalescos.

Depuraram, assim, o exercício do livre-arbítrio por aqueles que, gradativamente, se liberavam do determinismo instintivo das fases pré-humanas.

Na mitologia egípcia, Seth traz a ideia da animalidade ancestral, a vontade do prazer e o exercício pleno da própria vontade. Já Hórus, filho de Osíris e Isis, simboliza a iluminação, o fim da *samsara*, termo cunhado posteriormente pelos hindus e que também estaria marcando o controle absoluto dos vestígios da animalidade em nossa mente.

Estudos recentes de egiptólogos têm revelado que o Templo de Abydos, às margens do Nilo, transmitia o conhecimento sobre a reencarnação, enquanto o de Karnak era dedicado à elevação da consciência. Os sacerdotes egípcios das primeiras dinastias (entre 3500 – 2500 a.C.) estudavam os insetos e animais que habitavam sua região e os associavam a uma ação vital, a uma potência da divindade que deveria ser desenvolvida por aqueles que se preocupassem com sua evolução. Explicavam a vida como um processo de aperfeiçoamento, em que cada animal simbolizava uma forca que moldava o caráter, e um predicado da consciência cósmica suprema que devia ser enaltecido.

É dessa época que provém a noção de que as situações opostas vivenciadas no mundo físico – a dialética essencial propiciada pelo conflito de interesses em um mundo de escassez – permitem comparar as posições antagônicas, e fazer escolhas que levem ao crescimento e a cooperação. Não é à toa que Thóth, deus da sabedoria, possui a cabeça de uma íbis incrustrada em um corpo masculino, pois a ave elege meticulosamente o que ingere por meio de seu longo bico. Também o sábio pondera antes de eleger as escolhas mais acertadas, e é dotado de *intelligentia*, palavra latina que, conforme já referido, provém de *intelligere*. O termo é composto por *intus* (entre) e *legere* (ler, eleger), dando o sentido da eleição entre alternativas distintas, por vezes antagônicas.

De fato, é preciso ponderar bem antes de escolher o que a nossa mente irá assimilar, em meio a miríade de ofertas de fuxicos, *gossip* e pornografia, bem como imagens de acidentes e assassinatos tão comuns no meio digital. Além de uma infinidade de "passatempos" ditos inocentes que desperdiçam esse recurso valioso – e não renovável – sem nada contribuir para a evolução consciencial. Nesse contexto, a simbologia de Thóth é irretorquível: a ingestão do alimento equivale à aceitação de sugestões do entorno; e a digestão guarda similitude com a assimilação pela mente. Devemos ter extremo cuidado com as formas mentais com que sintonizamos.

Não há muitas fontes a sustentar a hipótese de que o antigo Egito recebeu uma grande profusão de espíritos egressos de um sistema planetário mais avançado, e que puderem reencarnar aqui porque o corpo somático dos *sapiens* já estava mais aprimorado, tendo se tornado a única espécie do gênero Homo a subsistir. Conforme esclarece Emmanuel, aqueles espíritos que foram instados a reencarnar no Egito eram, dentre todos os degredados, os que "menos débitos possuíam perante o tribunal da Justiça Divina"[20]. Eram, portanto, os menos involuídos dentre aqueles que foram alijados do seu sistema planetário de origem.

Mal comparando, podemos imaginar uma pequena escola de Ensino Fundamental incompleto, onde haja apenas as séries iniciais, da primeira à quinta, com unidocência. Estudando as pirâmides etárias da região, a Secretaria de Educação da localidade percebe que há ali uma grande concentração de pré-adolescentes, mas pouquíssimas crianças. Percebe, também, que os índices de natalidade vêm caindo, ou seja, também não haverá um público discente infantil muito grande, nos anos subsequentes.

Assim, as autoridades da educação resolvem que a Escola passará apenas a atender as séries finais, da sexta à nona, com uma grade curricular variada e diversos docentes. Nesse caso, o que acontecerá com aqueles alunos que se demoram em repetir as séries iniciais? Terão que procurar uma nova escola, como imperativo de seu progresso, já que aquela que frequentavam com parcos resultados foi remodelada, passando a oferecer apenas as quatro séries finais do Ensino Fundamental.

Comparando os planetas às escolas, o raciocínio é análogo. As migrações planetárias se dão quando há um descompasso da sintonia vibratória dos retardatários e da grande maioria que logrou algum progresso. Alunos da quinta série em processo de aprovação para a seguinte não podem conviver com estudantes da mesma idade (*v.g.*, almas contemporâneas, com um número de reencarnações equivalente) que sequer se alfabetizaram ainda, sob pena de um grupo perturbar o aprendizado do outro, a ponto de retardar em muito a evolução coletiva.

Aqueles que ainda se encontram inseridos nos currículos pedagógicos mais elementares devem procurar um novo espaço de aprendizado. Um espaço multifacetado, apto a abrigar não só quem cursa a primeira e a segunda séries, mas também aqueles que se demoraram na terceira e na quarta, em sucessivas reprovações, sem obter acesso aos anos finais. Os mais recalcitrantes aprendem com os menos atrasados, e tanto um grupo como o outro recepcionam os recém-chegados do pré-primário, uma alegoria poderosa para aqueles espíritos que recém inicial a jornada hominal, oriundos de orbes primitivas e com a animalidade latente.

Finalizando essa metáfora escolar, pode-se dizer que os habitantes do Egito das dinastias mais recuadas no tempo eram justamente os retardatários da terceira e da quarta série, que por pouco não puderam permanecer no orbe de que eram originários. Ardia no seu íntimo o desejo de trabalho incansável que lhes pudesse garantir o regresso, um dia, ao sistema planetário (à escola) de sua afeição. Dentre todos os espíritos emigrados, a humanidade que ocupou as planícies férteis do Nilo era aquela que "guardava no íntimo uma lembrança mais viva das experiências de sua pátria distante"[21]. Viam, assim, cada reencarnação que findava como uma jornada de trabalhos forçados que chegava ao seu termo, aproximando-os de seu objetivo final, a liberação vibracional da psicosfera terrestre e a autorização para o tão ansiado retorno à origem.

A antiga civilização Egípcia é assim retratada por Emmanuel:

> Uma saudade torturante do céu foi a base de todas as suas organizações religiosas. Em nenhuma civilização da Terra o culto da morte foi tão altamente desenvolvido. Em todos os corações morava a ansiedade de voltar ao orbe distante, ao qual se sentiam presos pelos mais santos afetos. Foi por esse motivo que, representando uma das mais belas e adiantadas civilizações de todos os tempos, as expressões do antigo Egito desapareceram para sempre do plano tangível do planeta. Depois de perpetuarem nas Pirâmides os seus avançados conhecimentos, todos os espíritos daquela região africana regressaram à pátria sideral.[22]

A própria arquitetura monumental do terceiro milênio antes da vinda de Cristo é um testemunho dessa nostalgia. A Grande Pirâmide do faraó Quéops (construída por volta de 2560 a.C.), por exemplo, demonstra o desejo do soberano e de seu séquito mais próximo de se elevarem aos céus após o desencarne. Não há espaço, neste livro, para nos estendermos na descrição dos seus alinhamentos, mas a Grande Pirâmide foi idealizada com um corredor ascendente que leva para o exterior, em um ângulo de 13° que aponta para o polo norte celestial. Para ser mais exato, na direção da constelação de Ursa Maior, bem como de outros grupamentos de estrelas cuja característica principal era a circunstância de jamais se situarem abaixo da linha do horizonte. Devido ao movimento de rotação da Terra, giravam em um círculo muito bem definido durante a maior parte do ano. O familiar grupamento de estrelas da constelação de Capela – o sistema de origem – era assim visível na maior parte das noites, naquelas latitudes de poucas nuvens.

A precisão do cálculo e da execução é tal que os quatro lados da base – com 230,4 metros – possuem um erro médio de apenas 58 milímetros no seu comprimento, e se encontram perfeitamente alinhados os quatro pontos cardeais da bússola. Encontram-se em linha com base no norte verdadeiro, e não no norte magnético. A relação entre o perímetro e a altura de 1.760/280 côvados reais resulta no número 6,28, o que equivale a 2π, ainda que não haja registro em papiro algum daquela época que os egípcios conheciam a medida existente entre o perímetro e o diâmetro de um círculo: o número "PI", equivalente a 3,141552, registra exatamente a divisão entre a circunferência e o diâmetro desta figura geométrica em especial.

A teoria das ideias inatas, desenvolvida por Platão dois milênios depois, talvez indique que o conhecimento matemático permaneceu como memória extracorpórea em alguns luminares de Capela que, aqui reencarnados, conseguiam acessar tais bancos de dados para fins práticos. Vale dizer, para objetivos ligados à engenharia, à irrigação e ao controle das cheias do Nilo. Seja como for, hoje há escassa correspondência entre aqueles migrantes, já retornados ao sistema estelar de origem após o resgate cármico, e os atuais habitantes daquela região do Oriente Médio, para lá deslocados ao longo do último milênio.

Esses exilados verdadeiramente experimentaram em seu planeta de origem cataclismos semelhantes àqueles apontados como causadores da destruição de Atlântida? Aqui, estamos no campo da especulação, ainda que a informação provenha da extraordinária psicografia de Chico Xavier. Saindo do campo do espiritismo e dirigindo-se àqueles que não conhecem a trajetória do maior médium brasileiro de todos os tempos, o que se pode dizer, com algum respaldo cientifico, é que a astrofísica atual tende a afirmar que os exoplanetas mais habitáveis são insulares – o que estaria corroborando o relato de Platão sobre maremotos e inundações que acabaram por fazer imergir a civilização inteira. O astrofísico Heller, em artigo na revista *Scientific American*, descreve "planetas com atmosfera relativamente mais densa e um relevo mais plano", que poderiam "represar a água em uma grande quantidade de mares rasos pontilhados por cadeias de ilhas", em vez do que se vê na Terra, em que há "grandes bacias abissais interrompidas por poucos continentes muito grandes".[23] Tais planetas teriam grande biodiversidade, pois um "mundo-arquipélago" como esse seria bastante assemelhado às nossas plataformas continentais.

Real ou imaginado, o cataclismo sofrido por Atlântida, e a própria Atlântida, insere-se em uma ampla tradição de progresso dos mundos, com deslocamento daqueles que, por mau aproveitamento do seu livre-arbítrio, ficaram aquém da marcha civilizatória de seus pares.

A jornada inconclusa do Homem

A pirâmide egípcia também possui um alto conteúdo metafórico: à medida que a escalamos por uma de suas arestas laterais, mais perto estamos de desbravadores que também ascendem pelas demais. Ou seja, quanto mais alto estivermos, quanto mais próximos do estreito vértice que a encima, mais contíguos estamos a outros abnegados que se esforçam para sair do nível do piso.

O ponto de máximo afastamento é o piso, junto à base da estrutura. À medida que subimos, a distância de quem está ascendendo pelo lado oposto diminui. A escalada da pirâmide desconstitui a ilusão da separatividade, que nada mais é a negação do laço indissociável que liga toda a família humana – magnificamente simplificada na mensagem crística de que "todos somos irmãos, todos somos filhos de Deus" (Mt. 23,8).

Admirando as grandes pirâmides de Gizé de algum edifício arruinado na caótica Cairo moderna, habitada por um povo muito diferente do Egito das primeiras dinastias, temos que admitir que não nos tornamos ainda aquilo que poderíamos ser. Representamos a transição de um símio primevo para o ser humano, conforme afirma o ganhador do Nobel Konrad Lorenz[24], mas não somos ainda verdadeiramente humanos, seres integrais. Tanto que nos vemos capazes de várias selvagerias em desfavor de nossos semelhantes – como o sangrento século XX bem demonstra – e contra os demais seres vivos com quem dividimos esse planeta, agora superaquecido e a caminho de um colapso ambiental.

Tão só o uso da razão não nos torna humanos integrais, pois frequentemente dela nos utilizamos para perpetrar desumanidades de toda a ordem. A história é cheia de exemplos de ideias criativas acalentadas por algum tirano com o fim "de usar outras pessoas para seus objetivos, oprimi-las, explorá-las e instrumentalizá-las para suas intenções"[25]. A tendência de querer escravizar o semelhante, dominante na antiguidade e no medievo, e ainda presente no século passado em regimes totalitários de extrema direita (campos de trabalho nazistas) e de extrema esquerda (*gulags* soviéticos) é a maior prova de que não nascemos verdadeiramente humanos, mas nos humanizamos ao longo de uma vasta jornada civilizatória.

Jornada que perpassa várias reencarnações, com diversos genitores, mentores e mestres. Não pode existir um cérebro físico capaz de nutrir a mente imortal de dados, informações relevantes e conhecimento sistemático sobre o Cosmos em que estamos inseridos sem as experiências obtidas no relacionamento com outras pessoas. Como bem afirmado por Gerald Hütler, somos "seres sociais em grau bem mais alto do que até hoje se presumia, e a nossa unicidade deve-se a singularidade das experiências que fazemos em nossas respectivas relações sociais"[26]. Interações que se sucedem no decorrer das vidas que se descortinam ao longo dos éons do tempo, eu ousaria completar.

Kant talvez tenha pensado na ideia da reencarnação como fator para a concretização da Justiça Divina e como instrumento para aquisição gradativa das virtudes que nos fazem ascender a planos vibracionais mais elevados, mas nada escreveu de mais concreto sobre o tema. O século XVIII certamente era prematuro para que o Ocidente fosse confrontado com ideias tão revolucionárias. Uma geração depois, Schopenhauer abordou a reencarnação de uma maneira tão intricada que o tema, em sua obra, não chegou a frutificar. O que reencarna é a vontade – vaticinou – em uma ilação que só agora começa a ser compreendida, dentro da concepção ampla do livre-arbítrio e do núcleo do foco consciencial. "O foco da consciência torna-se a realidade do nosso mundo"[27], o que vale para as pequenezas infinitesimais da mecânica quântica parece que funciona também para aprimorar nossas forças mentais, se moldadas por uma vontade férrea, direcionada para o Bem.

Nossa essência é a vontade, uma vez que a mônada primordial que ensejou nossa evolução nas fases pré-humanas, conforme ensinou Leibniz, era caracterizada pela percepção e pela apetência, uma vontade em forma rudimentar. As mônadas são os espelhos do universo[28], ele proclamava, antecipando em mais de três séculos a estrutura holográfica do Cosmos, tal qual vem sendo estudada na atualidade.

De fato, nossas crenças mais íntimas acabam por se espelhar em nossos relacionamentos mais importantes: pais e filhos, cônjuge/companheiros, nós próprios, nós e a Consciência Cósmica Suprema. A apetência da mônada – posteriormente chamada de "vontade" por

Schopenhauer – o móvel que movimenta todos os seres, a pulsão que a todos move, da bactéria ao elefante, deve ser direcionada para objetivos mais nobres e humanizados. A moderação dos apetites é um sinal evolutivo importante.

Em última análise, somos informação pura, aparelhada por uma vontade. É esse o âmago do ser, que vai trocando apetites grosseiros por impulsos mais sutis, civilizando os sentidos, suavizando sensações, desenvolvendo compaixão e angariando amor ao longo de sua trajetória. Mais disciplinada, a vontade cega e despropositada dos primórdios nos impulsiona a superar os obstáculos, e a inteligência a fazer escolhas geradoras de bom carma, elegendo alternativas que minimizem estes mesmos obstáculos.

Ambas, inteligência e vontade, secundam o amor que vamos adquirindo ao evoluir, e são pressupostos para sua aquisição. Daí, o motivo pelo qual o progresso deve se dar de forma proporcional, tanto na dimensão intelectual quanto na dimensão moral. Essa a razão pela qual é preciso superar o passado recente – passado que ensejou grandes pensadores a se proclamarem ateus ou agnósticos – em prol de uma narrativa espiritual nova, que vá além de um Deus que barganha, vinga-se ou ofende-se, e que efetivamente fale à mente da mesma forma como dialoga com o coração.

Claro que essa nova narrativa não se confunde com o paradigma científico. "O compromisso com a verdade fundamenta a ciência moderna, que capacitou o homem a fissionar o átomo, decifrar o genoma, rastrear a evolução da vida e compreender a história da própria humanidade"[29], como bem apontou Harari, mas quando abordamos a doutrina reencarnacionista não estamos falando em verdades científicas provadas experencialmente, mas sim em verossimilhança. Um conceito vinculado à força das evidências e à probabilidade de verdade, entendida aqui como uma busca que também é análoga à espiral ascendente do conhecimento, referida por Rilke[30].

Essa ascensão espiralada, essa evolução do pensamento nos levará, um dia, a uma fórmula que possa congregar satisfatoriamente o ideal de liberdade com a urgência de igualdades material mínimas, em um mundo impactado por desafios econômicos, pela disrupção tecnológica e o colapso do meio-ambiente. Pelo individualismo exacerbado, pela vaidade extrema, narcísica, pelo consumismo sem peias. Só uma ascensão sustentada, é capaz de nos fazer superar o "*perpetuum mobile* da vida mundana, movendo-se de uma situação para outra, flutuando de um humor para outro, desejando um objeto, obtendo-o e provando-o, ficando saturado, frustrado, pondo-o de lado, e voltando-se para recomeçar o mesmo processo ainda uma vez, e mais outra"[31]. É ela, e tão só ela, capaz de nos libertar da roda das existências materiais – a *samsara* a que tanto nos referimos ao longo desta obra – e da insatisfação que a caracteriza.

Apenas o cultivo da solidariedade conseguirá evitar nosso colapso individual, ou o colapso coletivo do planeta que nos abriga. Ainda que possamos ter relativa certeza da existência de vida em outros sistemas planetários – que um dia constataremos serem também solidários entre si – nosso compromisso imediato é com aqueles que nos circundam, física ou virtualmente.

E a solidariedade é essencial porque se torna impossível, ao fim e ao cabo de uma vida de indiferença para as dores de nossos semelhantes, o perdão de todos os pecados pelo arrependimento de última hora, ainda que sincero. A redenção também não se adquire mediante uma doação financeira generosa, já no entardecer da existência. O carma negativo formou-se a partir da sistematização de condutas equivocadas, danosas, e ele só será removido mediante arrependimento sincero e trabalho duro para reparar os efeitos dos equívocos.

Assim, a verdadeira reparação pressupõe movimento, ou mais especificamente, uma conduta que se dirige a uma finalidade. A palavra Amor, no sentido em que Jesus a empregou no conhecido Sermão da Montanha, perpassava o sentimento *ágape* ou a afeição *philia*, resultando em uma própria ação afirmativa, materialização prática da exortação à caridade tão cara nas passagens evangélicas mais sublimes. Como muito bem colocado por Deepak Chopra, "o amor é um processo. Um verbo, e não um substantivo. Uma vez que você dá início ao processo, este se desenrola naturalmente".[32]

A solidariedade dirigida aos que sofrem – e são espantosamente numerosos os sofredores de todos os matizes – traduz-se em caridade. "Fora da caridade não há salvação" é um mote conhecido, significando que a obra em prol do outro é essencial, e que o esforço desinteressado em favor do próximo se sobrepõe à Fé: pouco vale a isolada crença em algo transcendente, se esta não nos impulsiona para a ação edificadora. No ponto, não há favorecidos ou rejeitados por Deus em função de algum fator aleatório, ou predestinados e preteridos, o que existe é a necessidade de cada um se submeter a lei divina do trabalho e do amor para edificar a sua própria ascensão consciencial.

Fora da fraternidade, ausentes a percepção da dor do outro ou a intensão de abrandar seu sofrimento, não é possível a redenção. A libertação, o reparo, a reabilitação não acontecem, estaremos impedidos de assumir uma espiral ascendente de progresso, e circularemos pelo mesmo ponto na roda das reencarnações. Somos todos espíritos momentaneamente reencarnados, vivendo uma existência material, uma vez que os contrastes mais prementes dessa vida corpórea aceleram-nos o progresso. Nossa essência, nossa substância espiritual nuclear (informação + vontade) modifica-se ao influxo das novas experiências, propulsada pelo livre-arbítrio e inserida em um contexto que é tanto determinístico quanto probabilístico. Um contexto que nos inspira pensamentos – quem pensa é a mente imortal, o espirito que nos anima, nosso *self* mais profundo – aptos a propiciar descobertas que ensejam o aprendizado e a evolução, ambas perfazendo simultaneamente causa e consequência das vidas sucessivas.

"Nascer, morrer, renascer ainda, progredir sempre... tal é lei".

Chegamos ao fim desta obra esperançosos de que a mensagem tenha sido retransmitida, apesar das limitações do autor. O bastão foi passado adiante, a todos os leitores que, descontentes com as respostas religiosas mais tradicionais às turbulências deste início de milênio, reivindicam o direito de pensar diferente. Fui apenas um dentre diversos outros mensageiros, que tanto pontuam as novidades como também ecoam timbres mais recuados nessa grande jornada civilizatória, em que se procura espargir o próprio senso de humanidade.

É como o soar dos violinos. O timbre varia de um para outro, a depender da qualidade do violinista e do instrumento em si, mas a essência musical é inequívoca. A partitura é única, e uno o maestro. Os vários textos, de distintas épocas, diferem nos detalhes, mas respondem o que somos, para onde vamos e de onde viemos de uma forma mais ou menos uníssona.

Para a velha tríade de indagações que nos rouba o sono há milênios, talvez a resposta mais sintética seja aquela de John Milton, a cujo epigrama inicial retornamos, ao encerrar esse último capítulo.

"Os divinos céus que vês são de Deus o livro aberto".

Notas

UM – As roldanas do universo

1 JOHNSON, Kurt; ORD, David Robert. *A chegada da era interespiritual*. São Paulo: Pensamento, 2018. p. 42.

2 *Ibidem*, p. 44.

3 Quais seriam as demais possibilidades, a contrastar com a visão materialista de que a mente é um mero subproduto do corpo? Basicamente, a hipótese criacionista, adotada pelas religiões tradicionais, pela qual a mente ou alma seria criada em algum momento intermediário entre a concepção e o nascimento; a ideia hoje pouco divulgada do traducionismo, pela qual a alma nova resultaria da cisão da alma dos pais biológicos; e o coletivismo psíquico, que advoga ser a mente uma energia vital temporariamente individualizada, que após a morte deixará o corpo para dar nova energia anímica a outra forma de vida.

4 RUSSEL, Bertrand. *História da Filosofia Ocidental*. Rio de janeiro: Nova Fronteira, 2015. v. 1. p. 9.

5 MLODINOW, Leonard. *De primatas a astronautas – A jornada do Homem em busca do conhecimento*. Rio de Janeiro: Zahar, 2015. p. 40.

6 GRAEBER, David; WENGROW, David. *O despertar de tudo – Uma nova história da humanidade*, p. 266.

7 MLODINOW, op. cit., p. 43.

8 *Ibidem*, p. 42.

9 ROSENBLUM, Bruce; KUTTNER, Fred. *O enigma quântico – O encontro da física com a consciência*. Rio de janeiro: Zahar, 2017. p. 32.

10 *Ibidem*, p.32.

11 KINGSBURY, Maria. 1001 Ideias que mudaram nossa forma de pensar. Rio de Janeiro: Sextante, 2014. p. 336.

12 SAGAN, Carl. *Cosmos*. São Paulo: Companhia das Letras, 2017. p. 45.

13 *Ibidem*, p. 122.

14 Não serão desenvolvidos conceitos mais técnicos sobre o tema, pois não relacionados ao escopo básico da obra. A literatura de divulgação, bem como séries de televisão podem aprofundar a visão do leitor leigo sobre a física quântica. Os livros que foram consultados para a elaboração deste texto estão sendo referidos na bibliografia e constituem um ponto de partida interessante para o aprofundamento na área.

15 Relatos em regressões hipnóticas realizadas para coibir fobias e traumas, dentre outras desordens emotivas. Do ponto de vista deste ramo da Medicina, a pesquisa cientifica realizada pelo psiquiatra Ian Stevenson é de grande relevância para o tema da reencarnação

16 A história das origens recebeu um grande impulso ao longo dos últimos vinte anos. Recomendo fortemente a leitura de livros tais como *Uma breve história de quase tudo, Cosmos, Origens* e *A Grande História*, devidamente referenciados em seção própria desta obra.

17 Ontologia, Filosofia Moral e Filosofia política são os grandes temas filosóficos deste início de século XXI, marcado pelo multiculturalismo e pelos efeitos da pandemia de 2020-2022. A

grande pergunta é "como podemos viver juntos?". Esse assunto está diretamente correlacionado com o mandamento de solidariedade que emerge do estudo da reencarnação, uma vez que, no conjunto de vida sucessivas, sempre seremos recebidos no seio de uma comunidade espiritual momentaneamente encarnada, em que somos instados a também colaborar para o sucesso das experiências reencarnatórias dos demais.

18 Os originais dos atos do segundo concílio de Constantinopla se perderam, mas grande parte dos historiadores do período acredita que a doutrina de Orígenes, pela qual a alma preexistiria ao corpo que a recebe, foi condenada pelos bispos em um texto curto, assinado pelos presentes antes mesmo da abertura formal do Concílio em si.

19 HOLLOWAY, Richard. *Uma breve história da religião*. Lisboa: Editorial Presença, 2018, p. 172-173.

20 TENDAM, Hans. *Panorama sobre a reencarnação*. São Paulo: Summus, 1993. v. 1. p. 27.

21 Uma frase cunhada a partir de passagem do seu livro *As afinidades eletivas*, de 1809, parece resumir toda a lógica da dinâmica reencarnacionista: "Nascer, morrer, renascer ainda e progredir sem cessar. Esta é a lei." Encontra-se no mausoléu erguido em homenagem a Allan Kardec, no cemitério Pére-Lachaise. Jean Vartier, um dos primeiros biógrafos de Kardec, escreveu que a assertiva que se tornou epitáfio foi inspirada no capítulo IX da primeira parte da obra "Die Wahlverwandstschaften" (As afinidades eletivas).

22 *Ibidem*, p. 77.

23 PROPHET, Elizabeth Clare. *Reencarnação - O elo perdido do cristianismo*. Rio de Janeiro: Nova Era, 2003. p. 32.

24 A inspiração para essa metáfora provém dos escritos do filósofo estadunidense William James (1842-1910), expressada em seu livro *Pragmatismo*.

DOIS – O que somos?

1 KINGSBURY, Maria. *1001 Ideias que mudaram nossa forma de pensar*. Rio de Janeiro: Sextante, 2014. p. 30.

2 *Ibidem*, p. 33.

3 Nietzche foi um dos primeiros filósofos a sistematizar criticamente o modo pelo qual religiões tradicionais manipulavam o temor e a culpa para obter a conformação de comportamentos. Examinando a sua obra com mais atenção, percebe-se que ele não se posiciona diretamente contra a espiritualidade individual ou à busca de alguma transcendência, mas em relação ao Deus tal qual era retratado na segunda metade do século XIX, que não era muito distinto da concepção medieval de divindade.

4 TENDAM, Hans. *Panorama sobre a reencarnação*. São Paulo: Summus, 1993. v. 1. p. 51.

5 HOLLOWAY, Richard. *Uma breve história da religião*. Lisboa: Editorial Presença, 2018. p. 23.

6 RUSSEL, Bertrand. *Análise do espírito*. São Paulo: Companhia Editora Nacional, 1958.

7 Não é demais especular, com base nos termos utilizados no século XIX, que o fluido cósmico universal possa de alguma forma guardar correspondência aos filamentos infinitesimais que a Física do Século XXI trata sob a denominação "Teoria das Cordas", já referidas.

8 Um tipo de matéria invisível e ainda não detectada por instrumentos de que dispomos, chamada "Matéria Escura" e uma forma de energia cujo conhecimento é ainda muito incipiente, denominada "Energia Escura", podem estar em estrita sintonia com o tipo de substância que consciências muito evoluídas – "arcanos da divindade", na concepção de Kant, podem mobilizar para transformá-las em matérias aprimoradas e energias luminosas que observamos com nossos sentidos ou detectamos com maravilhas tecnológicas, tal como o telescópio James Webb.

9 KARDEC, Allan. *O livro dos espíritos*. Rio de Janeiro: FEB, 2007 (questões 27 e 79).

10 WARBURTON, Nigel. *O básico da filosofia*. 2. ed. Rio de Janeiro: José Olympio Editora, 2012. p. 191.

11 Antes do estágio hominal, o Princípio Inteligente manifestara-se como vitalidade no reino vegetal e no instinto nos animais superiores, etapa em que, por vezes, adquire a feição de rudimentos de inteligência.

12 COOPER, J. C. *Yin y Yang - La armonia taoísta de los opuestos*. Madrid: Editorial EDAF, 1985. p. 12.

13 ANDRADE, Hernani Guimarães. *Espírito, perispírito e alma - Ensaio sobre o modelo organizador biológico*. São Paulo: Pensamento, 2004. p. 80.

14 *Ibidem*, p. 76.

15 HARARI, Yuval Noah. Sapiens - *uma breve história da humanidade*. 4. ed. Porto Alegre: L&PM, 2015. p. 31.

16 *Ibidem*, p. 30.

17 CHAGAS, Aécio Pereira. *Introdução à ciência espírita*. Bragança Paulista: Lachâtre, 2013. p. 97.

18 No original da questão 135-A do *Livro dos Espíritos*: "tais são, num fruto, a semente, a polpa e a casca".

19 Para Parmênides, haveria uma unidade e uma imobilidade do Ser: para ele, a essência das coisas e das individualidades não se alterava conforme vaticinava Heráclito. Parmênides comparava as qualidades umas com as outras e as ordenava em duas classes distintas. É em seu texto que se compara, pela primeira vez, a luz e a escuridão, concluindo-se que as trevas nada mais são do que ausência de luz, o que foi utilizado para autores posteriores explicarem a origem do Mal. Assim, nesta dicotomia ser/não ser, o segundo designativo nada mais seria do que a negação do primeiro, o frio sendo a negação do quente, a doença da saúde, e assim por diante.

20 Em Mateus 3:16,17, temos presente o Pai, por meio da voz retumbante que se escuta; o Filho, na figura de Jesus; e o Espírito Santo, representado pela pomba, ou seja, uma revelação que, no entender dos católicos, é completa, por meio de três naturezas distintas.

21 O número três também evoca a trindade trimurti da tradição hindu, com Brahma, Vishnu e Shiva, que simbolizam respectivamente a criação, a conservação e a destruição, assim como no antigo Egito tínhamos Osíris, Hórus e Ísis, ambas projetando ecos para a Sagrada Família. Nos termos da sociologia das religiões, esta última estaria concretizado uma apropriação cultural de crenças mais antigas.

22 Para além do tempo cronológico, diversas tradições culturais e religiosas expressam a sua convicção de que a passagem do tempo se dá de forma distinta, não linear. Também o relativismo do tempo-espaço já foi confirmado por experimentos que corroboraram as teorias de Einstein, no início do século XX.

23 FRANCO, Divaldo Pereira. *Vida:* desafios e soluções. Pelo Espírito Joanna de Ângelis. 6. ed. Salvador: LEAL, 2001. cap. 7.

24 Além do corpo físico, teríamos *Zelem*, que se assemelha ao duplo etérico, e ainda *Nefesh, Ruah, Neshamá, Hayyah* e *Yehidah*.

25 PINHEIRO, Robson. *Além da matéria*. 10. ed. Contagem: Casa, 2011. p. 107.

26 Todos os compostos, orgânicos ou não, são formados por átomos, que consistem basicamente em espaços vazios. Entre o núcleo e a eletrosfera, há espaços que não são preenchidos por nenhum elemento já medido ou quantificado pela aparelhagem de mensuração que dispomos na atualidade.

27 Em um livro clássico da Teosofia, *O Plano Astral*, C. W. Leadbeater já assinalava, em 1895, que "são sete os princípios constitutivos da natureza humana", mencionando que a tríade superior é formada pela (1) Átma, ou espírito; (2) *Buddhi*, o princípio crístico e (3) *Manas*, ou pensador, que vem a ser a Inteligência superior. No quaternário inferior, que Leadbeater relacionava com a personalidade moral, situavam-se (4) *Kâma*, a natureza passional e emocional; (5) *Prâna*, ou energia vital; o (6) *Duplo Etérico*, ou Veículo do Prana, e ainda o (7) Corpo Físico tão conhecido de anatomistas e médicos em nossa dimensão material. (LEADBEATER, C. W. *O plano astral*. São Paulo: Pensamento, 1979. p. 44).

28 PINHEIRO, Robson. *Além da matéria*. 10. ed. Contagem: Casa, 2011. p. 84.

29 *1001 ideias...*, p. 107

30 Na codificação espírita, prefere-se um termo bastante disseminado no Brasil - perispírito - que abarca tanto o corpo astral como os demais corpos, níveis de consciência e dimensões em que se manifesta.

31 ANDRADE, Hernani Guimarães. *Espírito, perispírito e alma - Ensaio sobre o modelo organizador biológico*. São Paulo: Pensamento, 2004.

32 Propõe-se ao leitor imaginar a seguinte situação: um homem extremamente passional morre e permanece no espaço físico da sua residência em vida. Não aceita que sua ex-esposa tenha um novo relacionamento, e se sente tomado pelo ciúme e pela raiva (emoções assentes na dimensão, agora mais externa, do corpo astral). Elabora mentalmente, de forma diária, situações obsessivas em que tenta influenciá-la a abandonar o novo relacionamento (elaborações do mental inferior), enquanto tenta, de todas as formas, prejudicar o novo companheiro. Esse espírito desencarnado está preso às dimensões inferiores de seu ser, mediante emoções deletérias e atitude mental negativa, e dificilmente conseguirá lograr auxílio e acolhimento em seu novo estado enquanto não abandonar o círculo vicioso de passionalidade e apego.

33 GOSWAMI, Amit. *A física da alma*. 3. ed. São Paulo: Goya, 2015. p. 145.

34 Ibidem, p. 150.

35 PINHEIRO, Robson, op. cit., p. 118.

36 BUTLER-BOWDON, Tom. *50 clássicos da filosofia*. São Paulo: Benvirá, 2019. p. 200-201.

37 Ibidem, p. 200.

38 PINHEIRO, Robson, op. cit., p. 122.

39 Ibidem, p. 123.

40 De forma que, ao fim e ao cabo de infância e da adolescência, repleta de desafios, poder encaminhá-la na vida com amplas possibilidades de crescimento espiritual e potencial de relativa felicidade.

41 Para um maior aprofundamento sobre o corpo búdico, é interessante a leitura do capítulo *A consciência cósmica*, do livro *Autobiografia de um iogue*, de Swami Paramahansa Yogananda.

42 Na mitologia grega, a ideia do fio também surge em conexão com a polaridade vida/morte. As *fatas* apresentam-se como um trio de fiandeiras idosas: *Clotho*, a guardiã do nascimento, tira o fio da vida de sua roca; *Lachesis* prepara o fio e define a sua extensão; enquanto que Átropos, a guardiã da morte, corta-o no momento adequado.

43 SAGAN, Carl. *Cosmos*. São Paulo: Companhia das Letras, 2017. p. 44.

44 DENIS, Léon. *Depois da morte*. 18. ed. Rio de janeiro: FEB, 1994. p.199-200.

45 Os antigos egípcios davam grande importância ao coração. "Pesar" o coração é uma metáfora para essa compreensão de que tudo é fluxo e refluxo, sístole e diástole, o que, aliás, vem ao encontro do princípio da correspondência. Assim como o que torna vivo o organismo material mais complexo é o pulsar do coração, o que mantém funcional o universo é esse fluxo-refluxo infinito, que vai do microcosmo às galáxias mais distantes

46 No ponto, é oportuno destacar que a luz visível seria uma radiação eletromagnética que se situa entre a radiação infravermelha e a radiação ultravioleta.

47 NAHMIAS, Eddy. Por que temos livre-arbitrio? *Scientific American Brasil*, n. 153, fev. 2015, p. 78-81.

48 LÁSZLÓ, Ervin. *A plenitude do cosmos – A revolução akáshica na ciência e na consciência humana*. São Paulo: Cultrix, 2018. p. 15.

49 Sobre o tema, é interessante consultar a quarta parte do livro *A realidade não é o que parece*, de Carlo Rovelli, em especial o subitem *Uma janela para a gravidade quântica*, entre as páginas 213 e 218.

50 Raciocínios indutivos partem de premissas particulares para se chegar a uma lei geral, universal. Como não teremos, seja no curto ou no médio prazos, instrumental apto a medir manifestações conscienciais e mensurar a intensidade vibracional das Cordas, talvez seja preciso uma mudança de paradigma científico que, superando o negacionismo a tudo o que é transcendente, se adéque aos desafios e particularidades do objeto.

51 LÁSZLÓ, p. 63.

52 BRADEN, Gregg. *A matriz divina*. São Paulo: Cultrix, 2008. p. 20.

53 LÁSZLÓ, p. 47-48.

54 Ibidem, p. 65.

55 Ibidem, p. 66.

56 Ibidem, p. 66.

57 MEEK, George. *O que nos espera depois da morte?* Rio de Janeiro: Record, 1980. p. 19-20.

58 LÁSZLÓ, p. 66.

59 MIRANDA, Hermínio C. *Os procuradores de Deus*. São Bernardo do Campo: Correio Fraterno, 2015. p. 127.

60 Ibidem, p. 126.

61 *1001 ideias*, p. 34.

62 Idem.

63 LÁSZLÓ, p. 67.

64 ULSON, Glauco. *O método junguiano*, p. 53.

65 MOACANIN, Radmila. *A psicologia de Jung e o budismo tibetano*. Trad. Cláudia Giordano. São Paulo: Pensamento, 1986. p. 48.

66 Ibidem, p. 49.

TRÊS – De onde viemos?

1 KANT, Immanuel. *A religião nos limites da simples razão*. Lisboa: Edições 70, 1986. p. 71, nota 23.

2 Detalhes sobre esse ângulo algo surpreendente da vida de Jean-Jacques Rousseau, encontrados sem menção a fontes na Internet, podem ser pesquisados em algumas biografias do filósofo, como a obra *The Solitary Self:* Jean-Jacques Rousseau in Exile and Adversity, de Maurice Cranston.

3 Bhagavad Gita – *A mensagem do mestre*. Trad. Francisco Valdomiro Lorenz. 22. ed. São Paulo: Pensamento, 2006, p. 51. Autoria desconhecida.

4 As personalidades mudam, e com isso a individualidade se enriquece. Daí, o nome da máscara do teatro grego: *persona*. Vale lembrar que as origens do teatro na Grécia se perdem nos ritos órficos, em que a crença na reencarnação era muito forte.

5 SCHOPENHAUER, Arthur. *Metafísica do amor, metafísica da morte*. Trad. J. Barbosa. São Paulo: Martins Fontes, 2000. p. 128.

6 Aramaico no velho testamento, grego no novo testamento, bem como a sua versão para o latim – Vulgata, que serviu de instrumento para incontáveis missas e serviços religiosos ocorridos durante todo o medievo e, ao menos na Europa que não se tornou protestante, por boa parte dos séculos precedentes.

7 A doutrina da infalibilidade papal em questões de fé ainda vigora, apesar de todas as críticas. Foi definida no 4º capítulo da 4ª sessão do Concílio Vaticano I, ocorrido entre 1869 e 1870, durante o pontificado do papa Pio IX.

8 A alternativa mais branda ao inferno, o envio ao purgatório, foi um meio-termo idealizado apenas no século XII, mais de 800 anos após o epílogo da formação do cânone bíblico, interregno em que foram eleitos os textos que seriam aceitos pela doutrina oficial da Igreja e aqueles que seriam rejeitados.

9 Os originais dos atos do segundo Concílio de Constantinopla se perderam, mas grande parte dos historiadores do período acredita que a doutrina de Orígenes, pela qual a alma preexistiria ao corpo que a recebe, foi condenada pelos bispos em um texto curto, assinado pelos presentes antes mesmo da abertura formal do Concílio em si.

10 ATKINSON, William Walker. *A reencarnação e a lei do carma*. São Paulo: Pensamento, 1995. p. 95.

11 O espermatozoide mais apto, portanto, é aquele que melhor sintoniza com as vibrações do espírito reencarnante, que já está imantado ao óvulo. Quando da concepção propriamente dita, as psicomoléculas do corpo perispiritual da entidade reencarnante inauguram um processo simbiótico na intimidade da célula-ovo, dando início, no plano físico, à reencarnação propriamente dita. (DI BERNARDI, Ricardo. *Gestação – Sublime intercâmbio*. São Paulo: Intelítera, 2010. p. 43.

12 DI BERNARDI, Ricardo. *Gestação - sublime Intercâmbio*. São Paulo: Intelítera, 2010. p. 42.

13 Escrevendo sobre Esaú e Jacó, Orígenes teria escrito que Jacó "foi preferido desde o ventre pelos seus méritos em alguma vida anterior". É o que consta da obra Elizabeth Clare Phophet (PROPHET, Elizabeth Clare. *Reencarnação - o elo perdido do Cristianismo*. Rio de Janeiro: Nova Era, 2003. p. 170).

14 PROPHET, Elizabeth Clare. *Reencarnação - o elo perdido do Cristianismo*. Rio de Janeiro: Nova Era, 2003. p. 176.

15 Ibidem, p. 180.

16 Adverte Peter Frankopan que, apesar de o cristianismo ser associado ao Mediterrâneo, e daí para a Europa Ocidental como um todo, em seus primórdios "era asiático em todos os seus aspectos": sua língua original era o aramaico, seu "fundo teológico e cenário espiritual era o judaísmo, formado em Israel e durante o exílio no Egito e na Babilônia; suas histórias eram moldadas por desertos, inundações, secas e ondas de fome, pouco familiares na Europa" (FRANKOPAN, Peter. *O coração do mundo - uma nova história universal a partir da Rota da Seda, o encontro do Oriente com o Ocidente*. São Paulo: Crítica, 2019. p. 57).

17 BLAINEY, Geoffrey. *Uma breve história do cristianismo*. São Paulo: Fundamento, 2012. p. 70.

18 Disponível em: <https://cleofas.com.br/historia-da-igreja-origenes-e-reencarnacao/>. Acesso em: 05 set. 2023.

19 Em 1861, o bispo de Barcelona, Antônio Termes, ordenou a queima de livros espíritas retidos na Alfândega, por serem contrários à fé católica. "Auto de fé" de Barcelona foi uma expressão notabilizada por Allan Kardec para se referir a esse ato, um dos últimos patrocinados pela Inquisição, que resultou na perda de trezentos exemplares. Em suas palavras: "Podem-se queimar os livros, mas não se queimam as ideias; as chamas das fogueiras as super-excitam em lugar de abafá-las. As ideias estão no ar, e não há Pireneus bastante altos para detê-las".

20 MIRANDA, Hermínio C. *Os procuradores de Deus*. São Bernardo do Campo: Correio Fraterno, 2015. p. 64.

21 Idem.

22 COMTE-SPONVILLE, André. *Pequeno tratado das grandes virtudes*. São Paulo: Martins Fontes, 1995. p. 243-244.

23 KANT, *A religião nos limites da...*

24 KARDEC, Allan. *A gênese, os milagres e as predições segundo o espiritismo*, Capítulo I, Caráter da revelação espírita, p. 38.

25 ATKINSON, William Walker. *A reencarnação e a lei do carma*. São Paulo: Pensamento, 1995. p. 173.

26 DI BERNARDI, Ricardo. *Voo livre*. São Paulo: Mundo Maior, 1999. p. 20.

27 É claro que. para nosso cérebro material limitado pelas três dimensões espaciais e a dimensão temporal, é bastante difícil intuir a ideia da infinidade. Todavia, um raciocínio matemático relativamente simples, que alude aos exercícios lógicos de Pitágoras, pode nos auxiliar: Qual seria o maior número que existe? Qual é o algarismo que corresponde ao termo final de uma progressão aritmética de razão 1?

28 ATKINSON, William Walker. *A reencarnação e a lei do carma*. São Paulo: Pensamento, 1995.p. 96.

29 KARDEC, Allan. *O livro dos espíritos*. Edição especial alusiva ao sesquicentenário da primeira edição. Trad. Evandro Bezerra, a partir da 2ª, 3ª, 5ª, 6ª, 10ª e 12ª traduções francesas. Rio de Janeiro: FEB, 2007, (questão 115).

30 ANDRADE, Hernani Guimarães. *Espírito, períspirito e alma - Ensaio sobre o modelo organizador biológico*. São Paulo: Pensamento, 2004. p. 64.

31 Idem.

32 NUNES, Cícero Alberto. *Reencarnação - A justiça de Deus*. Capivari: Eme, 2019. p. 258.

33 KARDEC, Allan. *O livro dos espíritos*. Edição especial alusiva ao sesquicentenário da primeira edição. Trad. Evandro Bezerra, a partir da 2ª, 3ª, 5ª, 6ª, 10ª e 12ª traduções francesas. Rio de Janeiro: FEB, 2007.

34 DENIS, Léon. *O problema do ser, do destino e da dor*. 24. ed. Rio de Janeiro: FEB, 2001. p. 119-128.

35 XAVIER, Francisco Cândido. Autor espiritual: Emmanuel. *O consolador*. Rio de Janeiro: FEB, 2005. p. 79.

36 *O livro dos espíritos*, questão 182.

37 *O livro dos espíritos*, questão 187.

38 FLAMMARION, Camille. *A pluralidade dos mundos habitados*. São Paulo: Ícone, 2017. p. 256.

39 Baruch Espinosa não apenas foi excomungado do círculo religioso judaico de sua cidade, mas também deserdado pela família, o que revela o preço que pagou por ter se voltado contra a ortodoxia religiosa da época. Acreditava que era preciso mais do que mera fé para sustentar uma convicção teológica, e que os livros do pentateuco judaico – base do nosso Velho Testamento, não continham verdades absolutas, mas interpretação histórica a cargo de antigos escribas. Sustentava que Deus se manifesta por meio de Leis universais e imutáveis, no que foi seguido por Einstein, três séculos depois. Ao afirmar que Deus não é transcendente, mas a causa imanente de tudo, recebeu a pecha de panteísta. Na verdade, Espinosa estava lançando as bases do panenteísmo, de que falaremos mais adiante.

40 XAVIER. Francisco Cândido. *A caminho da luz* (ditado por Emmanuel). 22. ed. Rio de janeiro: FEB, 1994. p. 31-32.

41 Ibidem, p. 27-28.

42 JAEGER, Werner. *Filósofos da antiguidade*, p. 48.

43 TRÊS INICIADOS. *O Caibalion*. São Paulo: Pensamento, 2021. p. 22.

44 Emmanuel Kant, Allgemeine Naturgeschichte und Theories des Himmels, parte III apud Flammarion, p. 46.

45 Disponível em: https://exoplanets.nasa.gov/faq/6/how=-many-exoplanets-are-there/#:~:text-To%20date%2C%20more%20than%204%2C000,not%20the%20exoplanet%20is%20real. Acesso em: 21 mar. 2021.

46 Heller, René. Um lugar melhor do que a Terra. *Scientific American Brasil*, n. 153, fev. 2015, p. 28-35.

47 HELLER, René. Um lugar melhor do que a Terra. *Scientific American Brasil*, n. 153, fev. 2015, p. 31.

48 Idem.

49 Hoje em dia são muito reduzidas as tribos de índios isoladas, grupos de caçadores-coletores que vivem sem contato com a civilização. Ao longo dos séculos precedentes, todavia, a Terra oferecia aos espíritos – em suas primeiras experiências reencarnatórias – modos de vida extremamente simples, adaptados ao seu intelecto e propensões. Tais espíritos, que afloraram em grande número em épocas precedentes, permanecem ligados à psicosfera da Terra. Desconhece-se, todavia, o percentual que poderá aqui permanecer, quando da mudança do *status* de nosso planeta, de mundo de expiação e provas para mundo de regeneração. Neste particular, sugerimos a leitura do livro de Divaldo Franco, *Transição planetária* (FRANCO, Divaldo Pereira; MIRANDA, Manoel Philomeno de Miranda (autor espiritual). *Transição planetária*. 2. ed. Salvador: Leal, 2010.

50 Em inúmeras passagens da *Revista Espírita*, Kardec usa a expressão "princípio inteligente" como sinônimo de alma, o que é possível verificar na *Revue Spirite* de 1861, p. 242; na *Revue* de 1864, p. 138 e 139; na *Revue* de 1865, p. 95, e na *Revue* de 1868, p. 259 e 260, conferindo à expressão "princípio espiritual" a ideia de elemento espiritual, em oposição a elemento material. Disponível em: <http://www.oconsolador.com.br/ano11/512/oespiritismoresponde.html>.

51 Exotérico escrito dessa forma, com "x", e não com "s", que sinaliza uma concepção diferente, de um ensinamento destinado às massas em geral, e não iniciados com aptidão intelectual e uma bagagem prévia que os tornassem aptos a assimilar conceitos mais elaborados.

52 BUTLER-BOWDON, Tom. *50 clássicos da filosofia*. São Paulo: Benvirá, 2019. p. 239.

53 Ibidem, p. 239.

54 A frase completa formulada por Léon Denis: "o Espírito dorme no mineral, sonha no vegetal, agita-se no animal e desperta no homem".

55 Bill Bryson (op. cit.., p. 296) assinala, em seu livro, que "as reações químicas do tipo associado à vida são, na verdade, bem comuns", destacando que os cristais, embora inorgânicos,

"conseguem fazer várias coisas típicas da vida: reaplicar-se, reagir a estímulos ambientais, assumir um padrão complexo". Nesse contexto amplo, poderia ser sugerido, em uma ilação que precisaria ser melhor desenvolvida e analisada, e por causa disso mesmo está sendo veiculada nesta nota de rodapé, e não no corpo do texto principal, que o aporte da mônada na matéria ainda inorgânica produz um efeito de mitigação da entropia – a tendência à desorganização que acomete os sistemas em geral – ensejando mecanismos de autorregulação atômica e de busca de simetrias moleculares.

56 A linha divisória entre moléculas orgânicas e inorgânicas é tênue e tem originado polêmicas desde há muito. Geralmente, os compostos orgânicos apresentam carbono ligado a hidrogênio, ao contrário dos compostos inorgânicos. Desse modo, o ácido carbônico é inorgânico, enquanto o ácido fórmico é orgânico. Como regra geral, todas as moléculas orgânicas contêm carbono, porém, nem todas as moléculas que possuem carbono são moléculas orgânicas. Neste particular, a etimologia da palavra "orgânico" significa que o termo procede de "organos", expressão relacionada com a vida.

57 Todo ser vivo conta, em sua estrutura molecular, com os seguintes elementos químicos: carbono, hidrogênio, oxigênio, nitrogênio, fósforo e enxofre, que paralelamente a outros elementos que aparecem em menor frequência constituem substâncias complexas que viabilizam os seres vivos, tais como os carboidratos, as proteínas, os lipídios, as vitaminas e os ácidos nucleicos.

58 Para o filósofo grego Demócrito (450-370 a.C.), os menores componentes da matéria seriam corpúsculos indivisíveis em perpetua circulação em um vazio quase infinito. Para ele, a diversidade qualitativa das coisas seria explicada pelo enorme número de combinações possíveis.

59 DI BERNARDI, Ricardo. *Reencarnação e evolução das espécies.* Londrina: Universalista, 2005. p. 43.

60 Ibidem, p. 46.

61 Ibidem, p. 46.

62 Ibidem, p. 44.

63 Para Sartre, tanto nos felinos quanto nos demais mamíferos superiores, a "essência precede a existência", enquanto que no ser humano acontece o inverso, a existência precede a essência justamente em função da socialização que reprime os nossos instintos. Distintamente do gato, que pode se dar ao luxo de abster-se de tomar grandes decisões e seguir naturalmente a programação natural de seus instintos, o ser humano está continuamente confrontado com o peso de suas escolhas, e pela angústia daí advinda. Daí a noção existencialista de "estarmos condenados a ser livres". E presos à liberdade, quer gostemos dela ou não. Nesse contexto, o que nos inquieta não é exatamente o ato de escolher, mas as consequências de nossas escolhas. O que nos angustia é a responsabilidade inerente à decisão tomada. Ao contrário do gato, o ser humano é dotado do atributo da perfectibilidade, ou seja, da faculdade de autoaperfeiçoamento ao longo da vida. Enquanto que o felino está preso ao seu programa, a programação dada pela natureza a todos os mamíferos daquela espécie, a possibilidade de adotar "atos de liberdade", no dizer de Rousseau, concede ao homem a perspectiva única de elevar-se por obra exclusiva de seu livre-arbítrio, este irmão siamês da liberdade.

64 BATÁ, Angela Maria La Sala. *Guia para o conhecimento de si mesmo.* 7. ed. São Paulo: Pensamento, 1995.

65 Ibidem, p. 07.

66 Ibidem, p. 10.

67 Ibidem, p. 58.

68 LEIBNIZ. *A monadologia.* Disponível em: <https://leibnizbrasil.pro.br/leibniz-pdf/monadologia.pdf>. Acesso em: 22 jul. 2023.

69 CITRO, Massimo. *O código básico do universo.* São Paulo: Cultrix, 2014. p. 25.

70 PINSON, Dovber. *Reencarnação & judaísmo – A jornada da alma.* Trad. Sergio M. Cernea. São Paulo: Maayanot, 2015. p. 6.

71 HÜTHER, Gerald. A importância do amor para a hominização do macaco. In: GRÜN, Alnselm; HOSANG, Maik; HÜTHER, Gerald. *Amar é a única revolução.* Petrópolis: Vozes, 2019. p. 19.

QUATRO – Para onde vamos?

1 BUTLER-BOWDON, Tom. *50 mestres fascinantes*. São Paulo: Universo dos Livros, 2011. p. 303.

2 YOGANANDA, Paramhansa. *Karma e reencarnação*. São Paulo: Pensamento, 2009. p. 38.

3 *O Caibalion* nos revela que "acaso" é apenas um nome dado a uma lei ainda não reconhecida. Helena Blavatsky costumava dizer que não adiantava implorar a Deus, ou aos deuses, para que poupassem alguém de consequências cujas causas já foram geradas. Não obstante, a mudança de posturas mentais pode amenizar os efeitos dessas causas.

4 BESANT, Annie. *Karma*. São Paulo: Pensamento, 1993. p. 56.

5 GOSWAMI, Amit. *A física da alma*. 3. ed. São Paulo: Goya, 2015. p. 293.

6 JONHSON; ORD, p. 244.

7 KANT, Immanuel. *A religião nos limites da simples razão*. Lisboa: Edições 70, 1986.

8 "Todas as vezes que falei com os anjos face a face, eu estava com eles em suas habitações. Suas habitações são inteiramente como as habitações que na terra se chamam casas, porém mais belas. Nelas há um grande número de câmaras, salas e quartos; há átrios e, ao redor, jardins, bosques e campos. Ali onde vivem consorciados as habitações são contíguas, uma junto à outra, dispostas em formas de cidades, com praças, ruas e mercados, inteiramente à semelhança das cidades em nossa terra. Foi-me concedido também percorrê-las, examiná-las em toda parte e, às vezes, entrar nas casas. Isso se deu em plena vigília, quando avista interior me tinha sido aberta." (SWEDENBORG, Emanuel. *O céu e as suas maravilhas e o inferno, segundo o que ouvido e visto*. Trad. Cristóvão R. Nobre. – Edições das Doutrinas Celestes para a Nova Jerusalém, Brasil, 2005. p. 92).

9 MIRANDA, Manoel P. de. *Temas da vida e da morte*, 4. ed., p. 157.

10 O termo espirito errante constitui-se uma simplificação semântica advinda de uma tradução duvidosa do francês para o português. Se, de um lado, há um grande número de espíritos que após a desencarnação permanecem desnorteados e confusos, e portanto "erram" no sentido de estarem desnorteados, sem ao menos saber que mudaram de plano, também há um crescente número de almas que se recuperam rapidamente do choque advindo desta mudança, e que rapidamente assumem tarefas e encargos junto à administração superior das colônias espirituais a que se vinculam, colaborando assim para seu ascenso individual e para a coletividade de espíritos como um todo.

11 O próprio título do Livro de Chico Xavier/André Luiz, Evolução em Dois Mundos, atesta a ideia de que, atingido certo patamar, a evolução é dual, ocorrendo nos planos físico e espiritual. Como o tema da presente obra é a reencarnação, deixamos de tecer considerações sobre o assunto do progresso durante as intercessões, remetendo o leitor interessado no assunto para as diversas obras já existentes.

12 JOHNSON, Kurt; ORD, David Robert. *A chegada da era interespiritual*. São Paulo: Pensamento, 2018. p. 239.

13 Idem.

14 LACERDA, Nair (Org.). *A reencarnação através dos séculos*. São Paulo: Pensamento, 1978. p. 77.

15 KANT, *A religião...*, p. 203.

16 Causou repulsa e perplexidade o gesto tresloucado do copiloto alemão Andreas Lubitz, da empresa aérea German Wings, que, em 2015, suicidou-se jogando o avião que pilotava contra um pico alpino, aproveitando-se o momentâneo afastamento do comandante da cabine. O caso teve ampla repercussão na imprensa da época, e pode ser revisto em seus detalhes mediante a colocação do nome do suicida-assassino em quaisquer ferramentas de busca na Internet.

17 No ponto, remeto ao leitor ao livro *A chegada da era interespiritual*: a revolução definitiva que está preparando o despertar espiritual da humanidade, escrito por Kurt Johnson e David Robert Ord, que só não recebeu mais referências na presente obra por ter chegado a minhas mãos já na etapa revisional, mas que trará uma série de aportes luminosos para aqueles que se interessam pelo tema da espiritualidade.

18 KARDEC, Allan. *O livro dos médiuns*. Trad. Guillon Ribeiro, a partir da 49ª edição francesa. 76, ed. Rio de Janeiro: FEB, 2005, (item 54).

19 Deuteronômio (18:10-13).

20 ROCHAS, Albert de. *As vidas sucessivas*. 3. ed. Bragança paulista: Instituto Lachâtre, 2015. p. 18.

21 Os originais dos atos do segundo concílio de Constantinopla se perderam, mas grande parte dos historiadores do período acreditam que a doutrina de Orígenes, pela qual a alma preexistiria ao corpo que a recebe, foi condenada pelos bispos em um texto curto, assinado pelos presentes antes mesmo da abertura formal do Concílio em si.

22 Conforme Geoffrey Blainey, "o purgatório era uma sala de espera rigorosa, onde os pecados seriam purgados, de modo que a alma purificada pudesse entrar no reino dos Céus". Havia, portanto, esperança. (BLAINEY, Geoffrey. *Uma breve história do cristianismo*. São Paulo: Fundamento, 2012. p. 116).

23 HOLLOWAY, op. cit., p. 162.

24 HOLLOWAY, op. cit., p.162.

25 MULLER, Karl. *Reencarnação baseada em fatos*. São Paulo: Difusora Cultural, 1978. p. 235.

26 Ibidem, p. 195.

27 Idem.

28 Idem.

29 Ibidem, p. 201.

30 Os especialistas costumam mencionar as "mortes por desespero", ligadas à drogadição e ao alcoolismo crônico. O sistemático uso de substâncias que sabidamente comprometem a saúde não deixa de ser, efetivamente, um suicídio em parcelas.

31 MULLER, op. cit., p. 203.

32 Ibidem, p. 212.

33 SOUTO MAIOR, Marcel. *Kardec - A biografia*. 9. ed. Rio de Janeiro: Record, 2016. p. 78.

34 Idem.

35 POWELL, Diane Hennacy. *Poderes paranormais - Como a ciência explica a parapsicologia*. Rio de janeiro: Nova Era, 2011. p. 147.

36 MOODY, Raymond. *Vida depois da vida*. 16. ed. Rio de Janeiro: Nórdica, 1991. p. 27.

37 LONG, Jeffey; Perry, Paul. *Evidência da vida após a morte*. São Paulo: Lafonte, 2021. p. 14-15.

38 HAMEROFF, S.; CHOPRA, D. (2012). *The "Quantum Soul": A Scientific Hypothesis*. In Alexander Moreira-Almeida and Franklin Santana Santos (Eds.), Exploring Frontiers of the Mind-Brain Relationship (Mindfulness in Behavioral Health (ch. 5). New York: Springer.

39 PsycINFO Database Record (c) 2018 APA, disponível em: <https://psycnet.apa.org/record/1994-12434-001>. Acesso em: 13 set. 2022.

40 Disponível em: https://www.bbc.com/portuguese/noticias/2015/05/150519_vert_cul_prodigios_mv. Acesso em: 24. ago. 2022.

41 Idem.

42 TENDAM, Hans. *Panorama sobre a reencarnação*. São Paulo: Summus, 1993. v. 2. p. 91.

43 Ibidem, p. 17.

44 MIRANDA, Hermínio Correa. *Reencarnação e imortalidade*. 5. ed. Rio de janeiro: FEB, 2002. p. 246.

45 Também uma rápida reencarnação, com intercessão mínima, pode facilitar a irrupção de conhecimentos e habilidades de forma bastante célere, em tenra idade.

46 Disponível em: <https://www1.folha.uol.com.br/fsp/mundo/ft1511199905.htm EUA (2006)>. Acesso em: 09 out. 2022.

47 PLATÃO. *Fédon* (ou da Alma). Tradução, textos complementares e notas Edson Bini. São Paulo: Edipro, 2012. p. 50.

48 Ibidem, p. 48.

49 Consultar, a respeito, as questões 218 a 221 de *O Livro dos Espíritos*.

50 ATKINSON, William Walker, op. cit., p. 127.

51 Ibidem, p. 121.

CINCO – Lembranças de vidas passadas

1 STEVENSON, Ian. (2003). *European Cases of the Reincarnation Type*. Jefferson, North Carolina, USA & London: McFarland & Company; and Stevenson, I. (2001). Children Who Remember Previous Lives: A Question of Reincarnation, rev. ed. Jefferson, North Carolina, USA: McFarland & Company.

2 Uma marca de nascença correspondente a uma cicatriz de uma vida passada é relativamente rara em casos de reencarnação pesquisados por Stevenson. Com muito mais frequência, as feridas replicadas por marcas de nascença são as que causaram a morte da personalidade anterior à vida corporal ora em curso.

3 STEVENSON, Ian. *Reencarnação - Vinte casos*. São Paulo: Vida e Consciência, 2011. p. 253-277.

4 *Ibidem*, p. 141-159.

5 Para uma maior aproximação de seu trabalho, sugerimos uma visita em sua página pessoal na *web*: <https://www.jimbtucker.com>.

6 Disponível em: <https://uvamagazine.org/articles/the_science_of_reincarnation>. Acesso em: 27 out. 2020.

7 LEININGER, Andrea; LEININGER, Bruce; GROSS, Ken. *A volta*. Rio de janeiro: Best Seller, 2009. p. 30.

8 *Ibidem*, p. 316.

9 WEIL, Pierre. *A consciência cósmica - Introdução à psicologia transpessoal*. 2. ed. Petrópolis: Vozes, 1989. p. 9.

10 WEISS, Brian. *A cura através da Terapia de Vidas Passadas*. Rio de Janeiro: Salamandra, 1996. p. 22.

11 TENDAM, Hans. *Panorama sobre a reencarnação*. São Paulo: Summus, 1993. v. 1. p. 148.

12 MIRANDA, Hermínio C. *As sete vidas de Félenon*. 5. ed. São Paulo: Lachâtre, 2019. p. 27.

13 Ibidem, p. 27-28.

14 TENDAM, Hans. *Panorama*, p. 148.

15 STEVENSON, Ian. *Xenoglossia*. São Paulo: Vida e Consciência, 2012. p. 19-124.

16 Logo após a unificação alemã, em 1871, uma prolongada disputa entre o governo alemão recém instaurado e a igreja católica resultou na destituição de muitos cargos entre os católicos, havendo eventualmente prisões. Com sua tradicional reserva crítica, Stevenson refere no livro que não obstante a "amargura e desconfiança generalizada", não havia "tanta violência quanto os comentários de Gretchen sugeriam".

17 ANDRADE, Hernani Guimarães. *Reencarnação no Brasil - Oito casos que sugerem renascimento*. São Paulo: Clarim, 2016. p. 33-104.

18 ANDRADE, op. cit., p. 48.

19 MERON, Luciano Bastos. *Memórias do* front: relatos de guerra de veteranos da FEB. Dissertação de Mestrado, Programa de pós-Graduação em História-UFBA. Disponível em: <https://repositorio.ufba.br/bitstream/ri/35077/1/Mem%C3%B3rias%20do%20front%20relatos%20de%20guerra%20de%20veteranos%20da%20FEB.pdf>. Acesso em: 14 out. 2022.

20 O que reencarna é a vontade, já dizia Schopenhauer, em uma simplificação ainda pouco compreendida. No livro *Reencarnação e judaísmo*, já referido, pude compreender um pouco melhor a concepção do autor alemão, uma vez que não tenho intimidade alguma com esse idioma e as traduções a que tive acesso não eram claras. Voltaremos a esse tema mais adiante, nesta obra.

21 *Bhagavad Gita - A mensagem do mestre*. Trad. Francisco Valdomiro Lorenz. 22. ed. São Paulo: Pensamento, 2006 (Autoria desconhecida).

22 O pensamento budista tradicional traz as quatro nobres verdades: o que é sofrimento, a sua

origem irmanada com o desejo e o apego, a cessação do sofrimento pelo desapego e pela iluminação interior, e o caminho óctuplo a ser percorrido para esta finalidade, que passa pelo entendimento, pensamento, linguagem, ação, modo de vida, esforço, atenção plena e concentração corretos.

23 Observe-se que a nossa educação e valores não traduz exatamente aquilo que recebemos do ambiente que nos circunda, mas aquilo que assimilamos. Há também livre-arbítrio naquilo que internalizamos ou preferimos rejeitar.

24 O mote "viva depressa, morra jovem e tenha um belo cadáver!", atribuída ao ator americano James Dean, parece recair sobre uma miríade de jovens talentosos que morreram com a fatídica idade de 27 anos, em função dos excessos cometidos: Jimi Hendrix, Jim Morrison, Kurt Cobain e Amy Winehouse, dentre outros. O próprio James Dean não chegou a ingressar no "clube dos 27" pois morreu aos 24 anos, em um acidente automobilístico bastante controverso.

SEIS – Pontes e Catedrais

1 LESSING, Gotthold. *Die Erziehung des Menschengesschlechts* (1780) *apud* WIESENDANGER, Harald, p. 157.

2 WIESENDANGER, Harald. *A terapia da reencarnação*. São Paulo: Pensamento, 1991. p. 158.

3 GOETHE, trecho de carta à senhora von Stein, julho de 1781 apud WIESENDANGER, Harald, p. 158.

4 O físico austríaco Erwin Schrödinger, referido no capítulo 2 desta obra, foi um dos primeiros a discutir a biologia quântica em seu livro *O que é a vida*?, de 1944. Para uma visão panorâmica de tais temas, cujo aprofundamento exige uma formação multidisciplinar em física e matemática, sugerimos a leitura da obra *50 ideias de física quântica*, nas páginas 136-139, 156-159 e 200-207.

5 GALVÃO, Lúcia Helena, *Para entender o Caibalion*. São Paulo: Pensamento, 2021.

6 Para Fernando Savater, "os filósofos ateológicos não acreditam em nenhum plano final, mas sim no acaso e na trama eventual das necessidades". Ainda que se conceba "uma ordem universal determinada", eles só se preocupam com o funcionamento e o desenvolvimento desta ordem", sem perquirir "para que ela serve e quem a comanda". (SAVATER, Fernando. *A aventura do pensamento*. Porto Alegre: L&PM, 2015. p. 20).

7 ZAKARIA, Fareed. *Dez lições para o mundo pós-pandemia*. Rio de Janeiro: Intrínseca, 2021. p. 85.

8 Ibidem, p. 86.

9 WRIGHT, Robert. *A evolução de Deus*. Rio de Janeiro: Record, 2012. p. 14.

10 GOSWAMI, op. cit., p. 27.

11 Ibidem, p.27.

12 Para Schopenhauer, um dos primeiros pensadores ocidentais a terem acesso à sabedoria védica, o que reencarna é a "vontade". Neste ponto, ele ecoa as propriedades da mônada, já referidas por Leibniz, referindo que a apetência, em uma concepção *lata*, é impulso que precisa ser domado, arrefecido no que ele ainda tem de animalidade, face à passagem pelo reino animal. Só assim estará habilitada a realizar os grandes feitos que habilite o seu portador a uma ascensão evolutiva consistente.

13 GOSWAMI, op. cit., p. 149.

14 ANDRÉA, Jorge. *Palingênese, a grande lei*. Rio de janeiro: Seleta, 1980. p. 9.

15 KUHN, Thomas. *A estrutura das revoluções científicas*. São Paulo: Perspectiva, 2006, *passim*.

16 Por esta concepção, a existência ou a realidade podem ser explicadas apenas em termos materiais, não existindo espaço para uma investigação sistemática e profunda sobre alguma consciência extracorpórea.

17 WEIL, Pierre, op. cit., p. 39.

18 *Ibidem*, p. 31.

19 Já o mal dito "natural" seria o resultante do próprio primitivismo do nosso planeta a que nos toca levar nossas vidas materiais, no atual estágio evolutivo. Assim sendo, terremotos, vulcões

e agentes biológicos diversos (vírus, bactérias, insetos peçonhentos, cobras etc.) acabam, muitas vezes, atuando como instrumentos de concretização da lei de causa e efeito, quando um desequilíbrio cármico precisa ser corrigido através de um mecanismo expiatório dirigido a uma pessoa ou a uma coletividade em particular. Se todo sofrimento fosse causado exclusivamente pelas más condutas humanas, estaríamos inseridos em um círculo vicioso infindável, em que o mal feito por alguém geraria consequências cármicas que precisariam ser sanadas pela ação nociva de uma segunda pessoa, que deveria por sua vez ser sanada pela malfeito de uma terceira, e assim sucessivamente numa progressão infinita, o que contrariaria a lei do progresso e estaria em choque com o ideal de melhoria gradativa da humanidade, tomada como um todo.

20 CARRARA, Orson Peter. *Reencarnação*. Araras: IDE, 2019. p. 38-39.

21 Reencarnação, processo educativo, é um livro escrito por Adenauer Novaes com várias reflexões bastante interessante sobre diversos aspectos do tema das vidas sucessivas, inclusive desenvolvendo os aspectos científicos do estudo das vidas sucessivas, o que também é um propósito desta obra. A referência bibliográfico completa se encontra na seção correspondente deste livro.

22 Para Heráclito de Éfeso, pessoa alguma poderia banhar-se duas vezes no mesmo rio, pois quando nele se entra novamente as águas já não são as mesmas, e a própria individualidade já se modificou. Tudo é regido pela tensão entre os polos opostos, tal qual simbolizado pelo diagrama *ying* e *yang* da filosofia tradicional chinesa. Aquilo que percebemos por nossos órgãos sensoriais é o resultado momentâneo do embate entre as dualidades que nos acompanham em toda a vida corpórea.

23 CASSINELLO, Andrés; GÓMES, José Luis Sánchez. *O mistério quântico*. São Paulo: Planeta, 2017. p. 37.

24 ROSENBLUM, Bruce; KUTTNER, Fred. *O enigma quântico - O encontro da física com a consciência*. Rio de janeiro: Zahar, 2017. p. 37-38.

25 BANERJEE, Hemendra Nath. *Vida pretérita e futura*. 2. ed. Rio de Janeiro: Nórdica, 1979. p.98-99.

26 Ibidem, p. 99.

27 Foi a encíclica *Parens scientiarum*, assinada pelo Papa Gregório IX, que legitimou a universidade enquanto instituição eclesiástica, criada com base nos colégios escolásticos que ensinavam aquilo que se convencionou chamar as sete artes liberais: gramática, retórica, lógica, aritmética, geografia, astronomia e música.

28 Em uma tradução livre: "Quando você pesca com uma rede com determinado tamanho de furos, você nunca capturará um peixe menor do que tais furos, uma vez que as suas descobertas são limitadas por aquilo que você está procurando. Nossas concepções e métodos atuais são inapropriados para lidar com esses dados."

29 DI BERNARDI, Ricardo. *Reencarnação e evolução das espécies*. Londrina: Universalista, 2005. p. 49.

30 Ibidem, p. 50.

31 Ibidem, p. 51.

32 COOPER, Irving. *Reencarnação, a esperança do universo*. São Paulo: Difel, 1981. p. 87.

33 Sobre o tema dos mecanismos da memória e da necessidade de esquecer-se, recomenda-se a leitura dos livros publicado pelo Professor Ivan Isquierdo, argentino que se radicou em minha cidade natal, Porto Alegre. Falecido em 2021, era uma das maiores autoridades mundiais sobre o tema das lembranças, e escreveu vários artigos acessíveis ao leigo que podem ser facilmente encontráveis na internet.

34 COOPER, op. cit., p. 88.

35 DI BERNARDI, Ricardo. *A reencarnação em xeque*. São Paulo: Intelítera, 2011. p. 43.

36 A mortalidade infantil era extremamente elevada no passado, mesmo em países mais desenvolvidos economicamente. Existências interrompidas na primeira infância muitas vezes adquirem um viés expiatório para os pais e para o próprio espirito reencarnante, mas tendem a não acrescer tanto conteúdo para a sua trajetória espiritual.

37 KARDEC, Allan. *O que é o espiritismo?* 76. ed. Araras: IDE, 2021.

38 NUNES, Cícero Alberto, op. cit., p. 16.

39 DI BERNARDI, Ricardo, op. cit., p.17-18.

40 Ibidem, p. 19.

41 Anos atrás, acompanhei com muito interesse a séria *Breaking Bad*, "Tornando-se mal", em uma tradução livre. Nela, um pacato professor de química do ensino médio, superdotado e acima de qualquer suspeita, vê-se na contingência de produtor de drogas sintéticas que, gradativamente, vão conduzindo-o a uma espiral descendente de degradação e malevolência.

42 No entanto, como bem advertiu o pensador francês Jean Baudrillard, ainda na década de 1980, "vivemos em um mundo onde há cada vez mais informação e cada vez menos sentido". (BAUDRILLARD, Juan. *Simulacros e simulação*. Lisboa: Relógio d'Agua, 1991).

43 DI BERNARDI, *A reencarnação em xeque*, p. 33.

44 Atualmente, abriu-se a Caixa de Pandora. Tudo, das técnicas de propaganda de Goebbels a instruções práticas de como fazer bombas pode ser encontrado na internet, em textos, áudios e vídeos, o que configura mais um desafio para este momento de intensa transição planetária.

45 MIRANDA, Hermínio Correa. *Reencarnação e imortalidade*. 5. ed. Rio de janeiro: FEB, 2002. p. 238.

46 Idem.

47 ANDRADE, Hernani Guimarães. *Você e a reencarnação*. 2. ed. Bauru: CEAC, 2005. p. 182.

48 CHAVES, op. cit., p. 38.

49 *Berserkers* eram guerreiros nórdicos que, tomados por um frenesi insano, dirigiam-se para os campos de a batalha despidos ou vestidos com a pele de algum predador, emulando ursos ou lobos. Atiravam-se contra as linhas inimigas com ferocidade, tomados por uma fúria destruidora. Alguns pesquisadores sugerem que a fúria dos *berserkers* poderia ter sido induzida por um cogumelo de espécie amanita, causadora de alterações emocionais intensas, mas não há estudos conclusivos a respeito.

50 Um supedâneo para "se você não se comportar bem, vai arder eternamente no fogo dos infernos" seria: "se você não se comportar bem, vai reencarnar eternamente em ratos, serpentes e insetos".

51 ANDRADE, Hernani Guimarães. *Você e a reencarnação*. 2. ed. Bauru: CEAC, 2005. p.182.

52 Ibidem, p. 183.

53 Consta que nos debates com teólogos anglicanos, teria sido perguntado a Darwin se ele descendia dos macacos "pelo lado materno ou pelo lado paterno". O chiste, pouco respeitoso, bem demonstra a incompreensão geral do tema, que ainda hoje persiste em menor grau. Com efeito, não detemos descendência direta dos macacos, que ocupam outro ramo da árvore evolutiva, apenas tivemos há centenas de milhares de anos um ancestral em comum. Da mesma forma como tivemos ancestrais em comum, há milhões de anos, com outros mamíferos que sequer são bípedes.

54 Hoje em dia são muito reduzidas as tribos de índios isolados, grupos de caçadores-coletores que vivem em regiões mais inóspitas do planeta, e que na Amazônia brasileira vêm sofrendo pressão por conta de garimpeiros e madeireiros ilegais. Ao longo dos séculos precedentes, todavia, a Terra oferecia aos espíritos – em suas primeiras experiências encarnatórias – modos de vida extremamente simples, adaptados ao seu intelecto e propensões. Tais espíritos, que afloraram em grande número em épocas precedentes, permanecem ligados à psicosfera da Terra. Desconhece-se, todavia, o percentual que poderá aqui permanecer, quando da mudança do status de nosso planeta, de mundo de expiação e provas para mundo de regeneração. Neste ponto, sugerimos a leitura do livro *Regeneração*, de Divaldo Franco.

55 DI BERNARDI, *A reencarnação em xeque*, p. 24.

56 XAVIER, Francisco Candido. Roteiro (Capitulo IX), 1952 *apud* ANDRADE, *Você e a reencarnação*, p. 187.

57 Hermínio C Miranda, com base em suas leituras do *Catecismo* (Editora Herder, São Paulo, 1958), assevera que a doutrina católica, ao menos até o início dos anos 60, preconizava que no céu "os bem-aventurados contemplam face a face o Deus uno e trino na sua glória e estão unidos a ele", o que bem demonstra uma percepção antropomórfica da Consciência Cósmica Suprema

58 BOHM, David. *Totalidade e ordem implicada.* São Paulo: Madras, 2008.

59 KUHN, Thomas. *A estrutura das revoluções científicas.* São Paulo: Perspectiva, 2006.

60 Conforme escreve Carlo Rovelli, "desde que aprendemos que a Terra é redonda e gira como um pião enlouquecido, compreendemos que a realidade não é o que parece. Sempre que vislumbramos um novo pedaço dela é uma emoção. Mais um véu que cai". (ROVELLI, Carlo. *A realidade não é o que parece.* Rio de Janeiro: objetiva, 2017. p. 107).

SETE – Além da eternidade e do infinito

1 No original: To ask or search, I blame thee not; for Heaven/Is as the book of God before thee set/ Wherein to read his wonderous works,/ and learn his seasons, hours, or days, or months, or years: (...) (Book VIII; 60-70). Disponível em: <http://knarf.english.upenn.edu/Milton/pl8.html>. Acesso em: 24 mar. 21. Tradução livre do autor.

2 A ideia do "Fantasma da Máquina" traduz uma crítica muito incisiva ao dualismo espírito-corpo de Platão e Descartes, e integra o livro do filósofo britânico Gilbert Ryle, *O conceito de mente*, para destacar o que ele chama de "absurdo" no pensamento destes dois filósofos: a concepção de que a atividade mental poderia se realizar de forma apartada à ação física dela decorrente. No entender de Ryle e outros monistas, falar da mente e do corpo como substâncias distintas – aquela imaterial e este corpóreo – é cometer o que define como um "erro de categoria". Estaríamos, grosso modo, comparando alhos com bugalhos. Ryle explica sua crítica através de metáforas, como a do visitante ao *campus* universitário. Depois de ver as faculdades, as bibliotecas e os prédios administrativos da área, o visitante pergunta: "Mas onde está a Universidade?" Seu erro seria presumir que a Universidade é parte da categoria "edificações" ou algo semelhante, e não da categoria "instituições", que é muito mais abstrata, vasta e complexa do que um conjunto de edifícios destinados a uma finalidade educacional. O livro é de 1949, e no meu entender tornou-se datado antes de completar 50 anos. Penso que não é cabível presumir, em pleno 2024, que a mente é tão só a soma sinérgica de neurônios, oxigênio e sangue bombeado adequadamente pelo coração, bem como as ligações neuronais que ensejam as sinapses. Levando-se em conta tudo o que se pesquisou e descobriu na segunda metade do século XX, tornou-se simplório dizer que a mente está para o corpo da mesma forma que a universidade está para os distintos prédios erigidos em um *campus* qualquer.

3 "Em seu polêmico livro *Deus, um delírio*, Richard Dawkins aponta a debilidade intelectual das crenças religiosas tradicionais, bem como os crimes cometidos em nome da religião. Propõe um ateísmo militante, em uma das obras mais discutidas neste início de século.

4 MIRANDA, Hermínio C. *Os procuradores de Deus.* São Bernardo do Campo: Correio Fraterno, 2015. p. 32.

5 MLODINOW, Leonard. *De primatas a astronautas – A jornada do homem em busca do conhecimento*, p. 343.

6 Herculano Pires refere que a evolução humana se dá à semelhança de uma ascensão espiralada, em que por vezes a órbita superior, percorrida posteriormente, pode tangenciar algum ponto da órbita que foi realizada em momento anterior. Para o autor, a evolução seria como uma metáfora do poema de Rainer Maria Rilke, em que o poeta se compara a um falcão que gira em círculos crescentes em torno a uma torre secular, símbolo da Consciência Cósmica Suprema. Escrevendo ainda nos anos 60, explicou que "o retorno à barbárie na segunda guerra mundial não representa retrocesso da evolução humana, mas apenas uma curva decrescente da espiral que tocou os resíduos bárbaros do homem – a região subterrânea dos instintos animais – para uma espécie de catarse coletiva". Herculano Pires, disponível em: <http://www.espiritualidades.com.br/Artigos/H_autores_HERCULANO_PIRES_Jose_textos/HERCULANO_PIRES_Jose_tit_Criacao_do_Homem->. Acesso em: 05 abr. 2023.

7 JOHNSON, Kurt; ORD, David Robert. *A chegada da era interespiritual.* São Paulo: Pensamento, 2018. p. 421.

8 Ibidem, p. 282.

9 O Novo Testamento traz uma série de narrativas, e o que era espiritual por excelência precisou

ser reduzido aos estritos limites da linguagem para possibilitar a sua transmissão para as gerações futuras. Haroldo Dutra Dias adverte que "quando você abrir o Evangelho para se encontrar com Jesus, saiba que há um filtro. A água cristalina está num vaso de barro, que é a linguagem. Cuidado para não ficar preso ao vaso e morrer de sede, segurando o cântaro cheio, que é o Evangelho. Muitos já fizeram isso. 'A letra mata, mas o espírito vivifica'. (II Coríntios 3:6)." (DIAS, Haroldo Dutra. *E o verbo se fez parábola*. Belém: Jardim das Oliveiras, 2019. p. 17).

10 Que deram o título, respectivamente, aos capítulos dois, três e quatro desta obra.

11 Se a sua família e agressiva, talvez seja por que você precisa desenvolver paciência, ou através do contraste da sua agressividade com uma maior ainda você perceba esse defeito em si e comece a trabalhar para resolve-lo, bem como ajudar o familiar com o problema.

12 LACERDA, Nair (Org.). *A reencarnação através dos séculos*. São Paulo: Pensamento, 1978. p. 67.

13 A elevação da consciência se dá, assim, pelo contraste, e não há contraste maior do que aquele revelado pela perda de algo importante ou pior, de alguém amado. Antes se tinha, agora não se tem mais; antes era o ser, agora o "não ser". Essa justaposição dos dois momentos, apesar de dolorida, enseja uma série de reflexões com potencial de fazer incubar mudanças futuras de linha de pensamento e do agir no meio social.

14 KARDEC, Allan. *O livro dos espíritos*. Edição especial alusiva ao sesquicentenário da primeira edição, tradução de Evandro Bezerra a partir da 2ª,3ª, 5ª, 6ª, 10ª e 12ª traduções francesas. Rio de Janeiro: FEB, 2007.

15 KANT, Immanuel. *A religião nos limites da simples razão*. Lisboa: Edições 70, 1986.

16 PINSON, Dovber. *Reencarnação e judaísmo*. Trad. Sergio M. Cernea. São Paulo: Maayanot, 2015. p. 11.

17 Imagine-se o líder militar que ordena a destruição, pelo fogo, de uma fila ou aldeia tomada de seus inimigos, sem se importar com as mulheres, crianças e anciões dentro das habitações. Violências extremas como essas são, infelizmente, recorrentes na história dos conflitos bélicos, em todas as épocas.

18 A Lei do Progresso aparece no *Livro dos Espíritos* como um capítulo à parte, compreendendo as questões 776 a 802.

19 HARARI, Yuval Noah. Sapiens - *uma breve história da humanidade*. 4. ed. Porto Alegre: L&PM, 2015. p. 41.

20 XAVIER. Francisco Cândido. *A caminho da luz* (autor espiritual: Emmanuel). 22. ed. Rio de janeiro: FEB, 1996. p. 41.

21 Idem.

22 Ibidem, p. 42.

23 HELLER, op. cit., p. 35.

24 HÜTHER, Gerald. *A importância do amor para a hominização do macaco*. In: GRÜN, Alnselm; HOSANG, Maik; HÜTHER, Gerald. *Amar é a única revolução*. Petrópolis: Vozes, 2019. p. 19.

25 Ibidem, p. 22.

26 Ibidem, p. 24.

27 BRADEN, op. cit.., p. 211.

28 "Como cada mônada aparentemente influi sobre todas as outras, e todas as outras aparentemente influem sobre cada uma, pode-se concluir que cada mônada é um espelho de todo o universo". (LEIBNIZ. A monadologia, § 56. Disponível em: <https://leibnizbrasil.pro.br/leibniz-pdf/monadologia.pdf>. Acesso em: 22 jul. 2023.

29 HARARI, Yuval Noah. *21 lições para o século 21*. São Paulo: Companhia das Letras, 2018. p. 256.

30 Vide nota n. 302.

31 MOACANIN, Radmila. *A psicologia de Jung e o budismo tibetano*. Trad. Cláudia Giordano. São Paulo: Pensamento, 1986. p. 23.

32 CHOPRA, Deepak. *O futuro de Deus - Um guia espiritual para os novos tempos*. São Paulo: Planeta, 2015. p. 29.

Referências Bibliográficas

ALEXANDER, Eben. *Uma prova do céu*. Rio de Janeiro: Sextante, 2013.

ANDRADE, Hernani Guimarães. *Reencarnação no Brasil - Oito casos que sugerem renascimento*. São Paulo: Clarim, 2016.

ANDRADE, Hernani Guimarães. *Você e a reencarnação*. 2. ed. Bauru: CEAC, 2005.

ANDRADE, Hernani Guimarães. *Espírito, períspirito e alma - Ensaio sobre o modelo organizador biológico*. São Paulo: Pensamento, 2004.

ANDRÉA, Jorge. *Palingênese, a grande lei*. Rio de janeiro: Seleta, 1989.

ASSIS, José Carlos de. *A razão de Deus*. Rio de Janeiro: Civilização Brasileira, 2012.

ATKINSON, William Walker. *A reencarnação e a lei do carma*. São Paulo: Pensamento, 1995

BAKER, Joanne. *50 ideias de física quântica que você precisa conhecer*. São Paulo: Planeta, 2017.

BANERJEE, Hemendra Nath. *Vida pretérita e futura*. 2. ed. Rio de Janeiro: Nórdica, 1979.

BESANT, Annie. O cristianismo esotérico. São Paulo: Pensamento, 1978.

BESANT, Annie. *Karma*. São Paulo: Pensamento, 1993.

Bhagavad Gita – A mensagem do mestre. Trad. Francisco Valdomiro Lorenz. 22. ed. São Paulo: Pensamento, 2006.

BLAINEY, Geoffrey. *Uma breve história do Cristianismo*. São Paulo: Fundamento, 2012.

BOHM, David. *Totalidade e ordem implicada*. São Paulo: Madras, 2008.

BOTTON, Alain de. *Religião para ateus*. Rio de Janeiro: Intrínseca, 2011.

BORTOLOTTO, Gilmar. A finalidade das penas e o sentido existencial. In: DURGANTE, Carlos Eduardo (Org.). *Fé na vida*. Porto Alegre: FERGS/Francisco Spinelli, 2017.

BRADEN, Gregg. *A matriz divina*. São Paulo: Cultrix, 2008.

BRYSON, Bill. *Breve história de quase tudo*. São Paulo: Companhia das Letras, 2005.

BROWN, Cynthia Stokes. *A grande história*. Rio de Janeiro: Civilização Brasileira, 2010.

BRUCE, Michael; BARBONE, Steven. *Os 100 argumentos mais importantes da filosofia ocidental*. São Paulo: Cultrix, 2013.

BUTLER-BOWDON, Tom. *50 clássicos da filosofia*. São Paulo: Benvirá, 2019.

BUTLER-BOWDON, Tom. *50 mestres fascinantes*. São Paulo: Universo dos Livros, 2011.

CAPRA, Fritjop. *O tao da física*. 2. ed. São Paulo: Cultix, 2013.

CARRARA, Orson Peter. *Reencarnação*. Araras: IDE Editora, 2019.

CASSINELLO, Andrés; GÓMES, José Luis Sánchez. *O mistério quântico – Uma expedição às fronteiras da física*. São Paulo: Planeta, 2017.

CHAGAS, Aécio Pereira. *Introdução à ciência espírita*. Bragança Paulista: Lachâtre, 2013.

CHAVES, José Reis. *A reencarnação na Bíblia e na ciência*. Santo André: EBM, 2006.

CHOPRA, Deepak. *O futuro de Deus – Um guia espiritual para os novos tempos*. São Paulo: Planeta, 2015.

CITRO, Massimo. *O código básico do universo*. São Paulo: Cultrix, 2014.

CHRISTIAN, David. *Origens – Uma grande história de tudo*. São Paulo: Companhia das letras, 2019.

COMTE-SPONVILLE, André. *Pequeno tratado das grandes virtudes*. São Paulo: Martins Fontes, 1995.

COOPER, Irving. *Reencarnação, a esperança do universo.* São Paulo: Difel, 1981.

COOPER, J. C. *Yin y Yang – La armonía taoísta de los opuestos*. Madrid: Edaf, 1985.

DELLANE, Gabriel. *A reencarnação*. Rio de Janeiro: FEB, 2001.

DENIS, Léon. *Depois da morte*. 18. ed. Rio de janeiro: FEB, 1994.

DENIS, Léon. *O problema do ser, do destino e da dor*. 24. ed. Rio de Janeiro: FEB, 2001.

DIAS, Haroldo Dutra. *E o verbo se fez parábola*. Belém: Jardim das Oliveiras, 2019.

DI BERNARDI, Ricardo. *A reencarnação em xeque*. São Paulo: Intelítera, 2011.

DI BERNARDI, Ricardo. *Gestação – Sublime intercâmbio*. São Paulo: Intelítera, 2010.

DI BERNARDI, Ricardo. *Voo livre*. São Paulo: Mundo Maior, 1999.

DI BERNARDI, Ricardo. *Reencarnação e evolução das espécies.* Londrina: Universalista, 2005.

FLAMMARION, Camille. A pluralidade dos mundos habitados. São Paulo: Ícone, 2017.

FRANCO, Divaldo; MIRANDA, Manoel Philomeno (autor espiritual). *Perturbações espirituais*. Salvador: Leal, 2015.

FRANCO, Divaldo Pereira; MIRANDA, Manoel Philomeno de Miranda (autor espiritual). *Transição planetária*. 2. ed. Salvador: Leal, 2010.

FRANCO, Divaldo Pereira. *Vida*: desafios e soluções. Pelo Espírito Joanna de Ângelis. 6. ed. Salvador: Leal, 2001.

FRANKOPAN, Peter. *O coração do mundo – Uma nova história universal a partir da Rota da Seda, o encontro do Oriente com o Ocidente*. São Paulo: Crítica, 2019.

GAARDER, Jostein; HELLERN, Victor; NOTAKER, Henry. *O livro das religiões*. São Paulo, Companhia das Letras, 2009.

GALVÃO, Lúcia Helena. *Para entender o Caibalion*. São Paulo: Pensamento, 2021.

GOSWAMI, Amit. *A física da alma*. 3. ed. São Paulo: Goya, 2015.

GRAEBER, David; WENGROW, David. *O despertar de tudo – Uma nova história da humanidade*. São Paulo: Companhia das letras, 2022.

GRÜN, Alnselm. O amor é a razão do ser. In: GRÜN, Alnselm; HOSANG, Maik; HÜTHER, Gerald. *Amar é a única revolução*. Petrópolis: Vozes, 2019.

HARARI, Yuval Noah. *21 lições para o século 21*. São Paulo: Companhia das Letras, 2018;

HARARI, Yuval Noah. Sapiens – *Uma breve história da humanidade*. 4. ed. Porto Alegre: L&PM, 2015.

HOLLOWAY, Richard. *Uma breve história da religião*. Lisboa: Editorial Presença, 2018.

HÜTHER, Gerald. A importância do amor para a hominização do macaco. In: GRÜN, Alnselm; HOSANG, Maik; HÜTHER, Gerald. *Amar é a única revolução*. Petrópolis: Vozes, 2019.

JOHNSON, Kurt; ORD, David Robert. *A chegada da era interespiritual*. São Paulo: Pensamento, 2018.

KANT, Immanuel. *A religião nos limites da simples razão*. Lisboa: Edições 70, 1986.

KARDEC, Allan. *A gênese*. 47. ed. Rio de Janeiro: FEB, 2005.

KARDEC, Allan. *O evangelho segundo o espiritismo*. Trad. Salvador Gentile, a partir da 2ª edição francesa. Araras: Instituto de Difusão Espírita, 1994.

KARDEC, Allan. *O livro dos espíritos*. Edição especial alusiva ao sesquicentenário da primeira edição, tradução de Evandro Bezerra a partir da 2ª, 3ª, 5ª, 6ª, 10ª e 12ª traduções francesas. Rio de Janeiro: FEB, 2007.

KARDEC, Allan. O que é o espiritismo? 76 ed. Araras: IDE, 2021.

KUHN, Thomas. *A estrutura das revoluções científicas.* São Paulo: Perspectiva, 2006.

KINGSBURY, Maria. *1001 Ideias que mudaram nossa forma de pensar*. Rio de Janeiro: Sextante, 2014.

KRZNARIC, Roman. *Sobre a arte de viver.* Rio de Janeiro, Zahar, 2013.

LACERDA, Nair (Org). *A reencarnação através dos séculos*. São Paulo: Pensamento, 1978.

LANZA, Robert; BERMAN, Bob. *Biocentrism:* how life and consciousness are the keys to understanding the true nature of the universe. Dallas: Benbella Books, 2009.

LÁSZLÓ, Ervin. *A plenitude do cosmos – A revolução akáshica na ciência e na consciência humana*. São Paulo: Cultrix, 2018.

LEADBEATER, C. W. *O plano astral*. 3. ed. São Paulo: Pensamento, 1979.

LEIBNIZ, Gottfried. *A monadologia*. Disponível em: <https://leibnizbrasil.pro.br/leibniz-pdf/monadologia.pdf>. Acesso em: 22 jul. 2023.

LEININGER, Andrea; LEININGER, Bruce; GROSS, Ken. *A volta*. Rio de janeiro: Best Seller, 2009.

LONG, Jeffey; Perry, Paul. *Evidência da vida após a morte*. São Paulo: Lafonte, 2021.

MEEK, George. *O que nos espera depois da morte?* Rio de Janeiro: Record, 1980.

MIRANDA, Hermínio C. *As sete vidas de Félenon.* 5. ed. São Paulo: Lachâtre, 2019.

MIRANDA, Hermínio Correa. *Reencarnação e imortalidade*. 5. ed. Rio de janeiro: FEB, 2002.

MIRANDA, Hermínio Correa. *Os procuradores de Deus*. São Bernardo do Campo: Correio Fraterno, 2015.

MLODINOW, Leonard. *De primatas a astronautas – A jornada do Homem em busca do conhecimento*. Rio de Janeiro: Zahar, 2015.

MOACANIN, Radmila. *A psicologia de Jung e o budismo tibetano*. Trad. Cláudia Giordano. São Paulo: Pensamento, 1986.

MOODY Jr., Raymond. *Vida depois da vida*. 16. ed. Rio de Janeiro: Nórdica, 1991.

MULLER, Karl. *Reencarnação baseada em fatos*. São Paulo: Difusora Cultural, 1978.

NAHMIAS, Eddy. Por que temos livre-arbítrio? *Scientific American Brasil*, n. 153, p. 78-81, fev. 2015.

NICOLA, Ubaldo. *Antologia ilustrada de filosofia*: das origens à Idade Moderna. São Paulo: Globo, 2005.

NOVAES, Adenauer. *Reencarnação processo educativo*. 3. ed. Salvador: Lar Harmonia, 1995.

NUNES, Cícero Alberto. *Reencarnação – A justiça de Deus*. Capivari: Eme, 2019.

PINHEIRO, Robson. *Além da matéria*. 10. ed. Contagem: Casa, 2011.

PINSON, Dovber. *Reencarnação & judaísmo – A jornada da alma*. Trad. Sergio M. Cernea. São Paulo: Maayanot, 2015.

PLATÃO. *Fédon* (ou da Alma). Tradução, textos complementares e notas de Edson Bini. São Paulo: Edipro, 2012.

PLATÃO. *A república*. J. Guinsburg organização e tradução. São Paulo: Perspectiva, 2014.

PONDÉ, Luiz Felipe. *Guia politicamente incorreto da filosofia*. São Paulo: Leya, 2012.

POWELL, Diane Hennacy. *Poderes paranormais – Como a ciência explica a parapsicologia*. Rio de janeiro: Nova Era, 2011.

PROPHET, Elizabeth Clare. *Reencarnação – o elo perdido do cristianismo*. Rio de Janeiro: Nova Era, 2003.

ROCHAS, Albert de. *As vidas sucessivas*. 3. ed. Bragança paulista: Instituto Lachâtre, 2015.

ROESSLI, Jean Michel. O orfismo e os órficos. In: Erler, Michael;

GRAESER, Andreas (Org.). Trad. Lya Luft. *Filósofos da Antiguidade*: dos primórdios ao período clássico. São Leopoldo: Unisinos, 2005.

ROSENBLUM, Bruce; KUTTNER, Fred. *O enigma quântico – O encontro da física com a consciência*. Rio de janeiro: Zahar, 2017.

ROVELLI, Carlo. *A realidade não é o que parece:* a estrutura elementar das coisas. Rio de Janeiro: Objetiva, 2017.

ROVELLI, Carlo. *Sete breves lições de física*. Rio de Janeiro: Objetiva, 2015.

RUSSELL, Bertrand. *História da filosofia ocidental*. Trad. Hugo Langone. Rio de janeiro: Nova Fronteira, 2015. v. 11.

RUSSELL, Bertrand. *Por que não sou cristão*. Porto Alegre: L&PM, 2013.

SAGAN, Carl. *Cosmos*. São Paulo: Companhia das Letras, 2017.

SAVATER, Fernando. *A aventura do pensamento*. Porto Alegre: L&PM, 2015.

SCHOPENHAUER, Arthur. *Metafísica do amor, metafísica da morte*. Trad. Barbosa, J. São Paulo: Martins Fontes, 2000.

SOUTO MAIOR, Marcel. *As vidas de Chico Xavier*. 3. ed. São Paulo: Planeta do Brasil, 2022.

SOUTO MAIOR, Marcel. *Kardec – A biografia*. 9. ed. Rio de Janeiro: Record, 2016.

STEVENSON, Ian. *Reencarnação – Vinte casos*. São Paulo: Vida e Consciência, 2011.

STEVENSON, Ian. *Xenoglossia – Novos estudos científicos*. São Paulo: Vida e Consciência, 2012.

TENDAM, Hans. *Panorama sobre a reencarnação*. São Paulo: Summus, 1993. v. 1.

TENDAM, Hans. *Panorama sobre a reencarnação*. São Paulo: Summus, 1993. v. 2.

TRÊS INICIADOS. *O Caibalion*. São Paulo: Pensamento, 2021.
XAVIER, Francisco Cândido. *O consolador* (autor espiritual: Emmanuel). Rio de Janeiro: FEB, 2005.

XAVIER. Francisco Cândido. *A caminho da luz* (autor espiritual: Emmanuel). 22. ed. Rio de Janeiro: FEB, 1994.

XAVIER, Francisco Cândido; VIEIRA, Waldo. *Evolução em dois mundos* (autor espiritual: André Luiz). 12. ed. Rio de Janeiro: FEB, 1991.

YOGANANDA, Paramhansa. *Karma e reencarnação*. São Paulo: Pensamento, 2009.

WARBURTON, Nigel. *O básico da filosofia*. 2. ed. Rio de janeiro: Jose Olympio Editora, 2012.

WARBURTON, Nigel. *Uma breve história da filosofia*. 2. ed. Porto Alegre: L&PM, 2012.

WEIL, Pierre. *A consciência cósmica – Introdução à psicologia transpessoal*. 2. ed. Petrópolis: Vozes, 1989.

WEISS, Brian L. *A cura através da Terapia de Vidas Passadas*. Rio de Janeiro: Salamandra, 1996.

WIESENDANGER, Harald. *A terapia da reencarnação*. São Paulo: Pensamento, 1991.

WRIGHT, Robert. *A evolução de Deus*. Rio de Janeiro: Record, 2012.

ZAKARIA, Fareed. *Dez lições para o mundo pós-pandemia*. Rio de Janeiro: Intrínseca, 2021.

Agradecimentos

As vidas sucessivas oferece uma síntese da doutrina reencarnacionista, um mínimo denominador comum entre os ensinamentos do budismo, da teosofia e do kardecismo, entre outras escolas de pensamento. Ao longo dos cinco anos em que a obra foi gestada, muitos autores ofereceram análises e pontos de vista instigantes sobre o assunto principal – a reencarnação – e os temas correlatos, das EQM à TVP. Nesse sentido, as referências bibliográficas que encerram esse volume cumprem o papel não só de guiar o leitor para as origens das citações, mas também para pagar uma dívida de estima e gratidão ao autor da passagem que nos permitiu entender melhor o tópico em questão, permitindo ao texto que avançasse.

Também agradeço aos diversos palestrantes que auxiliaram a elaboração desta obra com suas sofisticadas visões sobre filosofia e metafísica. Nesse particular, sou especialmente grato a Alberto Sampaio e José Luís Terra, pela leitura generosa e atenta que fizeram dos originais, e a Haroldo Dutra Dias, que, a partir de suas inspiradas palestras e *lives* gravadas durante a pandemia de 2020-2021 (disponíveis no YouTube), ensejou algumas epifanias que em muito acrescentaram ao resultado final que o leitor tem em mãos.

Sou grato a meu pai Pedro *(in memoriam)*, por ter sido o primeiro a mencionar o tema da reencarnação, por volta dos meus oito anos, despertando o interesse que me acompanha deste então. À minha mãe, Circe, e ao meu irmão Luciano, agradeço pela atenção constante e por terem acreditado em mim. À minha esposa, Adriana, e minhas filhas, Luísa e Marina, sou grato pelo apoio e pela compreensão de que o tempo surrupiado de nosso convívio resultou também em bom fruto. Agradeço, por fim, a todos os meus amigos e aos alunos de cursos jurídicos e não jurídicos que tive a oportunidade de ministrar por terem me ensinado a expor ideias e pensamentos complexos de uma forma um pouco mais simplificada, por tornar-me um ouvinte melhor, pelas perguntas instigantes e pelo rico *feedback* recebido ao longo de todos esses anos.